समकालीन हिन्दी उपन्यास

समकालीन हिन्दी उपन्यास

एन. मोहनन

वाणी प्रकाशन

वाणी प्रकाशन

4695, 21-ए, दरियागंज, नयी दिल्ली 110 002

फ़ोन : +91 11 23273167 फ़ैक्स : +91 11 23275710

शाखाएँ

अशोक राजपथ, पटना 800 004, बिहार

कॉफ़ी हाउस कैम्पस, महात्मा गांधी मार्ग, इलाहाबाद 211 001, उत्तर प्रदेश

महात्मा गांधी अन्तरराष्ट्रीय हिन्दी विश्वविद्यालय, वर्धा 442 001, महाराष्ट्र

36/ए, शेक्सपीयर सरणी, रानी बिरला गर्ल्स कॉलेज के पास, कोलकाता 700 017, प. बंगाल

www.vaniprakashan.com
marketing@vaniprakashan.in
sales@vaniprakashan.in

Samkaleen Hindi Upanyas
by N. Mohanan

ISBN : 978-93-5072-297-8
Criticism

संस्करण 2013, 2015
तृतीय संस्करण 2023

मूल्य : ₹ 495

आर. टेक ऑफ़सेट प्रिंटर्स, दिल्ली-110 032 में मुद्रित

वाणी प्रकाशन का लोगो मक़बूल फ़िदा हुसेन की कूची से

अपनी ओर से...

पिछले कई सालों से मैं हिन्दी उपन्यास साहित्य के अध्ययन, अध्यापन एवं शोध कार्य में लगा हुआ हूँ। इस सिलसिले में बहुत सारे उपन्यासों एवं आलोचनात्मक पुस्तकों से संवाद करने का अवसर प्राप्त हुआ। तब मैंने महसूस किया कि उपन्यास, खासकर समकालीन उपन्यास का तेवर बिल्कुल बदल रहा है। उसमें समकालीन जीवन यथार्थ के बहुआयामी सन्दर्भ अपनी पूरी जटिलताओं के साथ अनावृत हो रहे हैं। यह भी नहीं उपन्यास का कैनवास इतना बड़ा है कि इस जटिलता को उसकी पूरी गहराई एवं समग्रता के साथ समाहित करने की क्षमता उसमें है। इसलिए इस विषय पर कुछ लिखने की इच्छा मन में प्रबल हो गयी। तीन सालों से इस लेखन कार्य में लगा रहा। मैं एक आलसी व्यक्ति हूँ। आलस्य का आनन्द लेने वाला हूँ। मुझे पढ़ने का शौक है पर लिखने का बहुत कम। किसी मित्र के निरन्तर उकसाए बिना मेरा लिखना असम्भव है।

मेरी पहली पुस्तक 'अधूरेपन का एहसास' प्रकाश में आयी 1984 में। फिर दूसरी पुस्तक 'उत्तरशती का हिन्दी उपन्यास' 2004 में, बीस साल के बाद। लेकिन वहाँ से अब तक के आठ सालों में मेरी तरफ से पाँच पुस्तकें बाहर आयीं। उसका सारा श्रेय मैं अपनी मित्र तथा सहयोगी डॉ. के. वनजा को दे रहा हूँ। उनके बिना यह कार्य कभी भी सम्भव नहीं हो पाता। हम दोनों के बीच हुए अकादमीय संवाद एवं ईमानदार सहयोग का सफल परिणाम हैं ये पाँच पुस्तकें। यह भी नहीं, दिल के छोटों की लांछनाओं को आत्मबल में तब्दील करने का सबक उन्होंने ही मुझे सिखाया। अतः उनको मेरा आभार।

मेरे शोध छात्रों का सहयोग भी इस सन्दर्भ में विशेष उल्लेखनीय है। मैं अपने सभी शोध छात्रों को धन्यवाद दे रहा हूँ जिन्होंने ही मेरी अस्मिता को सार्थक बनाया है। गिरीश और षीना को विशेष आभार कि वे हर क्षण इस प्रयत्न के साथ रहे।

मेरे इस प्रयत्न को अर्थवत्ता प्रदान करने में 'वाणी प्रकाशन' के प्रबन्ध निदेशक तथा मित्रवर अरुण माहेश्वरी का स्नेह चिरस्मरणीय है। उनके प्रति आभार शब्दों में

प्रकट करना नामुमकिन है। उन्होंने इस पुस्तक की तैयारी की सूचना मात्र से इसको प्रकाशित करने का वादा देकर मेरी हिम्मत को बढ़ाया।

आखिर में, मैं अपने हितैषी गुरुजनों का नमन करते हुए यह पुस्तक हिन्दी के सुधी पाठकों के सामने सविनय प्रस्तुत कर रहा हूँ।

कोच्ची–22 **एन. मोहनन**

17-04-2012

अनुक्रम

समकालीनता

'समकालीन' शब्द को लेकर विभिन्न तर्क बरकरार हैं। यह एक ओर समय विशेष को सूचित करता है तो दूसरी ओर अपने समय के साथ के सरोकार को। 'समकालीन' शब्द अंग्रेज़ी के 'contemporary' का समानार्थी शब्द है जिसका अर्थ है अपने समय का यानी कि समसामयिक। जिस समय की चर्चा हम करते हैं उस समय के सब के सब समकालीन यानी कि समसामयिक हैं। 'समकालीन' का और एक अर्थ है जो काफी गहरा है। इसका मतलब है काल के सम या साथ चलनेवाला। यानी कि समय सीमा को पार करके हर समय के साथ चलने की क्षमता रखने वाला यानी कि क्लासिक। साहित्य के सन्दर्भ में क्लासिक हर समय में प्रासंगिक साहित्य है, समकालीन है। 'गोदान' इस अर्थ में प्रासंगिक है। 'महाभारत', 'रामायण' प्रासंगिक इसलिए हैं कि उसमें समय के साथ चलने या समय को पार करने की क्षमता है। कबीर इस अर्थ में प्रासंगिक इसलिए हैं कि उनका व्यक्तित्व एवं जीवन दृष्टि समय सीमित नहीं। गाँधी, मार्क्स, टैगोर आदि के सन्दर्भ में यह कथन इतना संगत है कि काल यानी कि वर्तमान समाज ही नहीं आनेवाला कल भी उनको स्वीकार करेगा, स्वागत करेगा। लेकिन 'समकालीनता' एक जीवन दृष्टि भी है जिसका मूल स्वर प्रतिरोध है। समकालीन साहित्य में समकालीनता का मतलब अपने समय की असंगतियों को समझना और उस समझ के साथ ही उसके प्रति प्रतिरोध ज़ाहिर करना है। समकालीनता को समझने के लिए सबसे पहले आधुनिकता की जानकारी ज़रूरी है।

आधुनिकता

आधुनिकता एक मानसिकता है। वह मनुष्य के आधुनिक बनने के परिणाम स्वरूप उत्पन्न एक विशाल मानसिकता है जिसमें अन्धविश्वासों, रूढ़ियों, जड़ परम्पराओं और प्रतिगामी तत्त्वों के खिलाफ का सख्त विद्रोह वर्तमान है। आधुनिक, आधुनिकता और समकालीनता मानवीयता के विकास क्रम की सीढ़ियाँ हैं। मनुष्य ने सबसे पहले

आधुनिक बनना शुरू किया आधुनिक शिक्षा से। आधुनिक शिक्षा वास्तव में उपनिवेश संस्कार की देन है। अंग्रेज़ी शिक्षा ही आधुनिक शिक्षा है। उससे भारतीय सबसे पहले बाह्य जगत से परिचित होने तथा भारत के बाहर के लोगों की ज़िन्दगी से तथा जीवन दृष्टि से सम्पर्क स्थापित करने का मार्ग हासिल कर लेता है। भारतीयों के आधुनिक बनने के पीछे उपनिवेशी शक्तियों की भूमिका प्रबल रही है।

भारत में उपनिवेश का एक बहुत बड़ा इतिहास है। इसलिए कार्ल मार्क्स ने कहा, भारत का अपना कोई इतिहास नहीं जो इतिहास है वह उपनिवेश का इतिहास है। कहने का मतलब यह हुआ कि भारत पर विभिन्न लोगों का आक्रमण हुआ है और यहाँ अपने आधिपत्य को स्थापित करने का प्रयास भी। सबसे पहले भारत पर मुस्लिम सुलतान महमूद गज़नवी का आक्रमण हुआ था। हर उपनिवेश किसी न किसी लक्ष्य को लेकर होता है। गज़नवी का आगमन धर्म प्रचार के लिए था। उन्होंने यहाँ के अनेक मन्दिरों को तोड़ डाला। इस्लाम धर्म का प्रचार ही लक्ष्य था पर बाद में साम्राज्य स्थापन उनका प्रमुख उद्देश्य रहा। लेकिन वे उतना प्रबल नहीं थे। उसके बाद मुहम्मद गोरी का आगमन होता है। उसने अपनी ताकत दिखा दी। भारत पर विजय हासिल करके मुस्लिम राज्य की स्थापना की। धीरे-धीरे वे यहाँ के निवासी बन गये। धर्म प्रचार में भी वे विजयी निकले। उसके बाद मुगलों का आक्रमण और दिल्ली सल्तनत की स्थापना का दौर था। मुगल शासन भारत में दो सौ साल तक ज़ारी रहा। शासन चाहे किसी का भी हो उपनिवेशी ताकतों के अधीन भारतीय जनता का जीवन दुःखपूर्ण ही रहा। धीरे-धीरे भारत में साम्राज्यवादी शक्तियों की जड़ें जम गयीं यहाँ इन उपनिवेशी शक्तियों के खिलाफ कहीं कोई प्रतिरोध हुआ था तो वह मराठों और सिक्खों से ही। इन शक्तियों के उत्थान का कारण ही सचमुच उपनिवेशी शक्तियाँ थीं। भारत में इन शक्तियों के आसानी से बल पकड़ने का कारण यहाँ के राजाओं का आपसी झगड़ा था। अतः भारत राष्ट्रीयता की दृष्टि से दुर्बल था। इसलिए बाहर से जो भी शक्ति आती रहीं वे आसानी से यहाँ अपनी जड़ें जमा सकीं। हर उपनिवेशी सचमुच साम्राज्यवादी शक्ति ही है। वे उपनिवेशित राज्य का सम्पूर्ण शोषण ही लक्ष्य करते हैं, उसकी प्रगति नहीं। इसी दृष्टि से भारत में उपनिवेश का एक लम्बा इतिहास वर्तमान है जिससे यह स्पष्ट हो उठता है कि यहाँ साम्राज्यवादी ताकतों की जड़ें सदियों तक जमी रहीं उसको उखाड़ फेंकना कोई आसान कार्य नहीं था।

1498 में पुर्तगाली वास्को दा-गामा का आगमन हुआ। व्यापार ही उसका उद्देश्य था। समुद्री मार्ग को खोज निकालने के बाद यूरोपीय देशों से कई संघ व्यापार के तौर

पर आते रहे। फिर 1579 में अंग्रेज़, 1597 में डेच और 1642 में फ्रेंच व्यापारी संघ आये। इनके बीच भी अधिपत्य की प्रतिस्पर्धा ज़ारी थी। इसलिए व्यापार के क्षेत्र में एकाधिकार स्थापित करने में अंग्रेज़ लोग आखिर सफल निकले। 'ब्रिटीश ईस्ट इंडिया कम्पनी' उसका परिणाम था। 1757 के प्लासी युद्ध के बाद अंग्रेज़ यहाँ आधिपत्य स्थापित करने लगे। 1826 के भरतपुर युद्ध और 1849 के द्वितीय सिक्ख युद्ध के उपरान्त अंग्रेज़ों का प्रभुत्व सम्पूर्ण देश में जम गया।

अंग्रेज़ों ने अपनी शासन व्यवस्था को सुगम बनाने के लिए अपनी भाषा अंग्रेज़ी का प्रचार शुरू किया। उन्होंने 1800 में फोर्ट विल्यम कॉलेज की स्थापना की। अंग्रेज़ी शिक्षा का कार्यक्रम यद्यपि अंग्रेज़ों ने अपनी सुविधा के लिए शुरू किया तथापि वह भारतीयों के लिए आकस्मिक अतिरिक्त परिणाम बन गया। भारत का शिक्षित मध्यवर्ग अपनी नयी शिक्षा पद्धति से विश्व भर की गतिविधियों से परिचित होने लगा। उन्होंने देखा कि भारत की जनता सचमुच अन्धविश्वासों, अनाचारों के घेरे में बुरी तरह फँसी हुई है। विश्व के विभिन्न देशों की जनता जिस तरह की प्रगतिशील चेतना से सम्पन्न होकर स्वस्थ जीवन बिता रही है वहाँ भारत की जनता सचमुच अन्धकार में है। उन्होंने अपने देश की जनता को ज्ञान की नयी रोशनी प्रदान करके उन्हें अन्धकार से उजाले में ले आने का कार्य शुरू किया। यह सचमुच अंग्रेज़ी शिक्षा का परिणाम था।

भारत में इस उद्देश्य को लेकर विभिन्न संस्थाएँ स्थापित की गयीं जिनका लक्ष्य भारतीय जनता को अज्ञान के अन्धकार से तथा अनाचारों के बन्धनों से मुक्त करना तथा एक स्वतंत्र दृष्टिकोण प्रदान करके आधुनिक जीवन के लायक बना देना था। सन् 1828 में राजा राममोहन राय ने ब्रह्मसमाज की स्थापना की। यह एक सुधारवादी संस्था थी। उसका लक्ष्य धार्मिक क्षेत्र में प्रचलित अन्धविश्वासों एवं अनाचारों को दूर करना था। उसने मूर्ति पूजा को बाह्याडम्बर कहा, जाति प्रथा का विरोध किया, सती प्रथा को अमानवीय घोषित किया। उन्होंने समझ लिया कि विधवा भी समाज की इकाई है उसको भी दूसरों के समान जीने का अधिकार है। इसलिए विधवाओं के विवाह का समर्थन किया। स्त्री-पुरुष के समान अधिकार को प्रश्रय दिया, पाश्चात्य संस्कृति के अच्छे तत्त्वों के ग्रहण में कोई आपत्ति नहीं की। इस प्रकार इस संस्था ने प्रगति की तरफ दृष्टि डालते हुए अपने समय के अन्धकार से लड़ने का कार्य किया। यह तत्कालीन समाज में बहुत अधिक प्रभाव डालने में सक्षम निकला। 1867 में दयानन्द सरस्वती के नेतृत्व में 'आर्यसमाज' की स्थापना की गयी। यह भी एक

सुधारवादी संस्था थी। इसने प्राचीन रूढ़ियों के सामने प्रश्न चिह्न लगाया। मनुष्य-मनुष्य के बीच के भेदभाव को, चाहे वह जाति के नाम पर हो या स्त्री-पुरुष के नाम, नकारा। 1867 में महादेव गोविन्द रानडे के नेतृत्व में स्थापित 'प्रार्थना समाज' ने जाति प्रथा का बहिष्कार किया। उसने स्त्री-शिक्षा का समर्थन ही नहीं उसको प्रश्रय भी दिया। सामाजिक रूढ़ियों एवं अन्धविश्वासों के खिलाफ संघर्ष किया। ये भी विधवा-विवाह के समर्थक थे। उसी समय में स्वामी विवेकानन्द के नेतृत्व में स्थापित 'रामकृष्ण मिशन' का कार्य भी भिन्न नहीं था। उसने हिन्दू धर्म और दर्शन के क्षेत्र में नवीकरण का कार्य किया। छुआछूत, जाति-भेद का विरोध किया और गरीबों के प्रति सहानुभूति रखते हुए उसके उद्धार में विशेष ध्यान रखा। इसी काल में यानी कि 1875 में न्यूयॉर्क में मदाम ब्लावस्तु और ओल्कार्ट के नेतृत्व में 'थियोसोफिकल सोसाइटी' की स्थापना की। 1882 में मद्रास के अडयार में इसकी शाखा खोली गयी। 1893 में एनी बसेंट ने उसके नेतृत्व को सम्भालना शुरू किया। इस संस्था का उद्देश्य भारतीय धार्मिक परम्परा का प्रचार करना तथा उसे रूढ़ियों, अन्धविश्वासों एवं अनाचारों से मुक्त करके सही आध्यात्मिकता का परिचय देना ही था। इस प्रकार हम देखते हैं कि आधुनिक शिक्षा पद्धति तथा उन्नीसवीं शती के सुधारवादी संस्थाओं के कार्यक्रमों ने मिलकर भारतीय जन-मानस में बहुत बड़ा परिवर्तन उत्पन्न किया जिससे वे नये सिरे से सोचने और चिंतन करने के काबिल बन गये।

भारतीयों को आधुनिक बनाने में विज्ञान का योगदान भी महत्त्वपूर्ण है। विज्ञान ने वास्तव में मनुष्य को तार्किक बनाया। अठारहवीं शताब्दी तक भारत की जनता पारलौकिक सत्ता पर इतना विश्वास रखती थी कि उसके परे सोचने की हिम्मत तक उसमें नहीं थी। ईश्वर ही सब कुछ, धर्म ही सब कुछ, विश्वास और आचार-विचार ही सब कुछ, सारी रूढ़ियों को जीवन का परम आधार मानती थीं वे। लेकिन विज्ञान ने इन विश्वासों को जड़ से हिला दिया और दूसरे ढंग से सोचने के लिए बाध्य बना दिया। विज्ञान ने मनुष्य के विश्वासों, विचारों एवं आचरणों में बुद्धि का प्रवेश करा दिया यानी कि उन्हें तार्किक बना दिया। विश्वास और आचरणों के पीछे की युक्ति के बारे में सोचने के लिए उन्हें काबिल बनाया।

मनुष्य का विश्वास था कि पृथ्वी तथा वहाँ के जीव-जन्तुओं की सृष्टि ईश्वर करते हैं और कर रहे हैं। युग-युगों के इस विश्वास पर पहली बार प्रश्नचिह्न लगाया विज्ञान ने। कोपरनिकस और गलीलियो ने सबसे पहले सूर्य और भूमि सम्बन्धी धारणा पर विचार करके बताया कि सूर्य ही सब कुछ है। इसके चारों ओर घूमनेवाले

उपग्रहों में एक है भूमि। इसको मानने के लिए उस समय के रूढ़िग्रस्त शासक वर्ग तैयार नहीं थे। इसलिए गलीलियो को मृत्यु दंड मिला। इसके उपरान्त दूसरा महत्त्वपूर्ण वैज्ञानिक आविष्कार बाहर आया कि प्रपंच सृष्टि के पीछे कोई ईश्वर नहीं वह युग युगों के परिणामों का परिणाम है। इसके पीछे किसी ब्रह्मा का कार्य व्यापार नहीं। डारविन ने अपने परिणाम सिद्धान्त को प्रस्तुत करते हुए वैज्ञानिक ढंग से युग-युगों से प्रचलित विश्वास पर धक्का लगाया। विज्ञान विश्वास पर अधिष्ठित नहीं प्रमाण पर अधिष्ठित है। इसलिए तार्किक है। उसी समय नहीं तो बाद में ही सही लोगों को वैज्ञानिक सिद्धान्तों एवं आविष्कारों को स्वीकारना ही पड़ा है। विज्ञान ने जितने आविष्कार किये हैं वे सब मनुष्य के किसी न किसी विश्वास को निराधार घोषित करने वाले, नहीं तो जड़ से हिला देनेवाले अवश्य थे। अधुनातन आविष्कार ने यह घोषित किया कि चन्द्रमा कोई ईश्वर नहीं वह भी भूमि के समान एक ग्रह है जो सूर्य के चारों ओर चक्कर लगाता रहता है। चन्द्रमा को ईश्वर मानकर व्रतानुष्ठान करनेवाले लाखों-करोड़ों की जनता के लिए यह एक चौंकानेवाला यथार्थ था। कहने का मतलब यह हुआ कि इन सारे तत्त्वों ने मिलकर भारत की जनता को आधुनिक बनाने का कार्य किया। यह एक या दो साल की बात नहीं उन्नीसवीं और बीसवीं शताब्दी की वास्तविकता थी। जिसका क्रम अब भी ज़ारी है। इसी क्रम में बहुसंख्यक लोग नये विचारों के समर्थक बन गये और धीरे-धीरे भारत आधुनिक बनता रहा। यहाँ की जनता आधुनिक बनी और आधुनिकता की समर्थक बनने लगी और आगे भी यह क्रम चलता रहा।

भारतीयों को आधुनिक बनानेवाले तत्त्वों में और एक प्रमुख तत्त्व है विभिन्न दर्शनों का प्रभाव। भारत के दर्शन महत्त्वपूर्ण हैं। उसके मूल में अतीन्द्रिय सत्ता का सान्निध्य है। सभी दर्शन उस अदृश्य सत्ता को किसी न किसी प्रकार व्याख्यायित करने और परिभाषित करने में सक्षम दिखाई देते हैं। इन दर्शनों के तहत भारतीयों के मन में ईश्वर का अस्तित्त्व और उससे सम्बन्धित सारी बातें रूढ़ बन गयी थीं। सचमुच सभी भारतीय दर्शन आस्था और विश्वास को सुदृढ बनानेवाले हैं। लेकिन उन्नीसवीं शताब्दी के उत्तरार्ध में पाश्चात्य दर्शन के क्षेत्र में दो क्रान्तिकारी दर्शनों का आविर्भाव हुआ, पह ा मार्क्स का दूसरा मनोविश्लेषण का।

कार्ल मार्क्स का जन्म 15 मई 1808 में तथा मृत्यु 14 मार्च 1883 को है। इस बीच उन्होंने विश्व भर को परिवर्तित करने लायक दर्शन मार्क्सवाद को प्रस्तुत किया। अपने मित्र एंगेल्स ने 1848 में मार्क्सवाद का घोषणापत्र निकाला और मार्क्स ने अपना दर्शन

'दास कैपिटल' 1867-95 में प्रकाशित किया। इसका पहला भाग 1867 में दूसरा तीसरा भाग यथाक्रम 1885, 1895 में प्रकाशित किया गया। विश्व के लिए यह एक नया दर्शन था जिसने विश्व भर की जनता के मन में आत्मविश्वास एवं आस्था जगाने का कार्य किया। आम आदमी की ज़िन्दगी को केन्द्र में रखकर लिखा गया यह दर्शन सचमुच विश्व भर के उपेक्षितों, पीड़ितों एवं शोषितों के उद्धार का महामंत्र बन गया। उन्होंने सबसे पहले ईश्वरीय अस्तित्व के सामने प्रश्न चिह्न लगाया। उन्होंने कहा संसार में दो ही जाति वर्तमान हैं - पूँजीपति और कामगार वर्ग। शेष सारा विभाजन शोषण केन्द्रित है मानव केन्द्रित नहीं। प्रपंच सृष्टि के पीछे कोई अतीन्द्रिय शक्ति नहीं। मनुष्य तथा अन्य जीव-जन्तुओं का आविर्भाव परिणाम पर आधारित है जो वैज्ञानिक है। यह पार्थिव जगत ही सत्य है, इसके परे के जीवन सम्बन्धी विचार मिथ्या मात्र है। स्वर्ग और नरक दोनों इस पृथ्वी पर ही हैं। यहाँ के जीवन को स्वर्ग और नरक बनानेवाला कोई ईश्वर नहीं, मनुष्य ही है। इसलिए मार्क्स की दृष्टि में अगर कोई ईश्वर है तो वह 'काम' यानी वर्क ही है। जो काम करता है उसका जीवन स्वर्ग और जो आलसी है, कामचोर है उसका जीवन नरक बन जाता है। इसलिए स्वर्ग और नरक किसी ईश्वर के वश में नहीं मनुष्य की कर्म शक्ति पर निर्भर है।

मार्क्स ने कहा मनुष्य को संगठित होकर काम करना चाहिए तब यह जगत स्वर्ग बन जाएगा, सारे ऐश्वर्यों से सम्पूर्ण तथा शोषण रहित बन जाएगा। भारत के बुद्धिजीवियों ने इस दर्शन को स्वीकार किया। उन्होंने ईश्वर को हटाकर इहलौकिक जीवन के बारे में सोचने-विचारने का कार्य किया। इसने भारतीय जन-जीवन को ही नहीं सामाजिक, सांस्कृतिक एवं साहित्यिक परिदृश्य को भी बदल डाला।

दूसरा दर्शन सिग्मण्ड फ्रायड का था। उनका जीवन काल 1856-1938 था। उन्होंने दो सिद्धान्त विश्व के सामने रख दिए। 1899 में 'दि इंटरप्रेटेशन ऑफ ड्रीम्स' तथा 1905 में 'थ्री एस्सेस ओन द थियोरी ऑफ सेक्स्वालिटि'। इन दोनों सिद्धान्तों ने विश्व मानविकता के सामने अनेक नये प्रश्न उपस्थित करने तथा उन्हें नये सिरे से सोचने-विचारने के लिए प्रेरित किया। इन दर्शनों ने व्यक्ति मन को तथा उनके व्यक्तित्व एवं व्यवहार को वैज्ञानिक ढंग से जाँचने एवं समझने की सहायता दी। उन्होंने कहा कि स्वप्न मनुष्य मन की अतृप्त इच्छाओं का प्रस्फुटन है। मनुष्य अपनी बहुत सारी इच्छाओं को सार्थक न कर पाने के कारण मन में ही दबा कर रखता है। ये अतृप्त इच्छाएँ अवचेतन मन में एकत्रित रहती हैं। सुषुप्ति में यानी कि मन की अचेतन स्थिति में ये इच्छाएँ साकार हो उठती हैं उसे स्वप्न कहते हैं। उसी प्रकार

मनुष्य की हर वृत्ति के पीछे काम है। मनुष्य अपनी वृत्तियों के माध्यम से अपने में निहित काम वासना को ही अभिव्यक्त करता है। ये दोनों सिद्धान्त मनुष्य को नये सिरे से समझने में बहुत सहायक निकले हैं। इसकी प्रतिध्वनि साहित्य में पड़ी है। इसके कारण साहित्य में चरित्र-चित्रण का नया दौर शुरू हुआ।

विश्वयुद्धों की भीषणता से उत्पन्न नया दर्शन है आधुनिक अस्तित्ववाद। उसने फिर से ईश्वर को नकारा। नीत्से ने कहा कि 'ईश्वर मर गया, नहीं तो हमने उसको मार डाला।' विश्वयुद्ध की भीषण नर हत्या और मानव मूल्यों के अवमूल्यन को देखकर ही उन्होंने ऐसी उद्घोषणा की थी। ईश्वर एक आश्रय था मानव जीवन की धुरी था। जब उसकी मृत्यु की उद्घोषणा की गयी तो मनुष्य को ऐसा एहसास हुआ कि वह सारे बन्धनों से मुक्त हो गया है। इसलिए वह सारे नियमों, बन्धनों को तोड़कर स्वतंत्र जीवन बिताने लगा। नीत्शे के बाद आधुनिक अस्तित्ववाद के क्षेत्र में सार्त्र, कामू, काफ्का जैसे दार्शनिक साहित्यकार आ गये। सार्त्र का 'बीइंग एण्ड नथिंगनेस' बहुचर्चित दार्शनिक ग्रन्थ है। उन्होंने कहा कि मेरे लिए 'मैं' ही सबकुछ है, बाद में यह जगत तथा उससे सम्बन्धित सबकुछ। जब तक मेरा अस्तित्व है तब तक यह जगत है। अगर मैं नहीं तो मेरे लिए यह जगत ही क्या है? अल्बेयर कामू ने कुछ आगे जाकर घोषित किया कि यह जगत विसंगत है यहाँ का जीवन भी। जीने का मतलब है विसंगति को बनाये रखना (झेलते रहना)। 'मिथ ऑफ सिसिफस' में वे कहते हैं कि यह जीवन जीने योग्य नहीं क्योंकि यह बिल्कुल असंगत है। यह जीवन जीने योग्य है या नहीं इस पर विचार करते समय सबसे पहले मनुष्य के सामने एक दार्शनिक समस्या उठ खड़ी होती है वह है आत्महत्या। लगेगा अवश्य कि ईश्वर की अनुपस्थिति, जगत का एब्सर्ड होना, वर्तमान की प्रतिकूलता, भविष्य की अनिश्चितता ये सब देखकर अवश्य मनुष्य आत्महत्या के बारे में ही सोचेगा। लेकिन अस्तित्ववाद ने कभी भी आत्महत्या को प्रश्रय नहीं दिया। उसने संघर्ष का समर्थन किया। कामू ने कहा जीवन असंगत है। पग-पग पर प्रतिकूलताएँ ही प्रतिकूलताएँ दिखाई पड़ेंगी पर इनसे मुँह मोड़ना नहीं, भागना नहीं बल्कि सामना करना चाहिए, लड़ना और संघर्ष करना चाहिए। यही विद्रोह है, कामू के शब्दों में Rebellion है। जीने का अर्थ विद्रोही बनकर प्रतिकूलताओं से संघर्ष करते हुए आगे बढ़ना है। न कि स्वर्ग या नरक की तलाश करना। जीवन असंगत है यह जगत असंगत है, इस यथार्थ को कबूल करते हुए संघर्ष के साथ जीना चाहिए यही जीना है। यह एक नया चिन्तन है। इसलिए इसका असर भी वर्तमान जीवन तथा चिन्तन में पड़ा। मनुष्य धीरे-धीरे तार्किक बनने लगा।

इस प्रकार हम देखते हैं कि आधुनिक युग में मनुष्य तार्किक बन गया। वह पहले जैसा कोरा विश्वासी नहीं, शंकाकुल है। वह प्रश्न करता है, इसलिए प्रश्न करता है किं वह बौद्धिक बन गया है। वह कार्य-कारण सहित ही किसी बात को, किसी तथ्य को स्वीकारता है। विल डूरण्ड ने अपनी प्रसिद्ध पुस्तक 'स्टोरी ऑफ सिविलाज़ेशन' में कहा कि मनुष्य के विकास की तीन सीढ़ियाँ हैं - मंत्र युग (Age of magic), धर्म युग (Age of Religion) और बुद्धि युग (Age of Reason)। आधुनिक मनुष्य बुद्धि युग का है इसलिए उसकी संवेदना भी बैद्धिक है। अतः आधुनिक मनुष्य एक ऐसे कगार पर खड़ा हुआ है कि वह किसी निर्णय पर पहुँचने में असमर्थ है। यह असमर्थता इसलिए है कि इसमें निरन्तर एक संघर्ष चलता रहता है। क्योंकि उसके भीतर अब भी एक विश्वासी मनुष्य बैठा हुआ है जो पूर्ण रूप से अपनी जड़ों को उखाड फेंकने में असमर्थ है। पर बाहर वह आधुनिक है उसके विश्वासों की सारी जड़ें टूट चुकी हैं। इसलिए वह एक गहरे आत्म संघर्ष का शिकार बन गया है। इस आधुनिक मनुष्य की संवेदना है आधुनिकता। आधुनिकता एक मानसिकता है जिसमें प्रश्न चिह्नों की निरन्तरता है। प्रश्न चिह्न उनके तार्किक होने का परिणाम है अतः आधुनिकता आधुनिक मनुष्य में ही निहित जड़ विहीन आधुनिक मनुष्य तथा जड़ोंवाले पुराने मनुष्य के बीच का संघर्ष है। (Modernity is the conflict between the rootless Modern man and rootful ancient man residing in himself)

इस संवेदना यानी कि आधुनिकता के पीछे अनास्था और निराशा का स्वर मुखरित है जो उसके ईश्वर निषेध यानी कि विश्वासों के टूटने का परिणाम है। यहाँ से एक नये प्रकार के साहित्य लिखे जाने लगे जिसके मूल में आधुनिक मनुष्य अपनी सारी अनिश्चितताओं एवं अनास्थाओं से जूझता हुआ उपस्थित है पाश्चात्य साहित्य में इस नयी संवेदना की शुरुआत विश्वयुद्ध के बाद हुई। टी.एस. इलियट का waste land (वेस्ट लैंड) इस संवेदना का घोषणा पत्र है। मनुष्य जीवन के बंजर होने तथा सभी मानवीय मूल्यों एवं आस्थाओं के बिखर जाने की घोषणा करते हुए वेस्ट लैंड ने पाश्चात्य साहित्य जगत में इस नयी संवेदना को प्रश्रय दिया। सैमुअल बेकेट का 'वेटिंग फॉर गोदो', बरटोल्ड ब्रेख्त का 'डेथ ऑफ गलीलियो' अल्बेयर कामू का 'दि आउट साइडर', 'मिथ ऑफ सिसिफस', काफ्का का 'दि कैसिल', सार्त्र का 'नौसिया' जैसी रचनाएँ इस बदली हुई संवेदना की दस्तावेज़ हैं।

साहित्य में आधुनिकता के रूपायन में मार्क्सवाद, अस्तित्ववाद, मनोविश्लेषणवाद जैसे दर्शनों का हाथ बड़ा है। साहित्य को साहित्य के रूप में अथवा अन्य अनुशासनों

से अलग करके देखने में बल देते हुए रूपवाद का आविर्भाव रूस में 1914 के आसपास विक्टर स्वलोबस्की के द्वारा हुआ। रोमन जैकोबसन ने इस रूपवाद यानी काव्यभाषा के सिद्धान्त को उसकी दार्शनिक ऊँचाइयों तक पहुँचाया। रूपवाद ने सिद्ध कर दिया कि साहित्यिक अध्ययन का वास्तविक विषय उसकी भाषा है। उसने साहित्य की प्रचलित सर्वसंग्रहवादी दृष्टि को व्यर्थ कहा और साहित्याध्ययन को एक स्वतंत्र अनुशासन बनाया। यही पहला आधुनिक समीक्षा सम्प्रदाय है। बाद में चौथे-पाँचवें दशक में अमेरिका में 'New Criticisim' (नयी समीक्षा) का जन्म हुआ। जॉन क्रो रैंसम, एनैनटेट, डब्ल्यू. के. विमसैट और क्लींथ ब्रुक्स ने ए. रिचर्ड्स तथा टी.एस. इलियट की युद्धपूर्व साहित्य सम्बन्धी अवधारणाओं को विकसित किया। वही है नयी समीक्षा। इसका खूब प्रभाव हिन्दी साहित्य की आधुनिकता में पडा। रिचर्ड्स के काव्यभाषा एवं काव्यसंचार सम्बन्धी विचार के साथ टी.एस इलियट की निर्वेयक्तिकता सिद्धान्त को नव्यालोचकों ने आगे बढ़ाया। उन्होंने कविता को एक वस्तु माना है। लेखक की भावनाएँ जो भी हों वे कविता में अर्थ को तय नहीं करतीं, न प्रभाव को तय करतीं, न वे कृति के प्रकार्य को तय करती हैं। लेकिन लेखकीय अनुभव कोई रहस्य नहीं है, वह हर व्यक्ति समझ सकता है जो उसकी भाषा और संस्कृति जानता है। पाठक को प्रभावित करने का कारण कविता यानी कि वस्तु में निहित है। यह प्रभाव हर पाठक के लिए अलग-अलग ही होगा।

'नयी समीक्षा' का प्रभाव तारसप्तक के कवियों से लेकर बहुत समय तक बना रहा। रूपवाद के लगभग समान्तर संरचनावाद भी विकास प्राप्त करता रहा। भाषा को चिह्नों की निर्मिति माना है सॉस्यूर ने। सॉस्यूर का चिह्नविज्ञान एक ऐसा विज्ञान है जो समाज के भीतर चिह्नों के जीवन का अध्ययन करता है। दुनिया का ज्ञान भाषा के भीतर से आता है। भाषा के बिना ज्ञान के क्षेत्र में प्रवेश करना सम्भव ही नहीं। सॉस्यूर ने कहा कि शब्द-अर्थ की परस्परता मनमाना अथवा नियमरहित होती है। इसी तत्त्व को संरचनावाद ने ग्रहण किया। लेवीस्ट्रॉस ने सॉस्यूर के इस संरचनावाद को आगे बढ़ाया और संरचनात्मक विज्ञान की अवधारणा विकसित की।

रोलां बार्थ ने लेवीस्ट्रॉस की संरचनावादी व्याख्याओं को सम्भव बनाया। उन्होंने संस्कृति को 'भाषा' माना। इस भाषा के चिह्न चुने, संरचनाएँ चुनीं और बताया कि संस्कृति की संरचना भाषा की तरह है। संरचना के बाहर कोई बोध या अर्थ नहीं। अर्थ पाठ में है, पाठ की संरचना में है। इसलिए बार्थ ने उद्घोषित किया कि लेखक की मृत्यु हुई। एक पाठ के लिए इसलिए लेखक का अर्थ अनुपस्थित रहता है। तब

एकमात्र अर्थ की अवधारणा समाप्त होती है। एक पाठ के अनेकार्थ सम्भव हो जाते हैं। लेकिन आलोचना में पाठ के लिए एक अर्थ का निर्माण करना है।

आधुनिकता के साहित्य में उपर्युक्त आधुनिक कृति पर केन्द्रित कृति आलोचना का भी गहरा प्रभाव पड़ा। इन सम्प्रदायों की स्वीकृति के कारण प्रयोगवाद से लेकर कवियों का शिल्प पक्ष पूर्ववर्ती कवियों से बिलकुल अलग एवं नये नये प्रयोगों से संवर्द्धित रहा। चाहे वह अज्ञेय धारा का हो या मुक्तिबोध धारा का। कविताओं ने ही नहीं अन्य विधाओं ने भी इसका अनुसरण किया। नामवरजी ने 'कविता के नये प्रतिमान' के निर्माण में भी उपर्युक्त सम्प्रदायों का सहारा लिया। 'काव्यभाषा' पर इसलिए बल दिया गया।

आधुनिक होने का मतलब है नये जीवन बोध को ग्रहण करना। पर आधुनिकता उससे भी कुछ आगे की कड़ी है वह एक प्रक्रिया है जिसमें निरन्तरता है। अतीत के परिप्रेक्ष्य में वर्तमान की समझ और भविष्य की दृष्टि आधुनिकता में वर्तमान है। अतः इन्द्रनाथ मदान ने कहा कि यह एक जीवन बोध है जिसमें प्रश्नचिह्नों की निरन्तरता है, मध्यकालीन और रोमांटिक भावबोध का अस्वीकार है।

हिन्दी में आधुनिक साहित्य की शुरुआत भारतेन्दु से है। स्वतन्त्रता प्राप्ति तथा विभाजन के पहले तक का जो साहित्य है वह आधुनिक है। उसमें अपने समय के जीवन यथार्थ को नये ढंग से, अन्धविश्वासों एवं अनाचारों से संघर्ष करते हुए जीवन को गतिशील बनाने का उपक्रम सक्रिय रहा। स्वाधीनता प्राप्ति तथा उसके साथ हुए विभाजन की विभीषिका ने भारतीय जन-मानस को अनिश्चितता, अनास्था एवं निराशा के कगार पर खड़ा कर दिया। इसलिए स्वन्त्रता परवर्ती हिन्दी साहित्य की संवेदना बदल गयी। पूर्ववर्ती साहित्यिक संवेदना में भविष्य को लेकर जो आस्था थी वह समाप्त हो गयी। एक प्रकार की अनास्था का स्वर पूरे साहित्य में छा गया। अनास्था और मोहभंग की यह स्थिति यद्यपि तत्कालीन परिस्थिति की उपज थी तथापि वह आधुनिक संवेदना के विकास के परिणामस्वरूप उत्पन्न आधुनिक भावबोध यानी कि आधुनिकता का परिणाम था। उसने परम्परा, पुराण, विरासत, इतिहास सबका नये सिरे से मूल्यांकन करते हुए अपनी नयी मानसिकता को प्रश्रय दिया।

असल में हिन्दी साहित्य में आधुनिक बोध यानी कि आधुनिकता की सशक्त अभिव्यक्ति स्वाधीनोत्तर परिवेश में दिखाई देती है। यहाँ आधुनिकता की दो धाराएँ दिखाई देती हैं। एक पाश्चात्य अस्तित्ववाद से प्रभावित आधुनिकता है तो दूसरी धारा सामाजिक यथार्थ से प्रभावित आधुनिकता। नरेन्द्र मोहन ने आधुनिकता की द्विमुखी

धारा पर टिप्पणी करते हुए कहा, "आधुनिकता एक ओर अस्तित्व दर्शन से, अस्तित्वगत स्थितियों के यथार्थ से जुड़ती है तो दूसरी ओर सामाजिक दर्शन और सामाजिक यथार्थ से।" आधुनिकता में मानव मुक्ति की कामना है साथ ही मनुष्य की स्वतन्त्रता। स्वतन्त्रता परवर्ती हिन्दी साहित्य में ये दोनों धाराएँ सक्रिय रहीं पर अस्तित्ववादी आधुनिकता को अधिक स्वीकृति मिली। क्योंकि उस समय की परिस्थिति में मनुष्य इतना निराशाग्रस्त था कि वर्तमान और भविष्य अपने लिए प्रतिकूल लगा और भविष्य अन्धकारपूर्ण भी। ऐसी स्थिति में अस्तित्व दर्शन को स्वीकारने के लिए यहाँ का मध्यवर्ग एवं बुद्धिजीवी समान रूप से तैयार हो गये। इसलिए हिन्दी साहित्य में आधुनिकता के आगमन की उद्घोषणा करते हुए धर्मवीर भारती का 'अन्धा युग' प्रकाश में आया। फिर हम देखते हैं कि आधुनिक भावबोध से परिचालित रचनाओं की एक लम्बी कतार आने लगी। अज्ञेय का 'नदी के द्वीप', 'अपने अपने अजनबी', मोहन राकेश का 'अँधेरे बन्द कमरे', 'न आनेवाला कल', उषा प्रियंवदा का 'पचपन खंभे लाल दीवारें', ममता कालिया का 'बेघर', बद्दी उजमाँ का 'एक चूहे की मौत', निर्मल वर्मा के 'वे दिन', नाटक के क्षेत्र में मोहन राकेश का 'लहरों के राजहंस, 'आधे अधूरे', दुष्यन्त कुमार का 'एक कंठ विषपायी', रमेश बक्षी का 'देवयानी का कहना है', लक्ष्मीनारायण लाल का 'एक सत्य हरिश्चन्द्र' जैसी अनेक रचनाएँ प्रकाश में आ गयीं। इन सबमें तत्कालीन सामाजिक यथार्थ के विभिन्न आयामों को उसकी ऐतिहासिक एवं सामाजिक निरन्तरता में नये ढंग से सोचने समझने और व्याख्यायित करने का कार्य किया गया है।

दूसरी धारा जो है वह सामाजिक यथार्थ को नये ढंग से प्रस्तुत करने की वैज्ञानिक पद्धति है जिसकी जड़े काफी व्यापक एवं गहरी हैं। यह धारा प्रेमचन्द से शुरू होकर विभिन्न कालखण्डों से गुज़रते हुए अपने सामाजिक सरोकार को प्रमाणित करती रही है। अस्तित्ववादी आधुनिकता के प्रभुत्व के सामने अवश्य इसकी चर्चा मद्धिम पड़ गयी थी। लेकिन उपन्यास के क्षेत्र में धर्मवीर भारती का 'सूरज का सातवाँ घोड़ा (1952), फणीश्वरनाथ रेणु का 'मैला आँचल (1954), 'परती परिकथा' (1957), नरेश मेहता का 'यह पथ बन्धु था' (1962), राजेन्द्र यादव का 'सारा आकाश' (1960), कमलेश्वर का 'लौटे हुए मुसाफिर' (1961), श्रीलाल शुक्ल का 'राग दरबारी' (1968), रांगेय राघव का 'कब तक पुकारूँ' (1957), अमृतलाल नागर का 'बूँद और समुद्र' (1956), 'अमृत और विष' (1966), गिरिराज किशोर का 'जुगल बन्दी' (1973), भीष्म साहनी का 'तमस' (1973) जैसी रचनाओं की

धारा आगे बढ़ती रही। वे अवश्य सामाजिक यथार्थ के नये-नये पहलुओं को अनावृत करने वाली रचनाएँ थीं जिन्होंने सचमुच आधुनिक भावबोध यानी कि आधुनिकता की गहरी पहचान को प्रस्तुत किया। इस प्रकार देखें तो पता चलेगा कि आधुनिकता एक समग्र मानसिकता है। उसका विकास या उसकी अगली कड़ी है समकालीनता। जिसमें अपने समय के साथ गहरे में जुड़ने तथा उसकी नब्ज को पकड़ पाने की गहरी समझ विद्यमान है।

समकालीनता

समकालीनता एक दृष्टिकोण है। समय की सच को तटस्थता के साथ परखने की क्षमता किसी को समकालीन बनाती है। समकालीनता वर्तमान जीवन प्रणाली की जटिलता को उसकी पूरी समग्रता में सूक्ष्मता के साथ व्याख्यायित, परिमार्जित एवं प्रतिक्रियान्वित करनेवाली गहरी समझ का नाम है। वह एक जागरूक चेतना है। वह आदमी-आदमी को जोड़ती है, अलगाती नहीं। उसमें मानव कल्याण की भावना है। समकालीनता को अर्जित करना चाहिए। वह बपौती के रूप में मिलनेवाली चीज़ नहीं। उसको अर्जित करने के लिए जागरूकता की ज़रूरत है, "समकालीनता को अर्जित करना होता है, अपने समय के साथ मुठभेड़ करते हुए, उसमें हस्तक्षेप करते हुए, हर रचनाकार को अपनी समकालीनता स्वयं अर्जित करनी होती है।"

रचनाकार सूक्ष्मद्रष्टा होते हैं। वे साधारण मनुष्य की अपेक्षा अधिक तार्किक एवं संवेदनशील होते हैं। समाज की असंगतियाँ सबसे पहले वे ही भाप लेते हैं। इन असंगतियों के बीचोबीच तड़पने वाले आम आदमी को केन्द्र में रखते हुए वे उन पर विचार-विमर्श करते हैं। उनके सामने वर्तमान की जटिलता है, पीछे अतीत का अनुभव है और आगे भविष्य की आकांक्षा है। इनके आत्ममंथन से एक अन्तर्दृष्टि विकसित होती है वही समकालीनता है, "समकालीनता अतीत के अनुभव के साथ वर्तमान के संघर्ष के सुखद संयोग का नाम है जिसके मूल में आस्था और सर्जनात्मकता है।" इसलिए समकालीनता महज समसामयिक सन्दर्भ में जीना नहीं बल्कि अपने समय के स्पन्दनों की सही पहचान और सार्थक प्रतिरोध है। तटस्थ होना सचमुच नपुंसक होना है पर समकालीन होने के लिए विद्रोही यानी कि प्रतिरोधी बनना ज़रूरी है। समकालीनता भविष्य पर आस्था रखनेवाली एक मानसिकता है। यह समाजवादी दर्शन से सम्बद्ध है। एक प्रकार से यह नव प्रगतिशील दृष्टि है। पर किसी एक राजनीतिक दल या सोच का परिणाम नहीं। विशाल राजनीतिक, सामाजिक, आर्थिक

एवं सांस्कृतिक समझ की उपज है। इसलिए उसमें मानवता के भविष्य की चिंता सक्रिय है, "समकालीनता मानव भविष्य के प्रति पक्षधरता का दूसरा नाम है, भविष्य के प्रति नियति के प्रति नहीं।" इसलिए समकालीन रचनाकार वर्तमान की भयावहता के सामने अडिग रहकर उसका सामना करता है क्योंकि भविष्य ही उसका लक्ष्य है। यह लक्ष्य ही सचमुच उसे विद्रोही, प्रतिरोधी तथा मानवीयता का रक्षक बना देता है। जिस रचनाकार में यह लक्ष्य बोध है वह समकालीन बनता है। अतः समकालीनता एक अवधारणा है जिसके केन्द्र में मानवीयता की उज्ज्वलता की कामना निहित है, समकालीनता वास्तव में एक मानसिकता है जिसे युगीन परिवेश से अर्जित किया जाता है। इसमें तथ्यों को ऐतिहासिक परिप्रेक्ष्य में देखने-परखने और विश्लेषित करने की दृष्टि विद्यमान है। समकालीनता गतिशील दृष्टि है वह ठहरी हुई नहीं। आधुनिकता के समान वह एक प्रक्रिया है जिसमें गहरी समझ से उत्पन्न गतिशील मानसिकता सक्रिय है, "समकालीनता एक ठहरी हुई, गतिहीन और जड़ स्थिति नहीं है बल्कि ठहराव, गतिहीनता और जड़ता को सहती और निर्ममता से तोड़नेवाली गतिमान ऐतिहासिक प्रक्रिया और चेतना है।"

समकालीनता आधुनिकता के अनाथत्व से जन्म लेती। आधुनिकता में वैज्ञानिकता और उसकी उपज औद्योगीकरण से ईश्वर और प्रकृति से मानव अलग हो गया। यानी कि आधुनिकता मानव केन्द्रित थी। देकार्थ ने कहा कि मनुष्य के विकास के लिए प्रकृति के ऊपर स्वामित्व स्थापित करना है। यह ज्ञानोदय एवं नीत्शे की ईश्वर की मृत्यु की उद्घोषणा दोनों ने मिलकर मनुष्य के अनाथत्व को तीव्र बनाया। व्यक्ति की स्वतन्त्रता एवं अस्तित्व के लिए भटकनेवाले साहित्यकार हैं आधुनिकता के साहित्यकार। समकालीनता में यह केन्द्रीयता टूट गयी। आधुनिकता सत्ता, विचार आदि हमारे ऊपर लाद देती थी। अन्यों को हाशिए पर डाला गया। अन्य से तात्पर्य है अल्पसंख्यक, पिछड़े लोग, स्त्री, दलित, प्रकृति आदि। अर्थात समकालीनता परम्परागत विविधता को बनाये रखना चाहती है। इसके लिए उत्तर-संरचानत्मक या देरिदा के विखंडनवाद की रणनीति अपनाई जाती है। साहित्य अमर इसलिए है कि वह एक व्यक्ति को अनेक अर्थ देता है, इसलिए नहीं है कि वह बहुत से लोगों पर एक ही अर्थ थोपता है। पाठक ही वह इकाई है जो पाठ के बहुमुखी अर्थ के केन्द्रों को स्थिर करता है।

इस सन्दर्भ में एडवर्ड सईद की उत्तर-औपनिवेशिक आलोचना की भी महत्त्वपूर्ण भूमिका है। उत्तर-औपनिवेशिक आलोचना का बीज शब्द है प्रतिरोध। 'Culture and imperialism, Humanism and Democratic Criticism' में वे स्पष्ट कहते हैं कि

प्रतिरोध का मतलब खारिज करना नहीं होता। 'प्रतिरोध' आलोचना का एक चरण होता है जिसकी परिणति संधि अथवा संवाद में होना चाहिए। वे सांस्कृतिक बहुलवाद के पक्ष में हैं। पश्चिम और पश्चिमेतर संस्कृतियों के बीच में दरार पैदा करने के वे विरोधी हैं। वे हर रचना में प्रकट अथवा प्रच्छन्न औपनिवेशिक उपपाठ की छानबीन करते रहते हैं। सईद का सांस्कृतिक बहुलवाद उनके अनुयायियों तक आते-आते एकलवाद में बदल गया है। अर्थात पूर्व की श्रेष्ठता स्थापित करने के क्रम में पश्चिम के पूर्ण नकार में विश्वास रखते हैं। भूमण्डलीकरण और बहुसंस्कृति की आज की दुनिया में एकलवाद के लिए कोई गुंजाइश नहीं है।

'Late Capitalism' के लेखक अर्नस्ट मेंडेल ने कहा है कि वृद्ध पूँजीवाद में समकालीन जीवन के तमाम क्षेत्र अंतर्भुक्त हो जाते हैं। इस सर्वव्यापकत्व में निहित समग्रता को निपटने के लिए बहुलतावाद को रणनीति की तरह इस्तेमाल किया जाता है। अथवा पूँजीवादी समग्रता को विखंडित करना है समकालीनता का लक्ष्य। इसके लिए स्त्री, दलित या पिछड़ों को आगे लाने का आह्वान किया जाता है। समकालीनता को इसलिए हम सांस्कृतिक विमर्श मान सकते हैं। इसमें स्थानीय विशेषताओं की ओर लौटना, उन्हें जाग्रत करना, रुचियों, भाषाओं और व्यवहार की विविधताओं को बनाये रखने की इच्छाएँ अनेक रूपों में होती हैं। जिस प्रकार गाँधी का 'हिन्द स्वराज' 'स्थानीयता' का दस्तावेज़ बनता है। वह प्रतिरोधात्मक समकालीन दस्तावेज़ है, जिसकी माँग है आज। इसलिए समकालीनता नकारात्मक नहीं बल्कि विविधता को बनाने का रचनात्मक सुझाव है। इसमें आज़ादी के स्थान पर सत्य या घोर यथार्थ को स्थान दिया जाता है। उसमें हर चीज़ एवं संस्कृति अलग-अलग रंग में नज़र आती है। कलाकार विराट सांस्कृतिक उद्योग का एक हिस्सा है। इस दृष्टि से समकालीन कलाकार जन संस्कृति या लोकप्रिय संस्कृति का है। इसलिए समकालीन सहित्य में स्त्री जीवन, दलित जीवन, लोकजीवन, आदिवासी जीवन, पारिस्थितिक सजगता जैसी कई लोकधुन की प्रवृत्तियाँ बड़े पैमाने पर प्रकट हैं।

हिन्दी का समकालीन साहित्य अपने समय की समस्याओं और चुनौतियों के साथ संघर्ष करते हुए अपने सामाजिक सरोकार को प्रमाणित करनेवाला साहित्य है। यह साहित्य अपने समय के यथार्थ का अनावरण करता है साथ ही उन मानव विरोधी यथार्थों के खिलाफ प्रतिरोध ज़ाहिर करता है जो मनुष्य को मानवोचित जीवन जीने के अधिकार से वंचित रखता है।

समकालीनता के निर्माण में समकालीन परिवेश की भूमिका बड़ी है। समकालीन

परिदृश्य से मतलब साठोत्तर भारतीय परिवेश की ओर है। स्वतन्त्रता प्राप्ति के उपरान्त के मोहभंग और निराशा का चित्रण उस समय के साहित्य में हुआ। इस वातावरण की भीषणता को और गहरानेवाली कुछ घटनाएँ साठ के बाद भारत में हुईं जिन्होंने जन-मानस की आशंकाओं को और गहराया। सुनहले भविष्य का सपना जब सपना मात्र रह गया तो जो आस्था बनी हुई थी उसको भी समाप्त करनेवाली घटनाएँ घटित होने लगीं। 1962 में भारत-चीन युद्ध ने सचमुच सत्य, धर्म, दया, अहिंसा जैसे तत्त्वों पर अधिष्ठित भारत तथा चीन की मित्रता को समाप्त कर दिया। पंचशील तत्त्वों पर आस्था रखते हुए जीनेवाले भारतीय मन पर लगा सब से बड़ा आघात था वह। 1964 में जब जवाहरलाल नेहरू की मृत्यु हुई तब भारत की जनता में बची हुई आस्था भी नष्ट हो गयी। इसी वर्ष में कम्यूनिस्ट पार्टी का विभाजन हुआ। यह भी जनता के मन को आघातक सिद्ध हुआ। 1965 और 71 में पाकिस्तान से युद्ध हुए। इसने भारत की अर्थव्यवस्था को बुरी तरह प्रभावित किया। देश में दरिद्रता बढ़ने लगी। अन्न की कमी और भूखमरी बढ़ने लगी। जनता के सामने अन्धकार ही अन्धकार दिखाई देने लगा। राजनीति पर तथा नेताओं पर जनता का विश्वास टूटने लगा। 1967 के चौथे आम चुनाव में काँग्रेस की पराजय हो गयी। इसी वर्ष में बिहार, बंगाल, आन्ध्रप्रदेश व असम में नक्सलवादी आन्दोलन शुरू हुआ। 1975 में आपातकाल की घोषणा हुई। 1977 में जनता पार्टी की सरकार बनी। स्वतंत्र भारत में काँग्रेस से भिन्न एक शासन सत्ता का उदय हुआ। पर 1979 में ही जनता पार्टी का विघटन हुआ। 1979 में इंदिरा गाँधी का पुनः शासन में प्रवेश हुआ। 1982 में जनवादी लेखक संघ की स्थापना हुई। पर दक्षिण प्रदेशों में इसी वर्ष काँग्रेस की हार हुई। 1984 में भोपाल गैस त्रासदी ने जन मानस को हिला दिया। नरसिंह राव के शासन काल में अमीरिकी नीति के तहत उदारीकरण की प्रक्रिया की शुरुआत हुई। जिससे भारत जैसे विकासोन्मुख राष्ट्र के बाज़ार विकसित राष्ट्रों के लिए व्यापार का खुला मंच बनने लगे। यहाँ से नव उपनिवेशी ताकतों की पकड़ मज़बूत होने लगी। भारतवासियों ने जिस उपनिवेशवादी शक्तियों को कठिन प्रयत्न करके भगाया उसका पुनः प्रवेश अप्रत्यक्ष रूप से होने लगा।

बीसवीं शती के नब्बे के दशक तक आते-आते भूमण्डलीकरण के दौर में उदारीकरण भी शुरू हुआ। इससे मुक्त बाज़ार की संकल्पना भी शुरू हुई। विश्वग्राम और खुले बाज़ार की अवधारणा से ओत-प्रोत वैश्वीकरण और उदारीकरण की प्रवृत्ति ने दुनिया में आर्थिक, सामाजिक और सांस्कृतिक क्षेत्रों में उथल-पुथल मचा

दी। इसके स्पष्ट उदाहरण हैं उपभोक्तावाद और उपभोग संस्कृति। इसके परिणामस्वरूप देश में गरीबी बेतहाशा बढ़ी है। आज हम विश्व अर्थव्यवस्था का अंग बन रहे हैं। जहाँ बाज़ार की शक्तियाँ, अन्तर्राष्ट्रीय मुद्राकोष, विश्वबैंक, और विश्वव्यापार संगठन इसका नियमन और संचालन करते हैं। इनके कर्ज से दबे देश इनकी शर्तों को मानने के लिए विवश हो जाते हैं। आज सभी चीज़ें बिकाऊ हो गयी हैं - हमारे गाँव, खेत-खलिहान, पानी सब। यहाँ तक हमने अपनी संवेदनाओं और कल्पनाओं की भी बिक्री की। इससे भाषा और संस्कृति पर गहरी चोट पड़ी। प्रकृति का भी सन्तुलन नष्ट हो गया। इस सन्दर्भ में सुधीश पचौरी का यह कथन विचारणीय है - "भूमंडलीयता में संस्कृति एक उद्योग है, उत्पाद है, पण्य है, ब्रांड है। संस्कृति में इन तमाम कलाकर्मों को शामिल करें जो प्रकृति की पुनर्रचना करने का काम करते हैं। विश्व पूँजीवाद ने प्रकृति के क्षेत्र को भी डस लिया है और उस सांस्कृतिक कर्म के क्षेत्र को भी ग्रस लिया है, जिसे अमेरिकी उत्तर-आधुनिक मार्क्सवादी विद्वान फ्रेडरिक जेम्सन 'दूसरी प्रकृति' कहते हैं।" (सुधीश पचौरी - भूमण्डलीकरण और उत्तर-सांस्कृतिक विमर्श, पृ 15)। इसका तात्पर्य यह है कि आज के समय की सबसे बड़ी चालक शक्ति भूमण्डलीकरण है। हिन्दी की चर्चित लेखिका प्रभा खेतान की मान्यता है कि भूमंडलीय मंच अपने-आपमें एक पश्चिमी मंच है। इसमें हम सब रंगे जा रहे हैं।

कहने का तात्पर्य यह है कि भूमण्डलीकरण का गहरा असर समकालीन साहित्यिक क्षेत्र में भी पड़ा। इस पूँजीवादी व्यवस्था से उत्पन्न समस्याओं के प्रतिरोध करने और उसके गुणनफल को संवर्द्धित करने का कार्य भी समकालीन साहित्य कर रहा है। इसलिए समकालीनता की जो सोच है उसके निर्माण में भूमण्डलीकरण की ही मुख्य भूमिका है। इसकी वजह यह है कि भूमण्डलीकरण मूलतः एक राजनीति है, आज उसका उपयोग विकास के नाम पर विकासशील एवं गरीब देशों के शोषण से जुड़ा हुआ है। भूमण्डलीकरण से भारत के सन्दर्भ में रोज़गार के अवसर, स्त्री और दलित की पराधीनता का निराकरण आदि कुछ सकारात्मक विकास हुआ है तो भी भूमण्डलीकरण जितना मानवीय बन पाएगा यह भविष्य ही बता पाएगा। इसलिए समकालीन साहित्य इसे सन्देह की दृष्टि से देखता है।

समकालीन उपन्यास और उसकी प्रवृत्तियाँ

समकालीन उपन्यास सचमुच अपने समय के यथार्थों की सही समझ है। दूसरे शब्दों में कहा जाए तो यह उपन्यास सांस्कृतिक विमर्श है। प्रेमचन्द के समय से साहित्य में अपने समय के यथार्थ का चित्रण ही होता आ रहा है पर समकालीन सन्दर्भ की

विशेषता उसकी बहु आयामिता है। पूँजीपति और मज़दूर या किसानों के संघर्ष को लेकर जो लेखन प्रेमचन्द से शुरू हुआ था उसकी अपनी महत्ता ज़रूर है। पर धीरे-धीरे समय सन्दर्भ और जीवन भी जटिल होता गया साथ ही उपन्यास का कलेवर भी। आज के उपन्यास का कैनवास इतना इसलिए विशाल है, जटिल है कि जीवन ही जटिल हो गया है। इसलिए वर्तमान समाज के बहुआयामी यथार्थ समकालीन उपन्यास में अनावृत हो उठे हैं। उनमें प्रमुख हैं नव औपनिवेशिक स्थितियाँ, विस्थापितों का यथार्थ, स्त्री विमर्श, दलित विमर्श आदि। यद्यपि समकालीन उपन्यास में अनेक विविधायामी प्रवृत्तियाँ दिखाई देती हैं तो भी उन सबको मुख्यतः नव औपनिवेशिक स्थितियाँ, विस्थापितों के यथार्थ, स्त्री विमर्श और दलित विमर्श के शीर्षकों में समेटा जा सकता है। आगे के अध्यायों में इन प्रवृत्तियों पर विचार किया जाएगा।

नवऔपनिवेशिक स्थितियाँ

नवउपनिवेशवाद वह व्यवस्था है जिसमें पूर्व उपनिवेशी ताकतें अपने पूर्व उपनिवेशितों पर वर्चस्व बनाये रखने की कोशिश करती हैं। देशी उत्पादनों और देशी बाज़ार का सर्वनाश ही भूमण्डलीकरण की प्रक्रिया है। भूमण्डलीकरण और उपभोगसंस्कृति का यह दौर वर्तमान पूँजीवाद का है। भूमण्डलीकरण के नाम पर आजकल पूँजीवादी साम्राज्यवादी जड़ें जम रही हैं। उदारीकरण, निजीकरण आदि जितने भी शब्द इसके लिए प्रयुक्त होते हैं, उसकी बहिरंगी भंगिमा के अंदर छिपे अमानवीय चेहरे को देखने पर हम कभी भी उसे एक 'संस्कृति' कहने के लिए तैयार नहीं हो जाएँगे। संस्कृति अनुदार नहीं, उदार होती है, वह मरण का उत्सव नहीं मनाती, वह जीवन के उत्सव की अनवरत शृंखला है। यह है सामासिक संस्कृति। यह संस्कृति जीवन का सम्मान करती है। 'वैश्वीकरण और असहमतियाँ' शीर्षक जोसफ ई. स्टिग्लिस की पुस्तक की भूमिका में उन्होंने यह ज़ाहिर किया है कि वैश्वीकरण विश्वजनता को उसकी वास्तविक परिकल्पना की सुविधाएँ प्रदान करने में असफल निकला है। इस पर खेद प्रकट करते हुए उन्होंने कहा है कि वैश्वीकरण का वास्तविक मकसद विश्व के दरिद्र राष्ट्रों को आर्थिक एवं वैज्ञानिक सहायता प्रदान करके उन्हें विकास की ओर अग्रसर करना ही था। विश्व के विकसित देशों ने इस महान उद्देश्य से भूमण्डलीकरण की योजना बनायी थी।

उपर्युक्त उद्देश्य की सार्थकता के लिए अन्तर्राष्ट्रीय मुद्राकोष, विश्वबैंक तथा विश्वव्यापार संगठन जैसी संस्थाओं का गठन हुआ। अविकसित तथा विकासशील राष्ट्रों को आवश्यक आर्थिक तथा तकनीकी सहायता देकर उन्हें विकासोन्मुख करना तथा विश्वराष्ट्रों का एक खुला मंच तैयार करना भी इसका लक्ष्य था। विश्वस्तरीय व्यापार में जो बाधाएँ थीं उन्हें मिटाकर एक खुले व्यापार क्षेत्र का गठन भी इसके उद्देश्यों में प्रमुख रहा था, जिससे विश्व के हर पिछड़े देश को आगे आ जाने, अपने उत्पादनों के लिए योग्य मंडी चुन लेने तथा सबसे अधिक मुनाफा प्राप्त करने का

अवसर मिले। इस सद् उद्देश्य को लेकर बनायी गयी योजना पर धीरे-धीरे विकसित राष्ट्रों के स्वार्थ को मिलाकर इस योजना को चलाने लगे तो उसका बुरा परिणाम ही विश्व को मिलने लगा था।

विकसित राष्ट्रों में भी अमेरिका का ज़ोर अधिक रहा। परिणामतः वर्तमान भूमण्डलीकरण की प्रक्रिया का सूत्रधार बन गया अमेरिका। उसने अपनी स्वार्थता के तहत विश्व को अपने लिए अनुकूल मण्डी बना लेने का कुत्सित कार्य शुरू किया। इसलिए विश्व बैंक, अन्तर्राष्ट्रीय मुद्राकोष तथा विश्वव्यापार संगठन आदि भी अपने मूल लक्ष्य से विचलित होकर अमेरिकी नीति लागू करनेवाली संस्थाओं में रूपान्तारित हो गये। गोया कि जनहित के जिस महान उद्देश्य को लेकर वैश्वीकरण की योजना बनायी गयी वह जनविरुद्ध सिद्ध हो गयी। यह भी नहीं वह अविकसित तथा विकासशील राष्ट्रों के ऊपर अपने अधिकार को जमा लेने की गुप्त एजंडा बन गयी। इसलिए भूमण्डलीकरण आज जनविरोधी शक्ति का षड्यंत्र मात्र समझा जाने लगा। विश्व भर में इस अमानवीय वृत्ति के खिलाफ सख्त विद्रोह भी चल रहा है।

उदारीकरण की शुरुआत भारत में 1991 की नरसिंह राव सरकार ने की। गैट समझौता इसका परिणाम था। इसके कारण भारत के स्वत्व को बनाये रखनेवाले बहुत सारे तत्त्व नष्ट हो गये नहीं तो उनपर बहुराष्ट्र कम्पनियों का अधिकार जम गया। खेती के क्षेत्र में, वनस्पति के क्षेत्र में, औषधियों के क्षेत्र में, विज्ञान एवं तकनीकी क्षेत्र में सब कहीं भारत को बड़ा नुकसान हुआ। यह भी नहीं विदेशी कम्पनियों ने भारत के बाज़ारों पर भी अपना अधिकार जमा लिया। वे मुफ्त और किश्त नीति के तहत जनता को सम्मोहित करके उन्हें लूटने लगे। आकर्षक विज्ञापनों के ज़रिए जनमानस को लुभा कर उन्हें अपने जंजाल में फँसा लेने लगे। इसके लिए उनके प्रमुख नारे थे 'मुफ्त और किश्त नीति'। आज भारत में शहरों-गाँवों के भेद के बिना हर दरवाज़े पर बहुराष्ट्र कम्पनियों एवं बैंकों के बिचौलिए खड़े हुए हैं, अपने आकर्षक वादों की तरफ जन साधारण का ध्यान आकर्षित करने तथा उन्हें फँसा लेने के लिए। इनके वादों के पीछे छिपे छल की गहराई से अनबूझ जनता उसमें फँस जाती है। जनता स्वाभाविक रूप से उपभोग की मानसिकता से युक्त है। जब बाज़ार उनके सामने खुला है और खरीदने के लिए उदार रूप से धन ऋण में मिलने का मौका भी है तो जनता पतंगों के समान उपभोग संस्कार के चंगुल में फँस जाएगी। कई प्रकार के विज्ञापन उस बाज़ार में विकल्प तैयार करते हैं।

उपभोग संस्कृति

आज़ादी के बाद जीवन को आसान और अधिक खुशहाल बनानेवाली वस्तुओं का उपभोग काफी बढ़ गया। आज उपभोग विकास का हिस्सा है जिसे प्रत्येक व्यक्ति भोगता है और खुश हो जाता है। उपभोग संस्कृति का आदर्श यह है कि उपभोक्ता जितना उपभोग करेंगे उन्हें उतनी ही खुशी मिलेगी। किन्तु उसके पीछे की वास्तविकता कोई जल्दी समझ नहीं पाएगा। भूमण्डलीकरण ने प्रत्येक वस्तु को उपभोग के दायरे में ला खड़ा किया है। कला, संगीत, साहित्य, धर्म, संस्कृति, सम्बन्ध यहाँ तक स्वयं मनुष्य भी इसी श्रेणी में आते जा रहे हैं ब्रांड रूप में। उपभोग क्या है ? खाया-पचाया, मन भर गया तो फेंक दिया अथवा निकाल दिया गया। उसी तरह उपर्युक्त सभी चीज़ों का तब तक उपभोग किया जाता है जब तक वह लोगों को रुचिकर लगती है। जो हिस्सा उन्हें पसन्द नहीं आया अथवा अपनी सुविधा के अनुसार नहीं रहा तो तुरन्त उनमें परिवर्तन कर लिए जाते हैं। उपभोज्य वस्तुएँ कौन सी हैं इसे बाज़ार ही तय करता है। प्रत्येक व्यक्ति की माँग को समझकर ही बाज़ार में माल उतारा जाता है। जहाँ उपभोक्ता यह तय करता है कि उसकी पसन्द क्या है ? उसको क्या चाहिए और क्या नहीं ? भूमण्डलीय बाज़ार अपनी मार्केटिंग के तौर-तरीकों से सामाजिक जीवन को ही खरीद-बिक्री के पैमाने में ढाल रहा है। निजी तौर पर प्रत्येक चीज़ को हासिल करना और उसे अपनी हैसियत या आत्मसम्मान से जोड़ना इसी बाज़ार की देन है। यही कारण है कि हम जब भी बाज़ार जाते हैं तो वहाँ से खाली हाथ नहीं लौटते। खर्च तो हम करते ही हैं फिर वह खाने का सामान हो या कपड़े-लत्ते या कुछ भी अन्य वस्तु जो महज देखने में अच्छी लगती हो उसे ले लिया जाता है। आज युवा वर्ग वस्तुओं को अन्धाधुन्ध तरीके से खरीद रहा है, लेकिन समय उसके पास नहीं है कि वह उन वस्तुओं का मजा ले सके। उसके पास समय का अभाव होता जा रहा है। इसलिए वे उस खुशी को हासिल ही नहीं कर पाते। आज के इस जटिल जीवन में उपभोग की वस्तुएँ इस कदर घुसी हुई हैं अथवा घुसा दी गयी हैं कि आप उनके बिना जीवन की कल्पना भी नहीं कर सकते।

ब्रांड संस्कृति

भूमण्डलीकरण की प्रक्रिया में संस्कृति एक उद्योग की तरह मानी जाती है, जहाँ उत्पाद पण्य, ब्रांड शामिल होते हैं। ब्रांड निर्माता अपने ब्रांड को ग्लोबल उपभोक्ता संस्कृति, एक विदेशी संस्कृति अथवा एक स्थानीय संस्कृति के सिम्बल के रूप में

रखते हैं। ग्लोबल उपभोक्ता संस्कृति में ब्रांड को उपभोक्ता के समक्ष इस तरह से पेश किया जाता है कि उसे यह महसूस हो कि इसे अपनाने से वह आधुनिक होगा, शहरी बनेगा, उसमें नयी समझ का अहसास होगा, लोग आकर्षित होंगे। इसलिए ब्रांड आज भूमण्डलीय बाज़ार की लोकप्रिय अवधारणा बन गयी है। उपभोक्ता वस्तुओं के एक ही उत्पाद के विभिन्न ब्रांड आज बाज़ार में उपलब्ध हैं। ब्रांड उपभोक्ता को उत्पाद की गुणवत्ता की गारंटी देता है। उत्पादों के ब्रांड आज व्यापार और बाज़ार के नियामक बने हुए हैं। ब्रांडों की अवधारणा को विकसित करने में विपणन और विज्ञापन एजेंसियाँ महत्त्वपूर्ण भूमिका निभाती हैं। वास्तव में ब्रांड बाज़ार में प्रतिष्ठित और स्थापित होने का एक माध्यम है।

ब्रांड एक प्रकार का व्यापारिक चिह्न है जो शब्दों या डिज़ाइनों का समुच्चय होता है। वह विज्ञापित उत्पाद की छवि को, उसकी गुणवत्ता, उसकी उत्कृष्टता को किसी प्रतीक या विचार द्वारा उपभोक्ता के अन्तर्मन में गहरे स्थापित कर उसकी विशिष्ट पहचान बनाता है। प्रभा खेतान के शब्दों में "ब्रांड का अर्थ केवल एक छपा हुआ रंगीन बिल्ला नहीं, जिसे उत्पादित वस्तु पर चिपका दिया जाए। ब्रांड का मनोवैज्ञानिक और सांस्कृतिक आयाम है। ब्रांड केवल उत्पादित वस्तु का ही प्रतिनिधित्व नहीं करता, बल्कि अपनी साख भी रखता है। यह अपने बारे में उपभोक्ताओं से संवाद स्थापित करता है।" (भूमण्डलीकरण : ब्रांड संस्कृति और राष्ट्र, पृ. 58) आज उपभोक्ता ब्रांड यानी संकेतक के आधार पर अपना चुनाव करता है। ब्रांड के आधार पर वस्तुओं की भिन्नता को स्थापित करना इसका मुख्य ध्येय है।

आज वस्तु में परिणत होना मनुष्य, मनुष्य में विशेषतः स्त्री जाति की ब्रांड के अनुसार समाज में बिक्री चल रही है। वैसे ही आज के बाज़ार में धर्म की बिक्री बड़े ज़ोरों पर चलती है। इन व्यापारों के ज़रिए अपने सांम्राज्य की सीमा बढ़ानेवाले एक ओर हैं तो दूसरी ओर इसके बीच में नष्ट होनेवाले हमारे मूल्यों की ओर ध्यान देना चाहिए। इसलिए समकालीन साहित्य प्रतिरोध का औजार बनकर इन सबका विरोध करता है। समकालीन साहित्य एक प्रकार से इस नवउपनिवेश की ताकतों को खुले आम तहस नहस करने में कटिबद्ध है। इस मायने में समकालीन उपन्यास का योगदान विचारणीय है। उपन्यास का बड़ा कैनवास कालिक विभिन्न मुद्दों को प्रकाश में लाने को समर्थ है। समकालीन उपन्यास इसके साक्ष्य हैं। स्वतन्त्रतापूर्व के ज़माने में यद्यपि हम गुलाम थे तो भी वह गुलामी भौतिक थी, बौद्धिक या मानसिक नहीं थी। इसलिए हम स्वतन्त्रता के लिए लड़ने को तैयार हो गये। स्वतन्त्रता की वह इच्छा

बलवती थी। लेकिन आज का ज़माना बिलकुल बदल गया। हम भौतिक रूप से स्वतन्त्र है तो मानसिक रूप से उपनिवेश के गुलाम हैं। उस वक्त साम्राज्यवादी शक्तियों का प्रत्यक्ष प्रवेश था तो आज उनका प्रच्छन्न पुनःप्रवेश है। इस पुनःप्रवेश को पहचानना और रोकना दरअसल सचेत बुद्धिजीवियों का फर्ज़ ही है। समकालीन हिन्दी उपन्यासकारों ने इस अभिनव साम्राज्यवादी शक्तियों के पुनःप्रवेश को रोकने तथा अपना विरोध ज़ाहिर करने का कार्य औपन्यासिक रचनाधर्मिता के तहत निभाया है।

साम्राज्यवाद का विरोध

विनोदकुमार शुक्ल का उपन्यास 'नौकर की कमीज़' एक प्रतीकात्मक उपन्यास है। इस उपन्यास के केन्द्र में एक दफ्तर का माहौल है जिसमें एक बड़ा अफसर, कुछ बाबू लोग, एक बड़े बाबू तथा एक चपरासी है। दफ्तरी दुनिया के दब्बूपन, बेचारगी, आपसी ईर्ष्या, खुशामदी मनोवृत्ति अफसर की नौकरशाही मानसिकता का तथा दफ्तर के जड़ हास्यास्पद नियमों का अंकन इसका प्रत्यक्ष सन्दर्भ है। क्लर्क संतु बाबू के मानसिक अन्तर्द्वन्द्व तथा विवशता का चित्रण करते हुए दफ्तरीय माहौल में वर्तमान नौकरशाही स्थिति का मार्मिक चित्रण किया गया है। बड़े अफसर ने एक नौकर की कमीज़ बनवा रखी है। इस कमीज़ की नाप के नौकर की खोज में पराजित अफसर फिर हर किसी पर जो उसके सामने आ पड़ता है, वह कमीज़ पहनाने का प्रयास करता है। आखिर संतु बाबू यह कमीज़ पहनाई जाती है। कुछ समय तक वह बड़े अफसर से बचकर चलता रहा पर अन्त में वह उसकी पकड़ में आ फँस जाता है। इस प्रकार संतु बाबू नौकरशाही मानसिकता का शिकार बन जाता है। उसी प्रकार उसकी पत्नी को भी बड़े डॉक्टर के किराएदार होने के कारण उसके घर के कामकाज में सहयोग देना पड़ता है नहीं तो उनका नौकर बनना पड़ता है। इस प्रकार पूरे समाज में व्याप्त अधिकार लिप्सा की ओर विनोदकुमार शुक्ल एक ओर इशारा करता है तो इसकी एक दूसरी अर्थछवि भी उभर आती है जो नव साम्राज्यवादी माहौल के अन्धकार पर आलोक डालती है।

वर्तमान समय का सच है कि अमेरिका विश्वभर के अविकसित एवं विकासोन्मुख राष्ट्रों पर अपना अधिकार जमाने के विभिन्न प्रकार के प्रयत्नों से जुड़ा हुआ है। जो राष्ट्र उनकी नीतियों एवं जबरदस्तियों को मानते नहीं उनपर बहुत बड़ा अत्याचार करता जा रहा है। ईराक के प्रति, अफगानिस्तान के प्रति तथा उत्तर-कोरिया के प्रति भी उनका एक ही रवैया ज़ारी है। उनके ऊपर जबरदस्ती लगाकर उन्हें अपने वश में

लाने तथा विश्वभर के अधिकारी के रूप में अपने को प्रतिष्ठित करने के नाटकीय कार्यक्रमों से वे जुड़े हुए हैं। विश्वभर की जनता के विरोध के बावजूद अमेरिका तथा उनके समर्थक राष्ट्र अपनी इस नीति को बदलने के लिए तैयार नहीं होते। यह वर्तमान समय का सच है। इसका प्रतीकात्मक संकेत भी नौकर की कमीज़ ज़ाहिर करता है। अमेरिका ने विश्वभर के दुर्बल राष्ट्रों को अपने नौकर बनाने के उद्देश्य से एक कमीज़ तैयार करके रखी है। उसे वह हर किसी को पहनाने की कोशिश भी करते हैं। जो पहन लेते हैं हमेशा के लिए उनके गुलाम बन जाते हैं। भारत की नीति भी बदल गयी है। पहले वह रूस जैसी प्रगतिशील विचारधारा रखनेवाले राष्ट्रों के साथ मित्रता रखता आया था। पर इंदिरा गाँधी से लेकर एक बदलाव नज़र आने लगा। उन्होंने सबसे पहले अन्तर्राष्ट्रीय मुद्राकोष से उधार लेना शुरू किया था। बाद में अमेरिका से मिलकर योजनाएँ बनाने की नीति चल पड़ी। अब भारत लगभग पूर्णतः अमेरिकी नीतियों का हिमायती बन गया है। इस आमंत्रित गुलामी की ओर उपन्यासकार ने इशारा किया है।

भूमण्डलीकरण, उदारीकरण, निजीकरण इत्यादि मूलतः नवऔपनिवेशिक तत्त्व हैं। यह भौगोलिक और प्रशासनिक सीमाओं से परे संसार भर को एक ही बाज़ार बनाने का कार्य है। यह मुनाफे की तलाश में पूँजी की स्वच्छ यात्रा को सुगम बनाने की प्रक्रिया है। इस तरह अपने कब्जे में रखने की ज़रूरत है। अलका सरावगी के उपन्यास 'कलिकथा : वाया बाइपास' में आज़ादी के पूरे पचास साल तक किशोर बाबू और डॉ. शान्तनु राय के आगे न राष्ट्र, राष्ट्रीयता, आत्म और आम आदमी थे और न गाँधी या सुभाष। स्कूल में "सबके अपने अपने सपने हैं, किशोर देखता है, पर कहीं वे सारे सपने एक जगह जुट जाते हैं। कारण यह है कि शत्रु का चेहरा साफ है उसके चले जाने से ही एक नया सोने का सूरज उगेगा। यह तो किशोर को बाद में जाकर कई दशकों के बाद एहसास होता है कि अब शत्रु का चेहरा खोजने पर उतना ही चेहरा शीशे में नज़र आने लगता है तो सारे सपने धुँधले हो जाते हैं। यहाँ तक कि कोई सपना बाकी नहीं बचता। बस अपना पेट बचता है जो दिन-ब-दिन बढ़ती ज़रूरतों, इच्छाओं और चीज़ों के साथ-साथ बढ़ता जाता है और किसी तरह पूरा नहीं भरता।" (पृ. 19) स्वातन्त्र्योत्तर मध्यवर्ग-नौकरशाही, व्यापारी एवं अन्य-अपने देश और समाज से कटकर मात्र अपने में सीमित होने लगे। विभिन्न समस्याओं से देश और समाज को गुज़रना पड़ा। सबके आगे 'हमें क्या' का प्रश्न है। इसलिए वे मोटे होते रहे और शेष भारत उपेक्षित भी। उनकेलिए देश के विकास और प्रगति का

मापदण्ड उनका विकास और उन्नयन है। डॉ. शान्तनु राय और किशोर बाबू स्वाधीनता के पूर्व अंग्रेज़ों की सेवा में रत पूर्वजों और उनकी सम्पत्तियों से घृणा करते थे। लेकिन स्वाधीनता के बाद वे दोनों बिलकुल बदल गये। सेवा को वे मूर्खता समझने लगे और वे देश से बढ़कर मुनाफा पसन्द करते थे। किशोर आज़ादी के बाद किशोर बाबू बन गया। सेवा को सबसे महत्त्वपूर्ण स्थान देनेवाले अमोलक पर वह शंका प्रकट करता है और उत्तर कलकत्ता से अपने घर का स्थानान्तरण दक्षिण कलकत्ता की ओर करता है जहाँ पहले अंग्रेज़ रहते थे। उसने हर चीज़ को समय के अनुसार नयी शक्ल दे दी तथा घर की नयी साज-सज्जा और आधुनिक रौनक पर स्वयं मुग्ध हो जाता रहा। उसकी "इस दूसरी ज़िन्दगी में पहली ज़िन्दगी की कोई छाया तक नहीं थी। इसलिए किशोर बाबू उसे एक नये जन्म की तरह ही अब देख पाते हैं। यह भला कौन कह सकता है कि किशोरबाबू की ज़िन्दगी के ये पचास साल भारतवर्ष के लोकतन्त्र के पचास सालों की तरह रहे हैं, जिनमें आज़ादी की लड़ाई के आदर्शों की खुरचन तक नहीं रही।" (पृ.101) इस तरह आत्म से रिक्त नव मध्यवर्ग ने देश के भविष्य को पंगु बना दिया है।

वैश्वीकरण के मुख्य औजार विज्ञान ने उपभोग को उपभोगवाद में बदल डाला है मनुष्य के रुतबे का निर्णय क्रयशक्ति लेने लगी। ऐसे बुद्धिहीन समाज में धर्म, संस्कृति, साहित्य, विज्ञान इत्यादि को मूल्यों के स्रोत की दृष्टि से नहीं देखते हैं, सब फैशन की वस्तु बन जाते हैं। ऐसे समाज का परिवार, किशोर बाबू के नये कार्यकलाप से, जो निस्पृह और निस्संग रहने के लिए गीता का अध्ययन कर रहा है, मुग्ध हो जाता है। इसलिए बहू की दृष्टि में किशोर बाबू एकदम श्री अरविंद जैसा लगता है, "राष्ट्रीय ध्वज, चक्र तथा वन्देमातरम ने अखबारों और दूरदर्शन के विज्ञापनों में बिक कर स्वतन्त्रता को करोड़ों रुपए का कारोबार बना दिया है। जूतों, मोज़ों, टी-शर्टों से लेकर गाड़ी बनानेवाली कम्पनी तक ने आज़ादी की पचासवीं वर्षगांठ के झंडे के तीन उडते रंगों के बीच 'पचास' लिखे हुए नमूने को हर जगह छाप दिया है। यहाँ तक कि सारी मल्टीनेशनल कम्पनियाँ भारत की आज़ादी की वर्षगाँठ को इस तरह मनाने पर तुली हुई हैं मानो यह उनकी आज़ादी का ही जश्न हो।" (पृ.138) ऐसी झुंड संस्कृति में पलते व्यक्ति व समाज, राष्ट्र, राष्ट्रीयता, स्वातन्त्र्य आदि के प्रति सजग नहीं रहते हैं। बाइपास सर्जरी के बाद किशोर बाबू झुंड संस्कृति के आग बने परिवार के प्रति चिंतित नज़र आता है। विज्ञापन पर आधारित चालू मापदण्ड के रास्ते से इन लोगों को झक्कियों और पागलों की दुनिया, जहाँ आत्मचेतना की प्रधानता है की ओर

वापस लाना है। लेकिन किस्त में गाड़ी खरीदने में कोई दोष न देख सकनेवाली युवा पीढ़ी और स्त्रियाँ उस ओर देखना तक नहीं चाहती हैं। वे समय के अनुसार जीना और उपभोग करना चाहते हैं। बड़ी गाड़ी चाहे तो किश्त में ही सही, डेटिंग आदि उनकी दृष्टि में नये जीवन की शान है। असामाजिक एवं आत्मनिरीक्षण से मुक्त इस नयी पीढ़ी की इच्छाएँ कभी भी खत्म नहीं होतीं, वह दिन-ब-दिन बढ़ती रहती है। प्रतिदिन बढ़ती इन इच्छाओं की पूर्ति के लिए वे अधिक बर्बर एवं हिंसक होते हैं, साथ ही उनकी विवशता व्यक्त भी होती है -"आप तो सारा अखबार पढ़ते हैं। देखते नहीं कितने लोग कैसे-कैसे किसलिए आत्महत्या कर रहे हैं। ... और कांता भाभी का सबको मालूम ही है - नये फर्नीचर और गहनों के सेट का दाम दिया नहीं भैयाजी ने। इसलिए ऐन दीवाली के पहले ज़हर खा लिया उन्होंने। दो दीदियों के घर में बड़ी गाड़ी है। हमारा मन नहीं होता क्या ? क्या आप चाहते हैं कि जो भैयाजी के साथ हुआ, मेरे साथ भी वही हो।" (पृ.199)

किशोर बाबू ने ही अपने परिवार को ऐसे माहौल में पहुँचा दिया है। आधुनिकता के दौर में उसने अपनी माँ के, सत्यपालजी के, अमोलक के उपदेशों को छोड़कर नेहरूमार्ग को अपनाया था और आज वह देश के राजनीतिक, सामाजिक, सांस्कृतिक चेहरे को भारी धक्का लगाये कई व्यक्तियों का नाम विश्व स्तर की कई घटनाओं के चित्र व समाचार और कई देशी हादसों की सूचनाएँ अलग-अलग लिफाफे में एकत्रित कर रहा है। दूसरी ओर उपन्यास में गाँधी विरासत का प्रतीक यानी तिरंगा झंडा लेकर घूमनेवाले पागल फकीर के विरोध को पूरी ईमानदारी के साथ व्यक्त किया गया है। उपभोग सभ्यता का प्रतीक मारुति के हमले से मध्यवर्ग को उपभोगवादी असामाजिक सभ्यता से और मारुति के संस्थापक से भी वह बच जाता है। वह नव उपनिवेशवादी सभ्यता और बहुराष्ट्रीय निगमों की जो आज ईस्ट-इंडिया कम्पनी से हज़ारों गुना लूट रहे हैं, उसकी कड़ी आलोचना कर रहा है। बाइपास सर्जरी के बाद फिर से किशोर बाबू अमोलक जो गाँधी विचार में अडिग है उसके विचारों को अपनाने लगा है, उसके आधार पर अपने बेटे की आलोचना करता है। कर्ज पर गाड़ी खरीदने की आदत की यह आलोचना हमारे आज की विकास नीति की आलोचना बन जाती है। बहुराष्ट्रीय कम्पनियों को जमने के लिए आर्थिक उदारीकरण पर केन्द्रित नये कार्यक्रम आयोजित हैं उसका विरोध अमोलक करता है क्योंकि वह नीति यहाँ छोटे-छोटे उद्योगों, परम्परागत धन्धों एवं कृषि का सर्वनाश करेगी। विकास की नयी नीति आर्थिक-सामाजिक न्याय एवं पर्यावरण की परवाह भी नहीं करती। किशोर बाबू

विदेशी कम्पनी को या उसकी साझेदारी से बनायी गयी चीज़ों की उपेक्षा करने लगा। वे मित्र सिंहासन पर बैठी महारानी विक्टोरिया की विशालकाय मूर्ति की जगह महर्षि अरविंद की दुबली-पतली बौनी-सी काया के पास अपने पुराने मित्रों से मिलता है। 1 जनवरी 2000 को वहाँ पहुँचे शान्तनु का कथन गौर करने लायक है - "जब हमारी दुनिया के सारे बाइपास के रास्ते बन्द हो गये, तो फिर मेरे पास यहाँ आने के सिवाय और कोई चारा नहीं था।" (पृ. 215) उसने समझ लिया कि उपनिवेशवादी सभ्यता को मिटाने में भारत असमर्थ हुआ। उपन्यास में अमोलक का यह कथन विचारणीय है - "मैं यही तो कहता था तुमसे-अपने देश के स्रोतों को बाइपास कर विदेशी फण्ड से तुम कुछ नहीं कर सकोगे। तुम्हें जो करना है, वह अपने बूते पर करना होगा।" (पृ. 216) आज़ाद देश अपना इतिहास भूल गया और अपने अधिकारों, मूल्यों, संस्कारों एवं दायित्वों को भी। परिणामस्वरूप आजाद देश की सम्भावनाओं के इस्तेमाल में देश समर्थ नहीं हुआ और देश पिछड़ा हो गया। शताब्दी के अन्त में नव उपनिवेशवादी औजार भूमण्डलीकरण का हिस्सा बन गया। आज जब आगे के सारे बाइपास तक अवरुद्ध होने लगा तब आत्मनिरीक्षण करने को मज़बूर हो गया है। अब किशोर बाबू एवं शान्तनु राय भी पहचानने लगे हैं कि भूमण्डलीकरण मनुष्य की बुनियादी मानवीय अवधारणाओं, परिभाषाओं और मूल्यों को नकारता है। राष्ट्र, राष्ट्रीयता, मनुष्यता आदि उसके एजेंडा में नहीं है। वास्तव में वह सभी नैतिक परिकल्पनाओं को तोड़कर पृथ्वी को एक मंडी यानी कि पूँजीपति के लिए एक विहारभूमि बना रहा है।

रवीन्द्र वर्मा के 'निन्यानवे' उपन्यास में भी उपभोग मानसिकता अभिव्यंजित है। उपन्यासकार ने चन्द्रशेखर आज़ाद की माँ की मूर्ति-स्थापना के बहाने बड़े बाज़ार में ज़मीन हड़पने का षड्यन्त्र वर्णित किया है। उपन्यासकार ने नवजागरण व राष्ट्रीय स्वतन्त्रता आन्दोलनकालीन उपयोगिता पर आधाग्ति उपभोग के साथ वर्तमान उपभोगवादी समाज को रखा है। मास्टर रामदयाल की जीवन रीति तथा वेशभूषा पूर्ण रूप से उपयोगिता पर आधारित है। रामदयाल स्वतन्त्र भारत में उपभोगवाद का शिकार नहीं बनता है और अपने परिवार को उसी पटरी पर ले जाने का प्रयास करता रहता है। लेकिन स्वतन्त्र भारत की परिस्थितियाँ बदलने लगीं और उसीके अनुसार जीवन भी बदलने लगा। तर्कबुद्धि के स्थान पर अनुकरण की प्रवृत्ति अपनाने लगा। निजी बुद्धि के बदले आयातित चश्मे से जीवन की सार्थकता की तलाश करने लगा। राजकुमार श्रीवास्तव का पालन-पोषण पूर्ण रूप से अंग्रेज़ी सभ्यता के अनुसार ही किया जाता

है। बल्लो भी उसी के सम्पर्क में आकर स्लीपिंग सूट की माँग करने लगा है। वह अपनी जन्म-तिथि और जन्मदिन के बारे में पूछने लगा। इसके लिए रामदयाल का जवाब यह था कि गाँधीजी ने देश की स्वतन्त्रता के लिए अपने कोट-सूट को छोड़ दिया था। तुम स्वतन्त्र भारत में सोने के लिए स्लीपिंग सूट की माँग करते हो। बल्लो के डाक्टरी पढ़ने के आग्रह के आगे भी वह निःसंग दिखाई देता है। छोटे पुत्रों-कृष्णदयाल और हरिदयाल की आदतें बल्लो से बिलकुल भिन्न हैं। दोनों पिता के काबू में नहीं रहते हैं। हरिदयाल और कृष्णदयाल की आदत से नाखुश रामदयाल धीरे-धीरे उनसे घृणा करने लगता है। हरि के धन-दौलत से, उसकी उपभोक्ता सभ्यता से घृणा करता है। उसके पैसे से अपने प्राण की रक्षा करने के लिए भी वह तैयार नहीं होता। उपभोग में डूबे हरि की कोठी को देखकर भाई बल्लो भौचक्का रहता है - "हाथ नहीं लगाना पड़ता था - जैसे आधुनिक विज्ञान पैसेवाले की टट्टी साफ कर रहा हो – बेसिन और आईने के आसपास कुछ ऐसे यन्त्र रखे थे और जिनके बारे में बल्लो सिर्फ यही जानता था। यह भारत में इक्कीसवीं सदी का संसार था जो झाँसी में बीसवीं सदी में हाज़िर था।" भारतीय की यह उपभोग तृष्णा कोरी कल्पना पर आधारित नहीं है। 1998 में जब नोम चोम्स्की भारत आये थे तब उन्होंने यहाँ के उच्चवर्ग की सुख-सुविधाओं को देखकर कहा था कि इतनी सुख-सुविधाएँ अमेरिका के उच्च वर्ग के लिए भी उपलब्ध नहीं है। उपन्यास के अन्त में आकर लेखक ने रामदुलारी और बल्लो के माध्यम से कुछ सकारात्मक संकेत दिया है। उपभोगवादी जाल में स्त्रियाँ ही जल्दी फँस जाती हैं। शोपिंग सेंटरों और ब्यूटी पार्लरों की दुनिया में स्त्रियाँ और बच्चे विज्ञापन से भ्रमित होते हैं। लेकिन हरिदयाल की ग्रामीण युवा पत्नी इससे अपने को अलग रखती है। रामदुलारी अपनी बुन्देली बोली, ग्रामीण जीवन-रीति, रहन-सहन, आचार-विचार आदि को किसी भी मूल्य पर छोडने को तैयार नहीं होती। देखिए - "वह नीम की दातून छोड़कर टूथ-ब्रश न कर सकी। कुआँ छोड़कर बाथरूम में न नहा सकी। ... न वह उल्टे पल्ले की साड़ी पहन सकी। बोलती थी हमेशा बुन्देली में। कहती थी कि मेरी बोली खाल की तरह है, वह नहीं छूट सकती।" इस प्रकार उपन्यासकार ने ग्रामीण युवती के द्वारा उपभोग सभ्यता का प्रतिरोध भी खड़ा किया है।

उदयप्रकाश का उपन्यास 'पीली छत्तरीवाली लड़की' में भी नवउपनिवेशवाद के प्रतिरोधी स्वर गूँज उठे हैं। उपन्यासकार सच्चे ग्लोबलाइज़ेशन और बाज़ारीकरण के खिलाफ नहीं हैं। दरअसल आदमी द्वारा वस्तुओं का उपभोग कतई बुरी बात नहीं है। लेकिन यहाँ खुद आदमी वस्तु बन रहा है, यानी बाज़ार का शिकार बन रहा है। स्वप्न

देखने की स्वतन्त्रता भी यहाँ छीन ली जाती है। उपन्यास के नायक के द्वारा खुद उदयप्रकाश कहते हैं - "मैं बाज़ार का विरोधी नहीं हूँ। लेकिन मार्केट कोई 'कलेक्टिव ड्रीम' नहीं है। यह कोई यूटोपिया नहीं है। इसमें कोई स्वप्न नहीं देखा जा सकता। इसमें ऐसा कुछ नहीं है जो उदात्त, विराट और नैतिक हो। मुनाफा, नगदी, लाभ, घाटा... इसके सारे 'इनग्रेडिएंट्स' क्षुद्र और छोटे हैं। यह लालच, डगी, होड़, स्वार्थ और लूटखसोट के मनोविज्ञान से परिचालित होता है।" (पृ. 43) अमेरिका और यूरोप के कुछ अमीर देश ऐसे थे, जो व्यापारी देशों में बदल गये थे और तीसरी दुनिया के समाजों को उन्होंने अपनी मंडियों में तब्दील करके उन्हें उथल-पुथल, विघटन, हिंसा और अपने दलालों से भर दिया था। एक-एक कर उन समाजों और अतीत के उन सार्वभौम देशों के सारे पुर्जे, सारे अंग, सारे अवयव विखंडित होकर एक-दूसरे से टकरा रहे थे, बिखर रहे थे। ग्लोबलाइज़ेशन से सारी दुनिया एक गाँव बन रही है तो क्यों दुनिया भर में इस अलगाव का चित्र नज़र आ रहा है। इस सिलसिले में उपन्यासकार यह जाहिर करना चाहते हैं कि ग्लोबलाइज़ेशन का बुरा असर ही हमारे देश पर पड़ा है। कश्मीर के हिन्दू अपना घर-जायदाद छोड़कर शरणार्थी बने हुए हैं। कलकत्ते के गैर बंगाली और बम्बई के गैर मराठी भयभीत हैं। मणिपुरवाले भारत से अलग होना चाहते हैं। ईसाई पादरी स्टेंस अपने नन्हे बच्चों के साथ अपनी कार के भीतर जल क्यों रहा है। ये सब ग्लोबलाइज़ेशन के नतीजे हैं।

फिलहाल हमारे भारतीय समाज में पुराने दर्शनों, आदर्शों को धूल में मिला दिया गया। आदमी भोगी बन गया। वयाग्रा जैसी कामोत्तेजक वस्तुओं का उपभोग बढ़ गया है। सारे टीवी चैनलों एवं कम्प्यूटरों में भोग सभ्यता का प्रचार हो रहा है। इसी वजह से युवा पीढ़ी पर इसका बुरा असर पड़ रहा है। देश की उपभोगवादी संस्कृति में सौन्दर्य प्रसाधन, आभूषण और फैशन के विज्ञापन दिखाए जा रहे हैं कि ये स्त्री-स्वाधीनता के चिह्न हैं जबकि उनके पीछे यह सोच बनी हुई है कि स्त्री उपभोग की वस्तु है। उपन्यास के नायक राहुल ने इसलिए यूनिवर्सिटी के जिम में जाना शुरू किया था जिससे वह सलमान की तरह अपनी भुजा, कमर और धड़ बना सके। इसके बाद 'रेनवेन का काला चश्मा, रेग्लर या लेबिस की एक जींस, पेंट और एक टीशर्ट, नइक के सॉक्स और वुडलैंड काबु बढ़िया जूता।" (पृ. 8) आज की छद्म संस्कृति में सलमान खान या ऐश्वर्या राय कई कम्पनियों या कई वस्तुओं के विज्ञापन हैं। सौन्दर्य प्रतियोगिताओं में भाग लेने के लिए नारियाँ कई सौन्दर्य संसाधनों का इस्तेमाल कर अपने शरीर की नेचुरालिटी को खो देती हैं। विश्वसुन्दरियों की जो

कतार भारत में है, इनका नाम एक-एक करके उपन्यासकार उपन्यास में प्रस्तुत करते हैं जिससे वे यह दिखाना चाहते हैं कि इनका उपभोग कैसे हो रहा है। सर्वत्र ब्यूटी पार्लर उग आये हैं। सबसे ज़्यादा सौन्दर्य संसाधनों की बिक्री भारत में हो रही है। सौन्दर्य संसाधनों का निर्माण प्रयोगशालाओं में वैज्ञानिकों द्वारा सम्पन्न हो रहा है। वहाँ नारियाँ पुरुषों के हाथ की कठपुतलियां बन रही हैं। उपन्यास में मणिपुरवाले विद्यार्थी की हत्या से जब विश्वविद्यालय को छुट्टी देनी पड़ी तब वाइस-चांसलर भी वहाँ होनेवाली सौन्दर्य प्रतियोगिता को स्थगित करने पर चिन्ता जताते हैं।

उपन्यासकार उदयप्रकाश के मन में यह सन्देह उठता है कि भारत की नयी पीढ़ी क्या आनेवाले दिनों को आकार देगी ? "क्या इंडिया का नया 'एक्स-वाई' जेनरेशन वह है जो टीवी में, सिनेमा में फैशन परेडों और दिल्ली-मुम्बई-कलकत्ता-बेंग्लूर से निकलनेवाले अंग्रेज़ी के रंगीन अखबारों में पेप्सी पीता, क्रिकेट खेलता, पॉप म्यूज़िक एलबम में नंगी-अधनंगी लड़कियों के साथ हिप्पियों जैसा नाचता या ज़्यादा से ज़्यादा दौलत कमाने के लिए एम.एन. सी की नौकरियों के लिए माँ-बाप को लतियाता और तमाम परम्पराओं पर थूकता हुआ अमेरिका, कनाडा, जर्मनी भाग रहा है या नया जेनरेशन वह है जो आसाम, मिज़ोरम, मणिपुर, आन्ध्र, कश्मीर, बिहार, तमिलनाडु से लेकर तमाम नरक जैसे पिछड़े इलाकों में ए के-47 बारूदी नारूदी सुरंग, तोड़-फोड़ और हताश हिंसक वारदात में शामिल है। जिसके एक हाथ में पेप्सी, बगल में एक अधनंगी मॉडल और जेब में क्रेडिट कार्ड और वीज़ा है या वह जिसकी आँखें लाल हैं, जिसके माँ-बाप को पिछले पचास सालों में शासकों द्वारा लगातार ठगा गया है और जिसे हाथ में फिलहाल हथियार है और जिसे हर रोज़ मुठभेड़ों में मारा जा रहा है-" (पृ. 66)

आज की व्यापारी संस्कृति में कला और साहित्य का वह स्रोत सूख जाता है जो युग-युग से व्यक्ति और समुदाय की पारस्परिकता और उनकी आपसी सम्प्रेषणीयता का जनक और पोषक रहा है। एकमात्र मकसद मुनाफा होने की वजह से कलाकार की भावना समुदाय की भावना से बिलकुल भिन्न हो जाती है। इससे कला का अवमूल्यन सम्भव हो जाता है। विज्ञापन के कोलाहल में भोले आदमी की आवाज़ सुनने के लिए कोई नहीं है। इस औपनिवेशिक संस्कृति में किसी को कला के प्रति कोई दिलचस्पी नहीं होगी। "लोग प्रेमचन्द-तॉलस्ताय, गाँधी या टैगोर का नाम तक भूलने लगे। किताबों की दुकानों में सबसे ज़्यादा बिक रही थी बिलगेट्स की किताब 'दि रोड अहेड'। (पृ. 12) साहित्यकारों एवं कलाकारों को उपाधि देकर आदर

सम्मान करना भी हमारी छद्म संस्कृति का भाग बन गया है। जो योग्य है उनकी अस्वीकृति होती है। ये साहित्यकार या कलाविद भी कई कम्पनियों के उस्ताद बनकर विदेश जाते हैं पद्मभूषण, पद्मश्री आदि से अलंकृत हो जाते हैं। उपन्यासकार गाँधिचिंतन को इस लहुलुहान यथार्थ को बचाने के समर्थ हथियार समझते हैं। आज की गुलामी पर व्यंग्य करते हुए उपन्यासकार सवाल करते हैं- "क्या पश्चिम की कम्पनियों के राज के खिलाफ इस बार गदर फिर होगा ? क्या इस बार ईस्ट इंडिया कम्पनी सरकार की फौज उस स्वाधीनता संग्राम को 1857 की तरह फिर कुचल डालेगी और फिर उसके बाद कोई अधनंगा, लँगोटी लगानेवाला, वंचितों और दरिद्रों का एक नया प्रतीक फिर कहीं इस अन्धकार में से निकलकर आएगा और सटोरियों, दलालों, अपराधियों और ठगों की इस भ्रष्ट बाझन-बनिया बाज़ार व्यवस्था को निहत्थी चुनौती होगा। इस मार्केटं एंपायर में जो सूरज एक बार फिर नहीं डूबता दिखाई देता, वह बंगाल की खाड़ी या हिन्द महासागर में फिर एक बार डुबा दिया जाएगा।" (पृ. 67-68)। साम्राज्यवाद और उपनिवेशवाद की गिरफ्त में है भारत। क्या इसे बचाने के लिए पुनः गाँधीजी का जन्म होगा ?

सुरेन्द्र वर्मा के उपन्यास 'मुझे चाँद चाहिए' में एक ऐसी लड़की की कहानी है जो 'आधुनिक लिबरेटेड' किस्म की है। उपन्यास की नायिका शाहजहाँपुर जैसे छोटे कस्बेनुमा शहर से आयी है जो रूढ़िवादी निम्न मध्यवर्गीय संस्कारों को तोड़कर आत्मनिर्णय के अधिकार को अपनी ताकत बनाती है। उसकी जीवनयात्रा छोटे शहर से शुरू होकर दिल्ली, मुम्बई जैसे महानगरों तक जाती है और वह उपभोग के उन सारे साधनों का उपयोग करती है, जो छोटे कस्बों में एक सपने की तरह जिए जाते हैं। उपन्यास का मुख्य मकसद है, स्त्री की आधी-अस्मिता "मैं सिर्फ मादा नहीं हूँ" (पृ.45) की थ्योरी वर्षा का पिता को दिया यह दो टूक उत्तर पूरे उपन्यास की थीम है और इसी विश्वास के तहत वह नाटक, मॉडलिंग, अंग्रेज़ी-हिन्दी फिल्मों में काम कर न केवल कई मंजिलें पार करती है बल्कि अपनी आर्थिक स्थिति में जबरदस्त इजाफा करती है। वर्षा कस्बाई संस्कारों को छोड़ महानगरीय जीवनशैली को अपनाती हुई अपने परिवेश एवं संस्कारों की जड़ता के विरुद्ध अन्दर-बाहर संघर्ष करती है। महानगरीय उपभोक्ता संस्कृति का दबाव उसके जीवन में बराबर बना रहता है। जैसे- "अब वह चूड़ीदार धारण कर आधुनिक बन चुकी थी।... साड़ी पहनी फिर विग्स की नीली जींस ले ली... सिल्क का कुर्ता और लुंगी पहनना, बालों में रिबन बाँधना... मोटे गॉगल्स से आँखें ढंके, नीली जींस और सूती कमीज़

पहनना..." आज मध्यवर्ग के पास यह दुविधा बनी रहती है कि वह धन की तरफ मुड़े अथवा अपने उसूलों, सिद्धान्तों से जुड़ा रहे। वर्षा के समक्ष भी यही दुविधा आती है- "अब चुनाव का संकट है मिसेज़ कुलकर्णी। ...या ऊँचा पारिश्रमिक या चुनौती भरी भूमिका।" (पृ.424) हालाँकि वह सामाजिक और आर्थिक हैसियत पाने के बावजूद खुद को अकेला पाती है। उसकी सफलता उसके भीतर चल रहे सांस्कृतिक द्वन्द्व को कम नहीं करती। इस सांस्कृतिक द्वन्द्व का ही परिणाम है कि उसके पिता उससे मिलने जब मुम्बई आते हैं तब एक सफल हीरोइन होने के बावजूद वह अपने छोडे हुए संस्कारों को पुनः समेटने की कोशिश करती है। वह भी इसलिए दिखाने या छिपाने का हथियार नहीं बल्कि अपने आत्मसम्मान को बचाने का एक ज़रिया है और शायद यही कारण है कि वह आखिर में अकेली रह जाती है। उपभोक्ता समाज को यह उपन्यास कई स्तरों पर खोलता है।

चित्रा मुद्गल के उपन्यास 'आवां' में भी एक लड़की की आकांक्षाएँ, इच्छाएँ एवं अनिवार्यताएँ कैसे उसे उपभोग का शिकार बना देती हैं, इसका अच्छा चित्र उतारा गया है। उपन्यास में मज़दूर एवं पूँजीपति दोनों का अन्तरंग-बहिरंग जीवन अभिव्यक्त है। उपन्यास की नायिका नमिता है जो बचपन से ही श्रमिक संघर्ष के वातावरण में पली-बढ़ी है। पिता के मित्र की कामपूर्ति का शिकार होकर नौकरी छोड़ देती है। बी.ए. की पढ़ाई बीच में छोड़कर नौकरी ढूँढ़ने के लिए भटकने लगती है। लकवाग्रस्त पिता, एक छोटा भाई, एक छोटी बहन की आजीविका 'श्रमजीवा' संस्था में पापड़ बेलनेवाली माँ की आय से चलती नहीं है। नमिता माँ की मदद के लिए पापड़ बेलने के साथ साड़ियों में फॉल लगाती है और ट्यूशन करती है। लेकिन दो वक्त घरवालों के पेट भरने का जुगाड़ भी मुश्किल से हो पाता है। नमिता के दो मित्र ममता और स्मिता उच्च वर्ग के हैं। इसलिए उसके मन में उच्च वर्ग की सुविधाएँ भोगने की तमन्ना पैदा होती है। नमिता की नौकरी जब 'बाब ज्वैलर्स' में लगती है तो उसके पहनावे में भी बदलाव आता है। नये-नये मोडर्न वस्त्र आदि खरीद देने से नमिता अंजना वासवानी से आकृष्ट हो गयी। माँ के पसन्द न होने के बावजूद उसने यह तय कर लिया है- "अगले महीने तनख्वाह के कुछ पैसे बचाकर वह अपने लिए जींस और टॉप ज़रूर खरीदेगी।" (पृ.189) महँगे न सही सस्ते ही सही क्योंकि उसका मानना है - "अच्छे दफ्तर में चुस्त-दुरुस्त पोशाकें पहने बिना काम नहीं चलने का।" (पृ.189)

नमिता अंजना वासवानी के आभूषणों के प्रदर्शन के लिए संजय और निर्मला कनोई के समक्ष मॉडलिंग कर और फिर संजय कनोई की कम्पनी के कैटलॉग के

लिए मॉडल बनकर प्रशंसा तो पाती ही है, साथ ही भरपूर पारिश्रमिक भी अर्जित करती है। लेकिन यथार्थ के झटके से वह समझ गयी कि वह अनजाने में उनके द्वारा निर्धारित की गयी भूमिका को उन्हीं की शर्तों पर जीते हुए स्वयं अपने निर्णय लेने से वंचित की जा चुकी है। एक तरह से उसका वस्तुकरण हो चुका है। ऐसे में उसके पास एक ही रास्ता बचता है कि वह उस आरोपित भूमिका को अस्वीकार कर किशोरीबाई के साथ जाए।

इस उपन्यास में अंजना वासवानी, गौतमी, चेतना स्वामी, देवयानी और निर्मला कनोई पूँजीवादी सोच के अनुसार दुनिया को बाज़ार मानकर चलनेवाली स्त्रियाँ हैं जिनके अनुसार सब कुछ खरीदा और बेचा जा सकता है-स्त्री की छवि भी, उसकी देह भी और मातृत्व भी। यहाँ कुछ खरीदार हैं, कुछ बिकाऊ चीज़ें और कुछ दलाल। कनोई दम्पति खरीदार है। गौतमी जैसी लड़कियाँ बिकने की वस्तुएँ तथा वासवानी जैसे लोग दलाल। यहाँ सबकुछ स्वेच्छा से होता है। दलाल को कमीशन मिलता है और विक्रेता को माल की कीमत। इन सबमें कहीं कोई नैतिकता की समस्या नहीं आती। नमिता इस दुनिया का हिस्सा बन जाती है। वह समझती है कि वह मॉडलिंग के ज़रिए अपनी छवि बेच रही है। गौतमी ने अपनी देह को बाज़ार में भुनाने का रास्ता चुना और आभूषण ड़िज़ाइनर के छद्म के तहत सन्तानहीन सेठों के लिए सन्तान उत्पन्न कर दौलत कमाने लगी। स्मिता की दीदी इससे उबरकर एक सामान्य गृहस्थ जीवन जीने की ओर अग्रसर होती है और नमिता भी अपने जीवन को एक सार्थक दिशा देती है।

मनोहर श्याम जोशी का 'हमजाद' उपन्यास बढ़ते बाज़ारवाद की मनोवृत्ति की उपज है। बाज़ारवाद में नैतिकता के लिए कोई स्थान नहीं। मानवीयता, ईमानदारी सब अप्रासंगिक एवं अनावश्यक बन गयी है। आज का जमाना जो है बाज़ारू मानसिकता को प्रश्रय देनेवाला है। सब वस्तु हैं, सब बिकाऊ हैं। 'हमजाद' स्त्री-पुरुष, धर्म, नैतिकता, परम्परा, संस्कृति, मूल्य सब कुछ को बाजारू चीज़ के रूप में देखने-परखने एवं समझने के आतंक से उत्पन्न उपन्यास है। आदमी जहाँ तक गिर सकता है, नैतिक मूल्य किस हद तक नकारा जा सकता है इसका सही दस्तावेज प्रस्तुत करता है वह उपन्यास। उस उपन्यास में हैवानियत अपनी चरमसीमा पर है। स्त्री-पुरुष मात्र मादा-नर के रूप में हैं। स्त्री-पुरुष सम्बन्धों की परम्परागत मूल्य व्यवस्था का पूर्णतः नकार किया गया है। इस प्रकार वैश्वीकरण के परिणामस्वरूप मानवीय सम्बन्धों में आये हुए परिवर्तनों तथा समाज में व्याप्त गन्दगियों से पाठकीय

संवेदना को उजागर करनेवाला उपन्यास है 'हमजाद'।

प्रियंवद का उपन्यास 'परछाईं नाच' का आधार डेढ़ सौ सालों से भी पुराना भारतीय स्वतन्त्रता संग्राम है। इतिहास की इतनी लम्बी काल-सीमा के बावजूद प्रस्तुत उपन्यास का रुख इतिहास की ओर नहीं है, स्पष्टतः समकालीन भारतीय समाज की बहुआयामी विसंगतियों की ओर है, जो हमारी राजनैतिक और सांस्कृतिक कुरूपताओं की वास्तविकता का उद्घाटन करने में सक्षम है। इतिहास और समकालीन परिवेश के कालगत अन्तर के होते हुए भी मानवीय विडम्बनाओं की समानान्तर स्थितियों को, जो आज के मनुष्य के सामने प्रश्नचिह्न खड़ा करती है, पकड़ने का सराहनीय प्रयास 'परछाईं' नाच में हुआ है। इसमें उपनिवेशवादी राजनीतिक परिवेश में सत्ता की साम्राज्यवादी सभ्यता की बहुआयामी पहलुओं और बाज़ारीकरण की संस्कृति के बीच अपने अस्तित्व की चिंता में छटपटाती मानवीय आत्मा की कटु नियति को उसकी विकरालता में दर्शाया गया है। उपनिवेशवादी संस्कृति जो अब भारत में अपनी जड़ें गहराई में जम चुकी हैं, उसकी एक-एक परत को 'परछाईं नाच' उजागर करता है। बेशुमार विस्फोटक भीतरी पहलुओं के बावजूद इस संस्कृति का जो बाहरी आकर्षण है, उसके मायाजाल से वशीभूत एक व्यापक जन-समुदाय का प्रतिनिधित्व उपन्यास का केन्द्र पात्र अनहद करता है। बौना उपन्यास में भौगोलिक, उपनिवेशवाद, बाज़ारीकरण आदि खतरनाक तत्त्वों का प्रतीकात्मक पात्र है। वह अनहद को उसकी तनाव-भरी जीवन स्थितियों से पनाह के लिए उसके सामने मोहजाल बिछाता है। यद्यपि किंशुक नामक प्रगतिशील विचारधारा के नवयुवक के द्वारा उपनिवेशवादी सभ्यता की कई ऊलजलूल अपरिभाषित परतों को उद्घाटित करने का प्रयास होता है, तथापि अनहद की मानसिकता पर उसका सही असर इसलिए नहीं पड़ता क्योंकि उक्त सभ्यता की जड़ें उसमें भयानक ढंग से हावी थीं।

किंशुक की राय में अनहद एक ऐसी भीड़ का प्रतिनिधि है जिसे आसानी से किसी भी रूप में डाला जा सकता है। उपनिवेशवाद के पक्षधर-साम्राज्यवादियों के लिए यह आसानी का काम है क्योंकि वे जानते हैं कि इस भीड़ की संवेदना का क्षेत्र पर्याप्त सीमित है। इस तथ्य का परिचय कराते हुए किंशुक अनहद को इस प्रकार समझाता है- "भीड़, सिर्फ संख्या है...अस्तित्व नही है...विचार नहीं है। तुम भी अभी इसी भीड़ का हिस्सा हो जो चुपचाप सड़क पर बायें हाथ चलती है जो चुपचाप परम्पराओं, कानून, धर्म के कोड़ों के आगे झुकी रहती है, जो मन्दिर देखकर दोहरी हो जाती है...जो लिखे हुए तरीकों से प्यार करती है...उत्सव मनाती है-जो घोषित शब्दों

से मृत्यु ग्रहण करती है। इस भीड़ के सब निर्णय दूसरे लेते हैं। तुम भी वही हो, इसलिए तुम्हारे जीवन के निर्णय भी दूसरे ले रहे हैं।" (पृ.118) यह भीड वैचारिक धरातल पर पिछड़ी होते हुए भी कई प्रकार की आशाएँ, स्वप्न आदि मन में सँजोये रखती है, जिनकी पूर्ति की झलक उपनिवेशवादी संस्कृति ने दी है, उसकी ओर भीड़ लपक रही है।

भारत में आजकल पेयजल की बिक्री एक बड़े व्यवसाय का रूप धारण कर चुकी है। छोटी छोटी स्थानीय व्यावसायिक संस्थाओं से लेकर राष्ट्रीय और अन्तर्राष्ट्रीय कम्पनियों की संख्या दिन-ब-दिन बढ़ती जा रही है, परिणामतः उनकी अपनी अस्मिता भी संकट में पड़ गयी है क्योंकि आपसी प्रतियोगिता बुरी तरह बन गयी है। विज्ञापनों के सहारे वे बाज़ार में अपने अस्तित्व की रक्षा के लिए तरह-तरह के खतरनाक और समाज-विरोधी तत्त्वों को भी अपनाती जा रही है। गंगाजल को बोतल बनानेवाला निर्माता अनहद जैसे नवयुवक के मस्तिष्क का पूरा फायदा उठाकर मूल्य-विरोधी रास्तों से मनमाने ढंग से भड़काता है। इन रास्तों की गन्दगियों और आपदाओं से अनभिज्ञ अनहद अपने मालिक की कम्पनी की सफलता के लिए अपना तन और मन न्यौछावर करता है। अनहद का तेज और सजग मस्तिष्क पानी की शुद्धता के स्थान पर उसकी पवित्रता पर इसलिए ज़ोर देता है कि शुद्धता सभी कम्पनियों का आम दावा है जबकि पवित्रता इस क्षेत्र में एकदम अलग चीज़ है। अनहद यह भी जानता है कि भारत जैसे देश में पवित्रता के नारे का प्रभाव समाज की शिराओं में कैसी गहरी छाप छोड़ेगा। यही नहीं, पानी के मूल गुण और उसकी ज़रूरत के स्वरूप को भी अनहद बदलता है। अपनी योजना को इस प्रकार यह मालिक के सामने प्रस्तुत करता है - "हम अपने पानी की शुद्धता पर उतना ज़ोर नहीं देंगे जितना कि पानी की पवित्रता पर।... हमारा पानी धर्म और अध्यात्म का पानी होगा। मनुष्य को देवताओं के लोक में जानेवाला...उसे पुरुखों की तड़पती, अभिशप्त, अतृप्त आत्माओं को मुक्त करनेवाला होगा। दूसरे शब्दों में वह आदमी यह पानी खरीदना जो प्यासा नहीं होगा। ... इस तरह हम पानी के मूल तल, गुण, उसकी असली ज़रूरत और करोड़ों साल से चले आ रहे रूप, प्यास को ही, अपने पानी से हटा देंगे।" (पृ.123) इस अजीब पेय-जल की बिक्री का उपयुक्त बाज़ार भी अनहद की तेज बुद्धि ढूँढ़ निकालती है। उपनिवेशवादी सभ्यता में साम्राज्यवादी ताकतों के साथ-साथ संस्कृति, धर्म, दर्शन आदि मूल्यवान क्षेत्रों के तत्त्वों को जिस बेईमान तरीके से उपयोग में लाया जाता है, इसका ज्वलन्त उदाहरण यह गंगाजल की बिक्री सम्बन्धी प्रकरण पेश करता है।

भारतीय बाज़ार के उपर्युक्त विध्वंसात्मक बाहरी स्वरूप के समानान्तर चलनेवाली एक भीतरी दुनिया भी मज़बूती पा रही है, जिसके कई विकल्पों को भी प्रियंवद ने बखूबी दर्शाया है। आज भारतीय बाजारू संस्कृति में सबसे अधिक बिकाए जानेवाला माल आम आदमी के सपने हैं। किंशुक का विद्रोही और जनवादी मन अनहद की रक्षा का प्रयास करना चाहता है, क्योंकि वही एकमात्र व्यक्ति है, जो इस कटु सत्य का जानकार है कि बाज़ारीकरण की इस मूल्यभ्रष्ट दुनिया में आम आदमी की अस्मिता बुरी तरह पिसती जा रही है। उसकी राय में आम जनता का सबसे अधिक और बुरा फायदा उठायी जानेवाली इस संस्कृति में उसके अस्तित्व का नामोनिशान ही नहीं रहेगा। वर्तमान भारत की शिक्षित, बौद्धिक युवा पीढ़ी की असलियत को किंशुक के माध्यम से भली भाँति रेखांकित किया है। आज के बुद्धिजीवी नवयुवकों के पास अपने ठोस विचार हैं, तर्क हैं, सपने हैं, महत्वाकांक्षाएँ हैं, परन्तु इन सबको यथार्थ के धरातल में लाने का व्यावहारिक पहलू ही उसकी पकड़ के बाहर है। इसका यह मतलब नहीं है कि वह व्यावहारिता से अनभिज्ञ है या उससे दूर है। सच्चाई यह है कि सत्ता की प्रभुता और प्रभाव के कारण उसकी सारी योजनाएँ कुचली जा रही हैं। त्रिशंकु कहता है-"वे सब बुद्धिमान...पवित्र...भोले और स्वप्न देखनेवाले थे। उनके पास आदर्श थे...नयी दुनिया के स्वप्न थे।...उसके स्वप्न पंख-कटे पक्षी की तरह लिथड़ रहे थे। उसकी संवेदना...उत्साह...योग्यता को सत्ता के निकृष्ट लोगों ने अपने जंगली खुरों से रौंद दिया था। वे जो इस देश का सब-कुछ बदल सकते थे, धीरे-धीरे परास्त, सिर झुकाए एक भीड़ बनते जा रहे थे।" (पृ.66) अपनी पीढ़ी की इस दर्दनाक स्थिति से किंशुक बेहद परेशान है और वह भरसक अपनी पीढ़ी को मुक्ति के दरवाज़े के निकट लाना भी चाहता है। इसलिए उपनिवेशवादी संस्कृति की पोषक सत्ता आम आदमी, बुद्धिजीवी भीड़, समाज आदि के बीच के पार्थक्य को भली-भाँति समझती है। इसलिए वह अपने अधिकार-क्षेत्र में व्यक्ति और भीड़ की उपस्थिति और उसके कार्यकलापों से झकझोरती नहीं है। परन्तु बौद्धिक या शिक्षित विचार-सम्पन्न व्यक्तियों और प्रतिक्रियारत समाज से वह अवश्य डरती है क्योंकि समाज में उपरोक्त तत्त्वों की अस्मिता जितनी बुलन्द हो जाएगी, सत्ता का जादू और पैठ उतने दुर्बल हो जाएँगे। इसलिए उनकी हर कोशिश यही होती है कि आम जनता या भीड़ को अपने पास यथासम्भव रखे, जिसके लिए बौद्धिक युवा पीढ़ी की मदद ज़रूरी है क्योंकि वे इनकी अपरिमित शक्तियों से वाकिफ हैं। इसलिए ही यहाँ बौना पहले अनहद को और अनहद की महद से किंशुक को अपने लक्ष्यों की पूर्ति का

कच्चा माल बनाने का कार्य करता है। अनहद की गहरी दृष्टि पूँजीवादी सभ्यता की खाइयों को अवश्य पकड़ पाती है, लेकिन उपनिवेशवादी या उत्तर-उपनिवेशवादी सभ्यता की अन्धी गलियों में खतरनाक मोड़ों को ढूँढ़ निकालने की और उनके विपक्ष में खड़े होने की ताकत उसमें नहीं के बराबर है। इसलिए एक ही सिक्के के अर्थात् साम्राज्यवाद के दो पहलू बौने और नुकीले दाँतवाले के अपृथकत्व को वह आत्मसात नहीं कर पाता। अनहद को समझाते हुए किंशुक की यह टिप्पणी इसका प्रमाण प्रस्तुत करती है कि "नहीं...ऐसा मत करना...ऐसा करोगे तो वह नुकीले दाँतवाला तुम्हें छोड़ेगा नहीं। वह और बौना एक ही रेखा के दो बिन्दु हैं जो देखने में अलग-अलग हैं, पर एक-दूसरे से जुड़े हैं। नुकीले दांतवाला तुम्हें इसलिए डरा रहा है कि उतनी ही तेजी से बौने की शरण में चले जाओ। यही कौन चाहता है।" (पृ.117)

वाकई 'परछाईं नाच' आज की मध्यवर्गीय मानसिकता का प्रतीक है। वह अपनी परम्परा, संस्कार एवं विरासत को भूलकर विदेशी बहुराष्ट्रीय उद्योगपतियों एवं फासीवादियों की चकाचौंक में फँस जाता है। वामन का प्रतीक बौना सम्पूर्ण विश्व को अपने पैरों तले दबा रखने का प्रयत्न करता है। नुकीले दाँतवाला आदमी वर्तमान राजनीतिक व्यवस्था का प्रतीक है। वह पूँजीपतियों और उद्योगपतियों के हितों की रक्षा ही अपना धर्म समझता है।

कमलेश्वर के उपन्यास 'कितने पाकिस्तान' में पूँजीवादी संस्कृति के स्वरूप को इस प्रकार जाहिर करते हैं-"कोई भी संस्कृति पाकिस्तानों के निर्माण के लिए जगह नहीं देती। संस्कृति अनुदार नहीं, उदार होती है, वह मरण का उत्सव नहीं मनाती, वह जीवन के उत्सव की अनवरत शृंखला है...इसी सामासिक संस्कृति की ज़रूरत हमें है क्योंकि वह जीवन का सम्मान करती है।" (पृ.289) कमलेश्वर आज के भारतीय माहौल पर यों प्रकाश डालते हैं - "हमारी नागरिकता अब अन्तर्राष्ट्रीय हो गयी है, ये देश अन्तर्राष्ट्रीय मुद्राकोष और विश्वबैंक से भीख माँगते हैं।" (पृ. 280) आज नवउपनिवेशवाद से पूरी दुनिया की लूट हो रही है। बहुसंख्यक लोगों को भिखमंगे बनानेवाली पूँजीवादी संस्कृति पर वार करते हुए कमलेश्वर कबीर के ज़रिए माउंटबेटन से कहते हैं "हम भिखमंगों की नस्ल तुम लुटेरों ने पैदा की है। हम जैसे भिखारियों की नस्ल तुम्हारे इंडस्ट्रियल रेवल्यूशन से पहले दुनिया के किसी देश में मौजूद नहीं थी। अमीर और गरीब पहले भी थे। भिखारियों का जन्म उपनिवेशी बन्दोबस्त के साथ हुआ...जन आर्थिक और जीवनगत न्याय के मूल्यों का अन्त और मुनाफा केन्द्रित अन्ध शोषण और स्पर्धा का जन्म हुआ... नहीं तो इससे पहले गरीब

तो थे पर भिखारी नहीं थे। विश्व का न्यायगत आर्थिक और जीवनगत न्याय के मूल्यों का अन्त और मुनाफा केन्द्रित अन्ध शोषण और स्पर्धा का जन्म हुआ... नहीं तो इससे पहले गरीब तो थे पर भिखारी नहीं थे। विश्व का न्यायगत आर्थिक सन्तुलन तुम साम्राज्यवादियों, उपनिवेशवादियों ने खंडित किया है... नहीं तो मुझ जैसे लाचार आदमी भारत और पाकिस्तान में भीख माँगने के लिए मज़बूर नहीं होता, जो एक-दूसरे के खिलाफ दुआ माँगते हैं। तुम उपनिवेशवादियों ने हमारी दुआएँ भी दोगली बना दीं।" (पृ.283) ब्रिटिश शासन के समय उन लोगों ने हमारी अखंडता पर प्रश्न चिह्न लगाया अर्थात एकता के साथ रहनेवाले लोगों के बीच स्पर्धा को बढ़ावा दिया। इस प्रकार भारतीय संस्कृति को उन्होंने विकृत किया। वही बात इस नवउपनिवेश में दूसरे रूप में चल रही है।

बड़ी सभ्यताओं को निस्तेज करने का सबसे आसान तरीका है उसे अपनी संस्कृति से उखाड़ना। लू शुन के ज़रिए वर्तमान चीन में भूमण्डलीकरण के उपरान्त की सांस्कृतिक तस्वीर कमलेश्वर खींचते हैं। बाज़ारवादी संस्कृति की अमानवीयता को हमारी वर्तमान लहूलुहान वास्तविकताओं के सामने रखकर कमलेश्वर लिखते हैं- "यातना, विषमता और अवसरवाद के बीच यह देते हैं कृत्रिम उत्सव और उल्लास। सड़ती लाशों के अम्बार में छिड़कते हैं क्रिश्चियन डियारे, शैनल और अमुआगे क्रिस्टल के इत्र। कटी हुई लहूलुहान गर्दनों में ये पहनते हैं लानविन की नेकटाइयाँ और मेजोरिका केनेकलेस। टूटी हुई कलाइयों में ये बाँधते हैं राडो और रामंडवील की घड़ियाँ और चकनाचूर उँगलियों को ये पकड़ाते हैं मोंटब्लैक और वाटमैंन के कलम।" (पृ.29) यह अपसंस्कृति हमसे अपनी अस्मिता और स्वत्व को छीन लेती है। इसलिए हमें क्या खाना है, क्या पीना है, क्या पहनना है, कब सोना है आदि बातों का निर्णय हम नहीं कर पाते हैं। हम उनके इशारे पर नाचनेवाली कठपुतली बन जाते हैं। दिल्ली में हुई मॉडल जेसिका लाल की हत्या जैसी अनगिनत घटनाओं को नवउपनिवेशवादी संस्कृति की पृष्ठभूमि में आँकने की अनिवार्यता को व्यक्त करते हुए कमलेश्वर लिखते हैं-"यह हमारी नाचती गाती कल्चर की पहली शहीद है... पैदा होने के फौरन बाद इसने माँ का दूध ज़रूर पिया था। फिर नहीं पिया। यह लगातार लिकर या बियर पीती रही क्योंकि दूध से ज़्यादा प्रोटीन है बियर में। सेब के रस से कम कैलोरिज़ है बियर में... यही जेसिका लाल के दिलकश और खूबसूरत होने का राज़ था। वह तूफानी खूबसूरती, जिसे देखकर मनु शर्मा पागल हो गया था।" अर्थात इस अपसंस्कृति के पास अपना अलग सौन्दर्यशास्त्र है। सौन्दर्य के

नये मानदण्ड और नयी कसौटियाँ वे ही बनाते हैं। मनुष्य की सौन्दर्य चेतना पर हमला करते हुए बाज़ार की उपलब्ध वस्तुओं से बनाये गये एक कृत्रिम सौन्दर्य को ही सही सौन्दर्य होने का भ्रम फैलाते हैं। कहना न होगा कि इस शिकंजे में नारी ही ज़्यादा फँस गयी है। विश्व भर की पूँजीवादी संस्थाओं के तत्वावधान में लगातार चलती सौन्दर्य प्रतियोगिताओं और उसमें जीत जानेवाली का नाम जेसिका हो या और कोई, वे तुरन्त ही मॉडल में तब्दील होती हैं। इस अर्जित सौन्दर्य की नैतिक विकरालता को दर्शाने के लिए ही कमलेश्वर ने जेसिका द्वारा माँ के दूध के बजाय बहुराष्ट्रीय कम्पनियों के बीयर पीने की बात पर ज़ोर देते हैं। दरअसल इस सांस्कृतिक घुसपैठ के दो लक्ष्य होते हैं। एक है बाज़ार संस्कृति को फैलाकर पूँजीवादी उपभोगवादी संस्कृति को बढ़ावा देना और दूसरा है, सांस्कृतिक एकता को नष्ट करके नवउपनिवेशवाद के विरुद्ध जनता के एकजुट प्रतिरोध को तोड़ना।

काशीनाथ सिंह का 'काशी का अस्सी' बनारस का शोक गीत है। बनारस में बाज़ारवाद का चेहरा बहुत पहले से ही मौजूद है। इस उपन्यास के एक प्रसंग का वर्णन देखिए-"अब यही देखो! आप लंका से हर शाम आते हो, भाग जाते हो, चाय पीते हो, गपाष्टक करते हो और लौट जाते हो। मगन रहते हो कि वाह रे हम! लिंग पर ग्लोब उठाकर तान दिया हमने और दुनिया देखती रह गयी। कभी जानने की कोशिश की कि क्या हो रहा है यहाँ? पता है आपको कि मुहल्ले में कितने मकान खरीदे हैं इन्होंने लोकल आदमियों के नाम से? मकान लोकल आदमी के नाम और रह ये रहे हैं। कितने ऐसे मकान हैं जिनकी भरम्मत के लिए इन्होंने पैसे लगाए हैं खुद रहने के लिए। फर्जी शादियाँ की हैं वीज़ा के एक्सटेंशन के लिए। बीसों साइबर कैफे खुलवाए हैं घरों में अपने जनसम्पर्क और सुविधाओं के लिए। इसे ही समझते हैं ग्लोबलाइज़ेशन उन्हें जितनी बार आना-जाना हो-आएँ-जाएँ, जब तक रहना हो, तब तक रहें, लेकिन हम? है हमारी हैसियत एक बार भी अमरीका जाने की? हमारा घर उनका घर है, लेकिन उनका घर उन्हीं का घर है, हमारा-तुम्हारा नहीं... अभी क्या देख रहे हो, थोड़े दिन बाद ही ये बोलेंगे अस्सी जर्जर हो रहा है, ढह रहा है, भर रहा है, हमें दे दो तो नया कर दें - एकदम चमाचम! कल बनारस को चमकाएँगे, परसों दिल्ली को ठीक करेंगे, नरसों पूरे देश को ही गोद ले लेंगे और झुलाएँगे-खेलाएँगे अपनी गोदी में! यह बाद में पता चलेगा कि हम किसकी गोद में हैं- जसोदा मइया की कि पूतना की?" (पृ.113) यहाँ ग्लोबलाइज़ेशन के बुरे परिणामों पर चिंतित से काशीनाथ जी दिखाई देते हैं। बाज़ारू संस्कृति को अभिव्यक्त करनेवाला एक और

प्रसंग देखिए- "हम काहे के लिए हैं? इस पूरे मामले का सम्बन्ध बाज़ार से है। तुम्हारा काम है सरकार देखना, हमारा काम बाज़ार से है। हम अपना काम देखते हैं, आप अपना काम देखो। हम तो बाज़ार का एक ही मतलब जानते हैं सरकार, बाज़ार वह है जो तुम्हारे दरवाज़े पर है, पोर्टिको में है, ड्राइंगरूम में है, बेडरूम में है, अलमारी में है, किचन में है, टॉयलट में है और यही क्यों तुम्हारे वदन पर है, सिर के बालों से लेकर पैरों के नाखून तक है।" (पृ.142) प्रत्येक व्यक्ति का पूरा घर बाज़ारू चीज़ों से भरा हुआ है।

अपने व्यक्तित्व को, प्रोफेशन को यहाँ तक अपनी पूरी ज़िन्दगी को अब बाज़ार निर्मित करता है। काशी का अस्सी का यह प्रसंग देखिए- " हलो ! हाय ! वाव! मेरी बेटियो, जियो, और लाखों बरस जियो। अगर पढ़ते ऊब गयी हो स्टेनो, प्राइवेट सेक्रेटरी, रिसेप्शनिस्ट, प्रोबेशन, अफसर नहीं बनना चाहतीं, डाक्टर, इंजीनियर, एयर हॉस्टेस बनना अपने वश में नहीं है तो निराश न हो, शहनाज़ हुसैन से सम्पर्क करो अपने नगर में मुहल्ले में ब्यूटी पार्लर खोल लो। या खुद को ज़रा गौर से देखो- बंबई, दिल्ली, बेंगलरु, हैदराबाद में पैदा नहीं हुई है तो क्या हुआ? किस ऐश्वर्या राय, सुस्मिता सेन या लारा दत्ता से कम हो तुम? न माडलिंग की दुनिया कहीं गयी है, न फैशन शो की कोई कमी है, न सीरियलों का टोटा है, न म्यूज़िकल अलबम की किल्लत है। टी.वी. चैनल पचासों हैं- सबको खूबसूरत फिगर और 'क्यूट' चेहरे चाहिए। गौर से देखें अपनी फिगर। किससे कम स्मार्ट और क्यूट हो? कोई कमी रह गयी है तो उसे पूरा करने के सारे सामान भरे पड़े हैं बाज़ार में।" आज व्यक्ति बाज़ार की सहायता से कुछ भी बन सकता है। बाज़ार हमें बुलावा दे रहा है। "यह भी वक्त है जब बीवियाँ झुंझलाए और मुर्दा चेहरों के साथ किचेन में घुसती हैं चाय तैयार करने के लिए और अपनी किस्मत का रोना शुरू करती हैं। चाय और चूल्हा बिस्तर और बच्चे-क्या ज़िन्दगी है अपनी भी? इनके सिवा कुछ नहीं है क्या? है क्यों नहीं... बोलो उनसे, ज़रा बाहर तो नज़र डालो। फास्ट फूट क्यों बिक रहे हैं? रेस्त्राँ और होटेल किसलिए हैं? किनके लिए है? कितेन की ही मोनोटनी को तोड़ने के लिए है न? जायका ही बदलने के लिए न? मँगा लो जो चाहो। कहीं जाने की भी झंझट नहीं। और यह भी बताओ कि होंठ, दाँत, नाक, कान, आँख, बरौनी, भौं, माथा, चमड़ी, बाल-इन सबके लिए एक नहीं, बीस तरह की, बीस रंग की-बीस साइज़ की, सस्ती-से-सस्ती महँगी से-महँगी चीज़ों से पार दिया है बाज़ार।" (पृ.144) इस अपसंस्कृति के शिकार हैं हम भारतीय।

दूधनाथ सिंह के उपन्यास 'आखिरी कलाम' में आचार्य तत्सत पाण्डे का पोता परम्परागत ढाँचे को तोड़कर बाज़ार की ओर जाने लगा। उसका दादा आचार्य है, उसका पिता माधवानन्द भी अध्यापक है, लेकिन उन्होंने उनका रास्ता न अपना लिया था। तत्सत पाण्डे जीवित रहते ही उसका परिवार बाज़ार में तब्दील हो गया। उनके पोते रविकान्त ने पढ़ाई छोड़कर दूकान खोल ली। घर के भीतर समृद्ध पुस्तकालय है, लेकिन छज्जे पर स्पेयर पार्ट्स, मोबाइल और टायर। उसका विद्याव्यसनी परिवार बेटे के कारण बाजारू बन गया।

नासिरा शर्मा के 'ज़िन्दा मुहावरे' का निज़ाम जो है, भारत के विभाजन के बाद भारत छोड़कर पाकिस्तान चला गया। पहले वह भूख से पीड़ित होकर मज़दूरी करने लगा बाद में वह कपड़ों की दूकानों का मालिक बन गया। परिवार के लोगों से बात करने के लिए उसके पास वक्त नहीं है। बिजिनेस के तहत अमेरिका जाता है। लौटकर आते ही वह अपने मित्रों से फोन पर बिजिनेस के बारे में बातें करता रहता है, और इससे थककर रात में बिस्तर पर लेटते ही सो जाता है। पत्नी सबीहा को परिवार की परेशानियों और खुशियों के बारे में कहने का अवसर वह नहीं देता है। सबीहा सोचती है- "अब निज़ाम अकेला उसका और उसके बच्चों का नहीं रह गया है, बल्कि बाज़ार, ग्राहक के बीच क्रय और विक्रय में फँसा सामान तौलता, पैसे गिनता बहुत बड़ा धन्ना सेठ बन गया था।" (पृ.79) पारिवारिक सम्बन्धों को भी अनदेखा कर बाज़ार में तब्दील होनेवाला मनुष्य वस्तु या यंत्र से परे कुछ नहीं बनता है। मूल्यों की गिरावट में मनुष्य का जीना मुश्किल सा बन जाता है।

विज्ञापन और ब्रांड संस्कृति

नवउपनिवेशवादी संस्कृति में विज्ञापन बड़ा रोल अदा करता है। विज्ञापन बाज़ार के लिए अत्यन्त अपेक्षित है। कई प्रकार के विज्ञापनों से उपभोक्ताओं को आकृष्ट करनेवाली विभिन्न कम्पनियाँ हैं। वहाँ ब्रांडेड चीज़ों की बिक्री के लिए प्रचार होता है। इस क्षेत्र में स्त्री का उपभोग विज्ञापन के लिए किया जाता है। सबसे बड़े उपभोग की मानसिकता की शिकार बननेवाली भी स्त्री है। चित्रा मुद्‌गल द्वारा लिखित 'एक ज़मीन अपनी' का मूल विषय विज्ञापन है। विज्ञापन जगत् के दल को पर्दाफाश किया गया है। उपन्यास में पात्र हरीन्द्र के माध्यम से यह जाहिर होता है कि छिछले और अविवेकपूर्ण विज्ञापनों का भाव कोमल मनमस्तिष्कों को दूषित कर रहा है। उन्हें अतिशयोक्तियों की चकाचौंध से भरमा रहा है। यह आवश्यक और महत्त्वपूर्ण है कि

विज्ञापनों का प्रचलित मनोविज्ञान बदलना है उन्हें स्तरीय एवं कलात्मक बनाना है। समाज से इसका बड़ा सरोकार है। इस क्षेत्र की प्रकृति महत्वाकांक्षा और ग्लैमर की है, इसलिए यह क्षेत्र त्याज्य और अप्रतिष्ठित है। लेखिका के अनुसार विज्ञापन क्षेत्र बड़ी समस्या पैदा करता है। उदाहरण के लिए 'कलिकथा वाया बाइपास' में विज्ञापन की विकृति का प्रसंग है। स्वतन्त्रता के स्वर्णजयन्ती समारोह के अवसर पर हुए विज्ञापन को देखिए - "राष्ट्रीय ध्वज, चक्र तथा वन्देमातरम् ने अखबारों और दूरदर्शन के विज्ञापनों में बिक कर स्वतन्त्रता को करोड़ों रुपये का कारोबार बना दिया है। जूतों, मोजों, टी शर्टों से लेकर गाड़ी बनानेवाली कम्पनी तक ने आज़ादी की पचासवीं वर्षगांठ के झंडे के तीन उड़ते रंगों के बीच पचास लिखे हुए नमूने को हर जगह छाप दिया है। यहाँ तक कि सारी मल्टीनेशनल कम्पनियाँ भारत की आज़ादी की वर्षगांठ को इस तरह मनाने पर तुली हैं कि मानो उनकी आज़ादी का ही जश्न हों।" (पृ. 138) इस प्रकार भारत को पूर्ण रूप से बिक्री की वस्तु बनाने के लिए लोग तैयार हो जाते हैं।

'एक ज़मीन अपनी' में मेहता नामक पात्र के अनुसार पूरा विज्ञापन उद्योग ही काले धन पर टिका हुआ है। इधर तेजी से विकसित हुई बिचौलिया संस्कृति से लोग आतंकित हैं, आकंठ डूबे हुए। वे भी नहीं चाहते कि अपनी कठिन मेहनत, सूझ-बूझ और कार्यकुशलता के बावजूद इन दलालों पर निर्भर रहें। इस क्षेत्र की होड़ाहोड़ी का बखूबी चित्र इस उपन्यास में प्राप्त है। इस विज्ञापन जगत् में सबसे ज़्यादा उपयोग स्त्रियों का होता है। इस विज्ञापन के प्रचार में टी. वी. एवं पत्र-पत्रिकाओं का हिस्सा भी कम नहीं है।

खेलकूद का क्षेत्र भी उपनिवेश से मुक्त नहीं है। आज खेल भूमण्डलीकरण और रुपये पर केन्द्रित है। आज के खिलाड़ी पैसे के लिए बिकते हैं और विज्ञापनों द्वारा नयी पीढ़ी को भटकाते हैं। राष्ट्र के नाम पर खेलते हैं पर उनके करतूतों और व्यवहारों में राष्ट्र और राष्ट्रीयता की बातें नहीं हैं। वे बहुराष्ट्रीय निगम और कम्पनियों के ब्रांड अंबासडर बनते हैं, विज्ञापनों में अभिनय करते हैं सिर्फ रुपये के लिए। 'निन्यानबे' उपन्यास में उपन्यासकार हॉकी के ऐतिहासिक खिलाड़ी ध्यानचंद को प्रस्तुत करते हैं। ध्यानचंद ने हिटलर के निमन्त्रण को ठुकराकर झाँसी की मिट्‌टी में खेलना सही समझा था।

प्रत्येक मीडिया समाज की विकास-अवस्था का प्रतिनिधि होता है। समाज और उसके विकास का दौर जितना सहज और सरल होगा उसके संचार माध्यम भी वैसे ही होंगे। वे समाज से सीधे जुड़े हुए होंगे। आज सभी प्रकार की सांस्कृतिक विकृतियों और नैतिक मूल्यों के पतन का जनक मीडिया है। क्योंकि यह जीवन के सभी आयामों का स्पर्श करता है। अखबार और टी.वी. चैनलों की इस आक्रान्त

स्थिति को उपन्यासों में चित्रित करके उन्यासकार मीडिया की विकृत स्थिति का पता देते हैं। 'कलिकथा-वाया-बाइपास' में टी.वी. चैनलों एवं अखबारों में आज़ादी की स्वर्णजयंती को विज्ञापनबाजी से कैसे बिकाऊ बना देता है, उसका प्रसंग है। देखिए - "अलम यह है कि सारे अखबार इस आसन्न उत्सव पर इतिहास और वर्तमान को सही परिप्रेक्ष्य में देख सकते कि अपनी काबिलियत को एक-दूसरे से बढ़-चढ़कर साबित करने में या ज़्यादा से ज़्यादा चटपटा बनाकर पेश करने की होड़ में एड़ी-चोटी का ज़ोर लगा रहे हैं। टी.वी. के सब चैनलों पर आज़ादीवाले कार्यक्रमों के बिकाऊपन को पहले से भाँप कर उसकी तैयारी करनेवालों की चाँदी कट रही है।" (पृ.138)

'काशी का अस्सी' का एक प्रसंग देखिए- "तलवार मुकाबिल हो तो अखबार निकालने...। ये मालियों को गरियाते हैं, लेकिन छापते वही हैं जो वह चाहता है। ये धर्मनिरपेक्ष हैं लेकिन धर्मोन्माद को छापते हैं। दंगा, हत्या, लूट-पाट, चोरी-डकैती, बलात्कार के शानदार अवसरों पर इनके चेहरे की चमक देखते बनती है।" (पृ. 18) अखबारों का अपना एक एथिक्स है। लेकिन आज उस एथिक्स का पालन करनेवाले विरले ही मिलते हैं। 'निन्यानबे' उपन्यास में गाँव में कुछ राजनीतिज्ञों द्वारा प्रेस कान्फ्रेंस चलाने के सम्बन्ध में सूचना दी जाती है। इससे सम्बन्धित खबर अखबार में इस प्रकार आयी थी- "अगली सुबह स्थानीय अखबारों में उपर्युक्त प्रेस कान्फ्रेंस की जो खबर छपी वह सिगरेट बुझाने के दृष्टान्त से शुरू हुई। हर समाचार पत्र में खबर ऊपर या बीच में बलवीर सिंह की एश-ट्रे में सिगरेट बुझाते हुए तस्वीर थी। झाँसी जनपद के समाचार पत्र वाचकों में कोई ऐसा नहीं था जिसने उस सुबह बलबीर सिंह की तस्वीर न देखी हो और उस तस्वीर के आस-पास पंचसूत्री क्रान्ति की खबर न पढ़ी हो।" (पृ.128) दूधनाथ सिंह द्वारा लिखित 'आखिरी कलाम' में भी मीडिया के वास्तविक धर्म का बखान किया गया है। मीडिया को लोकतन्त्र का प्रहरी माना जाता है, लेकिन आजकल वह उपभोक्ता संस्कृति का वाहक बन गया है।

अलका सरावगी का उपन्यास 'एक ब्रेक के बाद' में कॉरपोरेट जगत को उजागर किया गया है। भूमण्डलीकरण के इस दौर में इसका बहुत तेजी से विकास हो रहा है। इसके मुख्य तीन पात्र-के.वी. शंकर अय्यर, भट्ट और गुरुचरण के माध्यम से यह व्यक्त होता है। लेखिका ने के.वी. के ज़रिए इंडिया की इकोनमी पर, कल्चर पर, पॉलिटिक्स पर, हिस्ट्री पर अपनी एकत्रित सूचना को पाठकों तक पहुँचाने का कार्य किया है। उपन्यास में सूचनाओं का तंत्र कैसे दिया गया है, देखिए-"नरसिंह राव को कभी क्रेडिट नहीं मिली। सात भाषाएँ जाननेवाला बेचारा असली इंटलेक्चुअल तो इंडियन पॉलिटिक्स

में एक वही था। 1991 में उसी ने देश को नया रास्ता दिया। अब जागा है 'साउथ इंडिया'। देखो, बेंगलूरु और हैदराबाद से शुरू हुआ ना 'ब्रांड इंडिया'। नारायणमूर्ति को देखो। खांटी असली इंडियन हैं। कोई ताम-झाम नहीं। कहाँ से कहाँ पहुँचा दिया इंडिया को। पूरी दुनिया पर छा गया इंडिया। क्रिकेट में द्राविड और कुंबले, शतरंज में विश्वनाथ, सानिया मिर्जा टेनिस में। अब कुछ भी कहो-सी.वी. रामन, रामानुजम, राधाकृष्णन, कलाम तक।" (पृ.23) भट्ट ने अपने दिमाग से 'एम्बर डिपार्टमेंटल स्टोर' का एक दिन में पाँच करोड़ का सेल किया था। गुरुचरण के चले जाने के बाद उसके बताए रास्ते पर पिता की विरासत को आगे बढ़ाओ, पर ध्यान केन्द्रित करता है वह हर इंटरव्यू में अपनी बिरासत के गीत गा रहा था। उसे पता था कि "भारतीय समकालीन कला देश का अगला 'इन्फोसिस' बन सकती है।" (पृ.199)

नवउपनिवेश में स्त्री

पितृसत्तात्मक व्यवस्था में उत्तर-औपनिवेशिक परिवर्तन और भूमण्डलीय प्रक्रियाएँ स्त्री जीवन पर निषेधात्मक एवं सकारात्मक प्रभाव डालती हैं। पूँजीवाद की ओर अग्रसर तीसरी दुनिया की भूमण्डलीय आर्थिक प्रणाली के देशों में स्त्री की जो पहचान उभरती है, वह पश्चिमी नकल पर नहीं है। आधुनिक विमर्श की हिस्सेदारी कर रही स्त्री को एक सीमा तक अपना आलोचनात्मक रवैया बनाने में सफलता मिली है। परिणामस्वरूप स्त्री जीवन की नयी भूमिकाएँ और इन भूमिकाओं से जनित स्त्री-शक्ति के बावजूद व्यापक स्तर पर स्त्री को नयी असमानता और असुरक्षा का सामना करना पड़ा है। कुछ लोगों का कहना है कि विश्व की आर्थिक व्यवस्था की उन्नति से स्त्री लाभान्वित हुई है तो कुछ अन्य लोगों के अनुसार भूमण्डलीकरण से स्त्री पर निषेधक प्रभाव पड़ा है। समकालीन कई उपन्यासों में भूमण्डलीकरण से स्त्री पर जो निषेधक प्रभाव पड़ा है उसका अच्छा-खासा अंकन हुआ है।

उदयप्रकाश 'पीली छतरीवाली लड़की' में यह दिखाना चाहते हैं कि देश की उपभोगवादी संस्कृति में सौन्दर्य प्रसाधन एवं सौन्दर्य को सबसे प्रमुख स्थान दिया गया है। स्त्रियों के सौन्दर्य प्रसाधन, आभूषण और फैशन के विज्ञापन दिखाते हैं कि ये स्त्री-स्वाधीनता के चिह्न हैं जबकि उनके पीछे यह सोच होती है कि स्त्री उपभोग की वस्तु है। सर्वत्र ब्यूटी पार्लर उग आये। सबसे ज़्यादा सौन्दर्य संसाधनों की बिक्री भारत में हो रही है। सौन्दर्य संसाधनों का निर्माण प्रयोगशालाओं में वैज्ञानिकों द्वारा सम्पन्न हो रहा है। वहाँ नारियाँ पुरुषों के हाथ की कठपुतलियाँ बन रही हैं। समाज के प्रतिष्ठित लोग भी सौन्दर्य

प्रतियोगिता को प्रतिष्ठा का साधन समझते हैं। उपन्यास में वाइस-चांसलर भी मणिपुरवाले विद्यार्थी की हत्या से जब विश्वविद्यालय को छुट्टी देनी पड़ी तब वहाँ होनेवाली सौन्दर्य प्रतियोगिता को स्थगित करने पर चिन्ता जताते हैं।

इस भूमण्डलीकृत दुनिया में संघर्षरत दो स्त्रियों की दास्तान है 'एक ज़मीन अपनी'। उपन्यास में नीता बाज़ारू संस्कृति की चकाचौंध के आकर्षण को सच समझकर ज़िन्दगी का गठन करती है। वह विज्ञापन के लिए अपने शरीर का उपयोग करती है। जल्दी ही जीवन में वह कामयाब बनती है। लेकिन अंकिता के सामने विज्ञापन का जगत कई प्रकार की चुनौतियाँ प्रस्तुत करता है। उनका सामना अपने शरीर से नहीं इसके बदले में अपनी प्रतिभा एवं कार्यकुशलता से करती है। वह विज्ञापन जगत के कीचड़ में फँसने के लिए तैयार नहीं हुई। स्त्री शरीर का उपभोग विज्ञापन जगत का मुख्य मकसद है। उससे बचकर अपनी अस्मिता को इस क्षेत्र में बनाये रखना बहुत मुश्किल सा काम है। सक्सेना, मैथ्यू जैसे लोगों की स्त्री सम्बन्धी दृष्टि बहुत गिरी हुई है। उन जैसे लोगों से लड़कर इस क्षेत्र में अंकिता ने जो जीत हासिल की वह इस भूमण्डलीय दुनिया की स्त्री की जीत है। लेकिन पूर्ण रूप से पराजित नीता आत्महत्या के अलावा और कोई रास्ता देखती नहीं। वह विज्ञापन जगत का शिकार या शहीद बनकर आत्महत्या करती है। उस वक्त उसने जो पत्र लिखा वह उल्लेखनीय है- "आज महसूस हो रहा है रीढ़ के बिना कोई ज़िन्दा कैसे रह सकता है? सोचती हूँ, इस देश की स्त्री को यहीं का खुला हवा-पानी चाहिए, यहाँ की मिट्टी का पौधा चाहिए। यहीं के मौसम के अनुशासन में जी सकती है। बाहरी और उधार लिया हवा-पानी उसे पच नहीं सकता।" (पृ. 255) विज्ञापन जगत की पूरी असन्तुलित स्थितियों को पेश कर उसमें स्त्रियों के शरीर कैसे वस्तु में तब्दील होते हैं, साथ ही साथ स्त्री का प्रतिरोध खड़ा करने में भी उपन्यास सफल बन गया। यह उपन्यास पूर्णतः विज्ञापन जगत का पर्दाफाश करने में समर्थ है।

चित्रा मुद्गल के उपन्यास 'आवाँ' में भी विज्ञापन जगत खुल जाता है। रत्न के आभूषण जगत का जो भ्रष्टाचार, होड़ाहोड़ी, छलकपटता, स्त्री का शोषण, मॉडलिंग आदि है, इनका यथार्थ 'आवाँ' में प्रकट है। नमिता जैसी लड़की को आधुनिक बाजारू संस्कृति में फँसाकर उसका शोषण पूँजीवादियों द्वारा किया जाता है। विज्ञापन क्षेत्र से जुड़े सिद्धार्थ के माध्यम से इस जगत की दलदल हमारे सामने खुलती है। यद्यपि गौतमी जैसी नारी ने अपने जीवन में कई कष्टों को भोगा है, तो भी पूँजीवादी संस्कार से मिलकर वह दूसरों के शोषण के लिए मदद देती रहती है। पीने का जो संस्कार इस उच्चवर्ग में व्याप्त था वह शुरू में मध्यवर्गीय परिवार में पली नमिता उसे

स्वीकारने के लिए तैयार नहीं थी, लेकिन अन्त में वह पिए बिना जी नहीं पायी। यहाँ सबसे उल्लेखनीय बात यह है कि निम्न मध्यवर्गीय लड़कियाँ जल्दी ऐसी परिस्थितियों में फँस जाती हैं। इस उपभोग संस्कृति में स्त्रियाँ वस्तु बन जाती हैं। संजय कनोई, मेडम वासवानी जैसे उपभोगवादी लोग मज़दूरिन नमिता को वस्तु मानकर उसका सौदा कर रहे थे, वहाँ स्त्री अस्मिता का निशान गर्भपात्र भी सौदे की चीज़ बन जाता है। गौतमी इस संस्कृति से मिलकर खुद अपने गर्भपात्र को किराये पर देकर आर्थिक दृष्टि से अपने को समृद्ध कर रही है। धन कमाने के लिए कोई भी मार्ग अपनाने के लिए आज की उपभोग संस्कृति में लोग तैयार हो जाते हैं। सिद्धार्थ के अनुसार संजय कनोई नमिता का शोषण करता है तो परस्पर सहमति से वह नमिता का उपभोग करेगा, क्योंकि उसकी वृत्ति भी उपभोगवाद की है।

उपन्यास में ब्यूटीपार्लरों में जो सेक्स उद्योग चल रहा है इसका जिक्र हुआ है। ब्यूटीपार्लर के द्वारा स्त्रियों का यौन शोषण हो रहा है। संजय कनोई ब्यूटीपार्लर में जाकर काम सुख का अनुभव करता है। आज की व्यापारी दुनिया में बड़े-बड़े ब्यूटीपार्लरों में लड़कियों को सेक्स के धंधे के लिए बड़े पैमाने पर नियुक्त किया जा रहा है। ओबराय के ब्यूटीपार्लर 'मार्टिना' में बड़ी गजब की चीनी लड़कियाँ हैं। काम-तृप्ति के लिए वे हस्तकौशल से काम नहीं लेती, जीभ का उपयोग करती हैं।

आज बाज़ार में वेश्यावृत्ति एक उद्योग के रूप में स्थापित हो चुकी है। नवबाज़ारवाद ने सेक्स उद्योग को नयी शक्ति दी है। भूमण्डलीकरण और आर्थिक उदारीकरण की ताकतों ने दुनिया भर में ज़्यादा से ज़्यादा गरीब लड़कियों को वेश्यावृत्ति की ओर धकेल दिया है। अनियंत्रित पूँजीवाद एशिया के बड़े हिस्से में उभर रहा है और यह कमज़ोर और वंचित लोगों के साथ कोई रियायत नहीं बरत रहा। इस तरह वह एशिया में निचले तबकों के प्रति पारम्परिक घृणा के साथ पूरा तालमेल बिठा रहा है। पूँजीवाद का सबसे क्रूर और हिंसक पहलू, जिसमें सेक्स उद्योग भी शामिल है, कमज़ोरों के बूते फल-फूल रहा है। इसका उदाहरण वियतनाम में मिलता है, जहाँ देह व्यापार और वेश्यावृत्ति में बढ़ोतरी हुई है। आज विदेशी मुद्रा कमाने के आसान तरीके के रूप में देह-व्यापार को प्रश्रय दिया जा रहा है इसके बलबूते पर राष्ट्र अपना विकास कर रहा है। पर्यटन एवं मनोरंजन उद्योग की आड़ में सेक्स उद्योग को बढ़ावा दिया जा रहा है। सेक्स उद्योग भूमण्डलीय अर्थ व्यवस्था को बनाये रखने में भी मदद करता है। प्रभा खेतान 'अग्निसम्भवा' उपन्यास में आइवी नामक पात्र के ज़रिए इस समस्या पर प्रकाश डालती हैं। प्रभा से वह कहती है- "शरीर बेचना भी धंधा

कहलाता है। पूँजीवादी समाज की सबसे घिनौनी देन। बादशाहों की रखैलों से लेकर गर्ल बार पर बैठी हुई औरत तक मुझे सबसे नफरत है, फिर अपना पेट बजाते हुए बोली, इस पेट में कितना चावल समायेगा बोलो? इस शरीर को ढँकने के लिए कितने गज कपड़े चाहिए? बकवास आज के युग में कोई मज़बूरी का हवाला दे, बिलकुल बकवास। ये औरतें यह क्यों नहीं कहतीं कि मुझसे मेहनत नहीं होती...।" (पृ.64) चित्रा मुद्गल के 'आवाँ' उपन्यास में वेश्याओं को संगठित कर उनके संगठन 'जागो री' के माध्यम से उसके प्रति होनेवाले अन्याय एवं शोषण के निवारण करने की कोशिश की जाती है।

स्त्रियाँ ब्रांड की गिरफ्त में सबसे अधिक फँसी हैं। बाज़ार में ब्रांड के साथ स्त्री देह की उपलब्धता को भी जोड़ा जा रहा है। ब्रांड से स्त्री की पहचान का पता चलता है। इसी मानसिकता से लैस स्त्री पात्रों को गढ़ने का प्रयास प्रभा खेतान ने अपने उपन्यासों में किया है। अग्निसम्भवा में आइबी अपने कमाये पैसे ब्रांडड चीज़ों पर खर्च करती है। 'आओ पेपे, घर चलें' में वार्डरोब मैनेजर मरील के कपड़े में ब्रांडों का नाम चमकता है। 'छिन्नमस्ता' में मिसेज़ अग्रवाल की मानसिकता को प्रिया देखती हैं - "मम्मी का भी यों दिन-रात शॉपिंग में व्यस्त रहना। दिन में तीन-तीन बार साड़ियाँ बदलना, मैचिंग की चूड़ियाँ, मैचिंग की चप्पल। उनके ड्रेसिंग रूम में लाइन से लगी हुई अलमारियाँ थीं और उनमें कम से कम एक हज़ार साड़ियाँ ब्लाउज़, पेटीकोट, चूड़ियों के ढेर, चप्पलों की कतारें, मेकअप का सामान... हालाँकि लगाती वे केवल हल्की लिपिस्टिक और बिंदी ही थीं। " (पृ.135) प्रिया की सास समाज में खुद को इन चीज़ों के ज़रिए ही स्थापित करना चाहती है। ब्रांड का अर्थ है स्टेटस सिम्बल। इसकी चपेट में फँसती स्त्रियाँ आजकल संख्या में अनेक हैं।

मीडिया में स्त्री का उपयोग आजकल कर्मी से ज़्यादा सामग्री के रूप में हो रहा है। स्त्री की भोग्य छवि के साथ-साथ मीडिया स्त्री की भोक्ता छवि भी बना रहा है जिसके ज़रिए वह सीधे बाज़ार में घुसपैठ करती नज़र आती है। प्रभा खेतान के 'स्त्रीपक्ष' नामक उपन्यास में नायिका वृन्दा महसूस करती है कि अखबारों, पत्रिकाओं और दूरदर्शन में हर कहीं उसे पुरुष ही दिखाई देते हैं। अखबारों में फिल्मी पेज के अलावा स्त्रियों की खबर उसे और कहीं भी देखने को नहीं मिली। स्त्रियाँ विज्ञापन, सौन्दर्य प्रतियोगिता, फैशन शो में भाग लेती सुन्दर मॉडलों के रूप में उपस्थित थीं। इस तरह मीडिया में भी प्रमुख स्थान पुरुषों ने ही हथिया रखा है और उसके ज़रिए समाज में यही स्थापित करने का प्रयास किया जा रहा है कि स्त्री मात्र देह है। इसके

परे स्त्री की कोई स्वतन्त्र पहचान नहीं है। उपभोक्ता संस्कृति का वाहक मीडिया स्त्री की भोग्या छवि के साथ-साथ उसकी परम्परागत भूमिका को पुख्ता करने में भी सहायक हुआ है।

भूमण्डलीय समाज में स्त्री के लचीले श्रम की माँग बढ़ी है। स्त्री के असंगठित होने की वजह से उसके श्रम को लचीला माना जा रहा है। राष्ट्र-राज्य की भूमिकाओं को सीमित कर सबसिडी में कटौती की जा रही है। जिसकी वजह से बढ़ती महँगाई का सामना करने के लिए स्त्री को अल्पावधि रोज़गारों को अपनाना पड़ रहा है। असंगठित क्षेत्रों में काम करनेवाली स्त्रियों की संख्या बढ़ी है। घरेलू उद्योग के नाम पर स्त्री का शोषण बढ़ा है। संगठन के अभाव में स्त्रियाँ कम कीमत में, खराब परिस्थिति में काम करने को बाध्य हैं। बच्चों की देखरेख, मातृत्व की छुट्टियाँ जैसी कानूनी सुविधाओं से भी वह वंचित रह जाती हैं। चित्रा मुद्गल के उपन्यास 'आवाँ' में सुनन्दा नामक पात्र को कम्पनीवाले छुट्टी देने और छुट्टियों की तनख्वाह देने को तैयार नहीं हुए। सुनन्दा को खुद इसके लिए आजीवन लड़ना पड़ा। इसके लिए उसे शहीद भी बनना पड़ा। आघाडी महिला मोर्चा के नेतृत्व में विमला बेन श्रमिक स्त्रियों के प्रति जब कभी शोषण होता है, तब उनकी मदद के लिए तैयार होकर पास पहुँचती है और कानूनी मदद भी देती रहती है। प्रभा खेतान के अग्निसम्भवा उपन्यास में चीनी महिला आइबी बताती है कि उसके श्रम का शोषण हांगकांग के व्यापारियों द्वारा किया गया।

भूमण्डलीय समाज में स्त्री श्रम को पहचान दिलाने की मंशा के साथ-साथ स्त्री जीवन के इस पहलू को उद्‌घाटित करनेवाले कई उपन्यास हिन्दी जगत में लिखे जा रहे हैं। इस समाज में स्त्री को अपनी मानवीय गरिमा से उपदस्थ कर पण्यवस्तु में तब्दील करने की साजिशें ज़ारी हैं। बाज़ार के केन्द्र में खड़ी स्त्री उत्पाद को बेचती हुई खुद उत्पाद में तब्दील होती जा रही है, जिसके ज़रिए बहुराष्ट्रीय कम्पनियाँ अपना प्रचार-प्रसार करते नज़र आती हैं। मीडिया एवं विज्ञापन में स्त्री अपने अंग-प्रत्यंग का प्रदर्शन करती दिखाई देती है जिसके ज़रिए स्त्री-मुक्ति का दावा किया जा रहा है। भूमण्डलीय समाज में ब्रांड स्त्री की पहचान को स्थापित करने का प्रतीक बन गया है। सबसे निचले पायदान पर स्त्री श्रम को खड़े होने को बाध्य किया जा रहा है। इनका प्रतिरोध कितने पाकिस्तान, निन्यानवे, कलिकथा वाया बाइपास, एक ज़मीन अपनी, आवाँ, अग्निसम्भवा, आओ पेपे, घर चलें, स्त्रीपक्ष, छिन्नमस्ता जैसे समकालीन उपन्यासों में अनावृत है।

धर्म की बिक्री

आज साप्रदायिकता विश्व की सबसे बड़ी समस्या है। यह समस्या एक तरफ मनुष्य की उन कुप्रवृत्तियों का परिणाम है जो उसे पशुधरातल की ओर खींचती रहती है तो दूसरी तरफ स्थापित व्यवस्था इसे अपनी स्वार्थपूर्ति के लिए पैदा करती है और उग्र बनाती है। असल में आज की फासीवादी मनोवृत्ति पूँजीवादी आर्थिक प्रणाली की देन है। इस बाज़ारू संस्कृति में धर्म के ज़रिए राजनैतिक दल फायदा उठाता है और धार्मिक लोग भी। आज सबसे बड़ी बिक्री की चीज़ है धर्म। 'राम' शब्द भारत में सबसे ज़्यादा बेचा जा रहा है। दूधनाथ सिंह का 'आखिरी कलाम' बाबरी मस्जिद दुर्घटना की दास्तान है। यह तत्सत पांडेय का जीवन एवं जगत सम्बन्धी वैज्ञानिक दर्शन है। उनके अनुसार धर्म एक बृहद अनजाना षड्यंत्र है। मानवता के खिलाफ धर्म के साथ धार्मिक ग्रन्थ की बिक्री भी बड़े पैमाने पर चलती है। इसलिए तुलसी और तुलसी ग्रन्थ सबके लिए प्रिय है। धर्म एक ठगी है। धर्म डराता है। अन्धत्व प्रदान करता है। वह मनुष्य की सांस्कारिक, मनोवैज्ञानिक कमज़ोरी को भुनाता है। उनके अनुसार अयोध्या धर्म की मंडी है। वहाँ पंडागिरी चलती है। अयोध्या के सम्बन्ध में वे कहते हैं - "इतने पंडे और सभी एक साथ ! कोई प्रतिपक्ष नहीं... न कोई न्याय, न कानून, न संविधान, न बचाव... पक्ष...मन... ही...मन सभी मग्न... सिर्फ एक आतंक सी टेढ़ी आँख सत्ता की ओर चाहे उधर से, चाहे इधर से।" (पृ. 249)

अयोध्या का वास्तविक प्रतिनिधि स्वामी अचेतानंद है। अयोध्या में दुराचारी, व्यभिचारी सब साधु बनते हैं। 'ज्ञान की भिक्खा' उनके मुँह से सुनकर तत्सत कहते हैं कि आप तो पूरे पहलवान हैं। भीख के अन्न से वह शरीर नहीं बना है। राम के विशाल कट आउट में राम के हाथ में पकड़े गये धनुष पर किसी स्थानीय आभूषण विक्रेता का विज्ञापन है। यही है रामचौक। सविनय का ग्रामीण पुस्तकालय की पुस्तकों पर कारसेवक का सवाल है - इन किताबों में रामायण, महाभारत, गीता और 'संभोग से समाधि' तक की पुस्तक नहीं है तो इस कूड़े-कवाड़ से क्या फायदा। यह फैजाबाद नहीं यह साकेतधाम है। इस प्रकार पूर्णतः अयोध्या मंडी में बदल गया। अर्थात धर्म और भक्ति की बिक्री। सांस्कृतिक राष्ट्रभाषा यहाँ सब कहीं जनतांत्रिक, धर्पनिरपेक्ष और वामपंथी विचार और जीवन मूल्यों के लिए एक बड़े खतरे के रूप में उपस्थित है। चाहे परिवार हो या राष्ट्र धार्मिक उन्माद और कट्टर विघटन को ही प्रोत्साहित करते हैं।

साम्प्रदायिक राजनीतिज्ञों के लिए राम सत्ता की सीढ़ी मात्र हैं। वे उक्त सीढ़ी व उपकरण का अमानवीय पैशाचिक एवं गलत उपयोग करते आ रहे हैं। जनता मस्जिद

ध्वंस, मन्दिर निर्माण, लाखों की हत्या, बहुशीर्षक आतंक इत्यादि नहीं चाहती है। असल में ये सब नेताओं की माँगें हैं, जो जनता को अलग-अलग खेमों में बाँटकर सत्ता की सीढ़ियाँ चढ़ते हैं। धर्म निरपेक्ष जनतंत्र के नाम पर चलता देश ऐसी परिस्थिति में भीषण संकट में पड़ा है और लोग आशंका, आतंक, निराशा एवं भय की छाया में दम घोंटने लगे हैं।

'निन्यानबे' उपन्यास में भी रवीन्द्र वर्मा ने धर्म एवं राम को संघपरिवार कैसे सत्ता के लिए प्रयुक्त करता है, उसका खुलासा किया है। समाज में मनुष्य की जगह हिन्दू, मुसलमान सिख, ईसाई आदि आ गये हैं। धर्मनिरपेक्ष शिक्षित शहरी लोग भी इससे मुक्त नहीं हैं। बाहरी तौर पर उदास एवं निराश दिखाई पड़े ऐसे लोग सन्देह और भय से मुक्त नहीं रह सके। उनके धर्मनिरपेक्ष मन पर दरारें पड़ने लगीं, जिससे सहजता एवं सामाजिकता टूटने लगी। बुद्धिजीवी भी निर्णायक संदर्भों में धार्मिक-साम्प्रदायिक दबावों से मुक्त नहीं दिखाई पड़ता है। हर कहीं 'पाकिस्तान' जन्म लेने लगा। मोहम्मद फारूखी सिद्दीकी ऐसा एक पात्र है, जो धर्मनिरपेक्ष लोकतंत्र की छाया में, अपने मानवाधिकारों के बल पर, एक इनसान की हैसियत से जी रहा था। लेकिन उसके निजी विश्वासों, आचरणों पर हिन्दू आतंकवादी आक्रमण करते हैं। उसकी छड़ी छीनकर उसके बदले त्रिशूल पकड़वाते हैं, माथे पर तिलक लगाते हैं और जय श्रीराम कहलवाते हैं। उनमें जान-पहचान का लड़का भी था, पर तब उन्होंने उस लड़के की ओर देखा था मगर उस लड़के के चेहरे में सिर्फ हँसते हुए और काले बालों की झांई नज़र आयी थी जैसे वह लड़का न हो, कोई भूत हो। अपने मित्र रामनारायण के साथ साम्प्रदायिक चिह्नों, संकेतों, करतूतों की आलोचना करते सिद्दीकी आखिर कानपुर में मौलवीराज जाने को मज़बूर होता है। मनमोहन सिंह, अल्फत सिद्दीकी आदि के मन में भी इस प्रकार की दरारें पड़ती हैं। आतंकित उल्फत बेजान शब्दों में कहती है कि - मस्जिद टूटी। खायत भी टूट जाएगी। मस्जिद ध्वंस और साम्प्रदायिक दंगों के पीछे धार्मिक-आध्यात्मिक मोह नहीं, सिर्फ राजनीतिक स्वार्थ है। रामदयाल ही नहीं, पोता कबीर तक इससे निराश व उदास दिखाई देते हैं। बुद्धिजीवी वर्ग भी सन्तुष्ट तो नहीं है फिर भी उनमें कतराने की प्रवृत्ति कहीं दिखाई पड़ती है। तब भी धर्म निरपेक्ष लोकतंत्री सरकार निष्क्रिय रहती है। लेखक इस पर व्यंग्य करते हैं। स्कूली छात्रा के शब्दों को सुनिये- "उसके स्कूल में दो मुस्लिम लड़कियों ने मिट्टी की मस्जिद बनाकर गिरने पर एतराज किया तो लड़कियों ने उसकी धुनाई कर दी।...लड़कियाँ इंटरवेल में ही प्रिंसिपल के पास गयीं। मगर

प्रिंसिपल सोफे पर अपने कमरे में सो रही थी। मस्जिद गिर रही थी और प्रिंसिपल सो रही थी। तत्कालीन कांग्रेस सरकार की निष्क्रियता और बहुमतों के वोट के लिए झुकाव इसका उत्तरदायी है। ईंट की राजनीति पर भी उपन्यास प्रकाश डालता है। मन्दिर विवाद मात्र राजनीतिक खेल है, यह बालक कबीर भी समझता है। लेकिन ईंटों की बातें उनकी समझ में नहीं आती हैं। तब उसके प्रश्नों का उत्तर देते हुए वल्लो कहता है कि "तुक यह है, बेटा... कि ईंट अयोध्या के भट्ठों से निकलकर सीधी मन्दिर में लग जाएँगी तो देश भर में ईंटों का शोर कैसे होगा ?" ईंटों के बहाने देशभर में शोर मचाना है और उस शोर को वोट में बदलना है।

'कितने पाकिस्तान' में भी विभाजन के ज़रिए वर्तमान लहूलुहान सच्चाई अयोध्या के विषय को जाहिर किया जाता है। कमलेश्वर को अच्छी तरह मालूम है कि अयोध्या समस्या का सम्बन्ध धर्म से कम और राजनीति से ज़्यादा है। धर्म और राजनीति को मिलाने का कार्य स्वतन्त्रता-संग्राम के दौरान भारत के अदूरदर्शी नेताओं ने किया। आज भी हमारे सत्ताधारी यह करते आ रहे हैं। साम्प्रदायिक दंगों को उकसाकर अपना मतलब निकालनेवाले उन फिरंगी दरिन्दों और आज के उनके उत्तराधिकारियों के आचरण में कोई फर्क नहीं है। इसलिए आज़ाद भारत की बुनियादी सुविधाओं से भी वंचित भुखमरों के लिए आज अयोध्या सबसे बड़ी समस्या बन जाता है। अयोध्या के सम्बन्ध में कमलेश्वर ने बड़ी बारीकी से इतिहास का अध्ययन और अनुसन्धान किया है। अयोध्या से राजनीतिक मुनाफा उठाते नवफासीवादियों की ओर संकेत करते हुए कमलेश्वर लिखते हैं - "भारत में रक्त के तालाबों में कमल उगाए जा रहे हैं।"

लेकिन सबसे बड़ी दुखद बात यह है कि लोग इन कटु वास्तविकताओं से बिलकुल अनभिज्ञ हैं। वे या तो धार्मिक कठमुल्लेपन का शिकार बनकर अन्धे हो गये हैं या नव उपनिवेशवाद के सांस्कृतिक आक्रमण के शिकार होकर अवैध हो गये हैं। समय की सबसे बड़ी त्रासदी को कमलेश्वर यों शब्दबद्ध करते हैं - "जो घटित हो रहा है, पर घटित होता हुआ दिखाई नहीं देता, जो सुनाई पड़ता है पर सुना हुआ प्रतीत नहीं होता, जो सोचा जा रहा है पर सोचा हुआ मालूम नहीं पड़ता, जो समझा जाता है पर समझ में नहीं आता... यही हमारे समय की त्रासदी है... क्योंकि हम सब मूल्यबोध के बावजूद मूल्यहीनता की चपेट में हैं।" सोमनाथ रथयात्रा निकालकर अयोध्या में मस्जिद गिराकर तथा पोखरान में अणुपरीक्षण करके शक्तिपीठ की स्थापना का सपना देख रहे हैं राजनीतिक दल।

'कलिकथा वाया बाइपास' में भी धर्म के नाम पर जो बाज़ारीकरण चल रहा है, उसका खूब उल्लेख है। धर्म के आधार पर विभाजन कबूल करते ही हम आज़ाद हुए, परन्तु आज़ादी के पचास साल बाद भी हम साम्प्रदायिकता से मुक्त नहीं हुए। वह कई रूपों, भावों और रंगों में और भी शक्तिशाली हो गयी। बंटवारे से समस्या सुलझी नहीं, बल्कि और अधिक उलझती जा रही है। किशोर बाबू 1997 के अन्तिम पहर में सोचता है कि "लाखों लोगों के खून बहने से मिला विभाजन क्या दे पाया ? अपने जैसी भाषा बोलनेवाले और अपने जैसे ही जलेबी, कलाकंद खानेवाले लोगों के साथ युद्ध ?... उन्हें शत्रु मानकर हथियार जमा करने के लिए अरबों-अरबों रुपये का खर्च जबकि आज भी कलकत्ते की सड़कों पर कोढ़ी, भिखमंगे, औरतें, बच्चे उसी तरह भूखे-नंगे फिरते हैं।" (पृ.176) सन् 1946 में एकाध बार शाखा में गये किशोर बाबू आज 'गीता' के अध्ययन के बाद निस्पृह एवं संयमित दृष्टि से लिखता है कि- 'हिजड़ा और पार्टीशन उन्नीस सौ पैंतालीस।' इस परिवर्तन पर दृष्टि डालने से विभाजन की राजनीति स्पष्ट हो जाएगी। धर्म और राजनीति की साझेदारी अब भी ज़ारी है, दोनों आपस में पालन-पोषण करते रहते हैं। मानवता इससे बार-बार मिटाई जा रही है। अमोलक और गाँधी की हत्याओं की किशोर बाबू जो तुलना करता है वह इस हत्याकांड की ओर इशारा करती है।

आज धर्म राष्ट्रीय संस्कृति का विखण्डन कर रहा है। सांस्कृतिक राष्ट्रवाद का चोला पहनकर वही शक्ति जो सदैव मनुष्यता को खत्म कर आगे बढ़ रही है। वह संस्कृति और परम्परा पर आस्था रखते मनुष्यों पर कैसे ज़हर फैला देती है, संस्कृति पंडित में दर्शित परिवर्तन इसका उदाहरण है। बंगाल के पाठ्यक्रम से संस्कृत को निकाला गया और संस्कृति पंडित उपाध्याय कलकत्ता से इलाहाबाद पहुँच गया। वहाँ स्वामी सहजानन्द के सम्पर्क में वे आये और बाबरी मस्जिद ध्वंस में उसका साथ देते हैं। उसकी संगति से उपाध्याय की 'संस्कृत' भी बदलने लगी थी। उनका कहना है कि "ऐसे-ऐसे भी लोग हैं दुनिया में। सिरफिरापन और किसे कहते हैं। खैर सिरफिरा तो वह हमेशा ही था। कभी-कभी बड़े कारखाने के विरोध में बोलता रहता था, कभी किसी बड़े बाँध के विरोध में।... रामजन्मभूमि के उद्धार का पुण्यकर्म छोड़कर विद्यार्थियों का साथ दे रहा था।" (पृ.163) दूसरी तरफ जनता की उम्मीद वामपंथ पर थी। परन्तु वामपंथियों ने परम्परा और धर्म के नाम पर भारत की सांस्कृतिक विरासत की उपेक्षा की। उपाध्याय जो संस्कृति का प्रतीक है वह धार्मिक कट्टरवादियों के हाथ में पहुँच गया। वे उसका 'सदुपयोग' भी करने लगे। इस तरह विभाजन के

समय शुरू किए अपने प्रयत्न को - गाँधी की हत्या को - बाबरी मस्जिद ध्वंस के साथ उन्होंने पूरा किया। इस मौके पर धार्मिक कट्टरवादी सांस्कृतिक राष्ट्रवाद की आड़ में साम्प्रदायिक-राष्ट्र का कार्य पूरी शक्ति के साथ करने लगे हैं।

नवउपनिवेश में बाज़ार की दुनिया में विज्ञापन की महत्त्वपूर्ण भूमिका है। इस विज्ञान जगत् में धर्म का इस्तेमाल कर जनहृदय को आकृष्ट किया जाता है। 'परछाईं नाच' में पेयजल की बिक्री के व्यवसाय की कथा कही गयी है। छोटी-छोटी स्थानीय व्यावसायिक संस्थाओं से लेकर राष्ट्रीय एवं अन्तर्राष्ट्रीय कम्पनियाँ कार्यरत हैं। इन कम्पनियों की संख्या दिन-ब-दिन बढ़ती जा रही है, परिणामतः उनकी अपनी अस्मिता भी संकट में पड़ गयी है क्योंकि आपसी प्रतियोगिता बुरी तरह बढ़ गयी है। विज्ञापनों के सहारे वे बाज़ार में अपने अस्तित्व की रक्षा के लिए तरह-तरह के खतरनाक और भक्ति सम्बन्धी तत्त्वों को भी अपनाया जा रहा है। गंगाजल का बोतल बनानेवाला अनहद जैसे युवक के मस्तिष्क का पूरा फायदा उठाकर मूल्य-विरोधी रास्तों में मनमाने ढंग से भड़कता है। इन रास्तों की गन्दगियों और आपदाओं से अनभिज्ञ अनहद अपने मालिक की कम्पनी की सफलता के लिए अपना तन और मन न्यौछावर करता है। अनहद का तेज और सजग मस्तिष्क पानी की शुद्धता के स्थान पर उनकी पवित्रता पर इसलिए ज़ोर देता है कि शुद्धता सभी कम्पनियों का आम दावा है जबकि पवित्रता के नारे का प्रभाव समाज की शिराओं में कैसी गहरी छाप छोड़ेगा। यही नहीं, पानी के मूल गुण और उसकी ज़रूरत के स्वरूप को भी अनहद बदलता है। अपनी योजना को इस प्रकार वह मालिक के सामने प्रस्तुत करता है- "हम अपने पानी की शुद्धता पर उतना ज़ोर नहीं देंगे जितना कि पानी की पवित्रता पर।... हमारा पानी धर्म और अध्यात्म का पानी होगा। मनुष्य के देवताओं के लोक में ले जानेवाला.. उसके पुरखों की तड़पती, अभिशप्त, अतृप्त आत्माओं को मुक्त करनेवाला होगा।... इस तरह हम पानी के मूल तत्त्व, गुण, उसकी असली ज़रूरत और करोड़ों साल से चले आ रहे रूप प्यास को ही, अपने पानी से हटा देंगे।" (पृ.123) इस अजब पेय-जल की बिक्री का उपयुक्त बाज़ार भी अनहद की तेज बुद्धि ढूँढ़ निकालती है- "हमारा ग्राहक अनपढ़ होगा, गँवार होगा, खेतों, कारखानों का मज़दूर होगा, पत्थर तोड़ते खदानों में काम करते मकाते बनाते लोगों का होगा। आदिवासियों का, बूढ़ों का... साधु-भिखारियों का, अनाथों का, विधवाओं का होगा।" (पृ.124) इस बाजारू सभ्यता को और भी उपजाऊ और उर्वर बना देने के लिए अनहद उसमें प्राचीन भारतीय संस्कृति, धर्म, दर्शन आदि सभी तत्त्वों की कलई सही मात्रा में करने

के लिए नहीं चूकता- "इस तरह पानी की बिक्री के साथ-साथ आपका सामाजिक महत्त्व और सम्मान भी बढ़ेगा। ईश्वर का दिया हुआ पानी बेचते हुए भी आप महान बनेंगे। ... आपका व्यापार अन्ततोगत्वा भारतीय संस्कृति, अस्मिता, धर्म, दर्शन, परम्पराओं का प्रतीक बन जाएगा इन सबकी पुनर्रचना करेगा।" (पृ.124) उपनिवेशवादी सभ्यता में साम्राज्यवादी ताकतों के साथ-साथ धर्म जैसे तत्त्व को मिलाकर विज्ञापनबाजी के तंत्र को मज़बूत बनाने की कला से इस क्षेत्र के मर्मज्ञ वाकिफ हैं।

औपनिवेशिक परिस्थिति द्वारा निर्मित व्यक्ति

मनोहर श्याम जोशी का उपन्यास 'कसप' उत्तर-आधुनिक संरचना को व्याख्यायित करता है। जहाँ प्रेम जैसे मूल्य परम्परागत रूप के स्थान पर उत्तर-आधुनिक ढाँचें में गढ़ मिलता है। यहाँ न तो मिलन की उत्सुकता है और न बिछुड़ने का गम। उपन्यास के मुख्य पात्र डी.टी. और बेबी मिलने और बिछुड़ने के बाद भी अपने तरीके से जीते हुए नज़र आते हैं। इस उपन्यास में कुमायूँ के मध्यवर्गीय समाज को उनके सारे अन्तर्विरोधों और उपभोक्तावादी प्रभावों के तहत दिखाया गया है। उपभोक्ता संस्कृति के अच्छे-बुरे दोनों तरह के नज़रिए को मनोहर श्याम जोशी ने कौशल से साधा है। उपन्यास की नायिका "बेबी के लिए प्यार किसी और की चुनौती से नहीं, अपनी अस्मिता की चुनौती से उपजता है।" (पृ.148)

कृष्ण बलदेव वैद का 'काला कोलाज' इस उत्तर-आधुनिक औपनिवेशिक परिवेश में व्यक्ति किस कदर स्वयं से ही उलझा हुआ है यह ज़ाहिर करता है। देखिए- "काश कि मुझे सब याद रहता। काश कि मुझे कुछ याद न रहता। इन दोनों अरमानो में से कौन सा सच्चा है, कौन सा झूठा, मैं नहीं जानता क्योंकि मुझे दोनों सच्चे नज़र आते हैं, दोनों झूठे। क्योंकि मैं दरअसल कभी भूल नहीं पाता। दरअसल कभी कुछ याद नहीं रख पाता, इसलिए मुझे हर सच में झूठ का दाग दिखाई दे जाता है, हर झूठ में सच का साया।" (पृ. 25) ऐसा लगता है कि लेखक ही कभी आदमी, कभी भूत तो कभी भिखारी बनकर सोचता है। इस उपन्यास में व्यक्ति के अन्दर और बाहर के समाज की टकराहट मौजूद है- "भीतर झाँकने की मूर्खता आसान न हो अप्रिय नहीं कुछ नया नज़र आये न आये, भ्रम बना रहता है कि समय का उपभोग किसी साधना में हो रहा है साधारण सांसारिकता में नहीं अँधेरे में भीतर झाँकना और भी अच्छा लगता है मानो बाहर और भीतर के बीच कोई आईना रखा हो।" (पृ.67) आज परिस्थितियों ने व्यक्ति को ऐसा बना दिया है कि उसके पास हर समय के लिए एक मुखौटा तैयार रहता है देखिए - "उसका चेहरा उसका

अपना नही, इसलिए अभी तक मैं उसे पहचान नहीं सका। शायद आवाज़ सुनूँगा तो पहचान लूँगा।" (पृ.74) लेखक दोहरी माई के लिए सोचता है - "मैं चाहता हूँ कि कोई मुझे आश्वस्त कर दे कि अगर अब भी इसे नहला-धुला कर साफ कपड़े पहनाकर, किसी सुथरे बिस्तर पर लिटा दिया जाए, इसकी देखभाल के लिए एक चुस्त नर्स का इन्तज़ाम कर दिया जाए, इसके सिहराने कुछ कीमती दवाइयाँ, कुछ फूल, कुछ फल, बच्चों की तस्वीरें, एक गीता, एक छोटा सा रेडियो और इसी तरह की कुछ चीज़ें रख दी जाएँ तो उसके चेहरे की वीरानी और अन्त का सूनापन कुछ कम हो जाएगा। पैसों से शान्ति खरीदने की कोशिश कर रहा हूँ।"

आज आदमी किसी से अपने लिए झूठी तसल्ली नहीं चाहता, उसे केवल सच सुनना अच्छा लगता है। लेखक अपने मित्र से कहता है - "मेरा कोई हितैषी नहीं, तुम भी नहीं हो लेकिन तुम क्योंकि मुझे कोई तसल्ली नहीं देते, इसलिए तुम आ सकते हो, तुम मौत की तरह आते हो, इसलिए तुम्हारा आना मुझे अच्छा लगता है।" (पृ.144) यहाँ तक कि लेखक स्वयं से भी कहता है - "कमबख्त जिन संस्कारों को सारी उम्र नकारता रहा, वहाँ भी और यहाँ भी, जिन प्रतीकों को सारी उम्र घिसा-पिटा ठहराता रहा, वहाँ भी और यहाँ भी, अब अपनी उतरती उम्र में उन्हीं को दुलार रहा है, उन्हीं को नया समझ रहा है, बूढ़ा भेड़िया। बनावटी बैरागी।" (पृ.228) इस उपन्यास में लेखक ने व्यक्ति के जीवन के सारे अन्तर्द्वन्दों को दिखाया है। व्यक्ति अपने भीतर के जड़ छोड़कर ही कोई नयी तस्वीर बना सकता है।

'परछाईं नाच' उपन्यास 'भय' नामक भाव की पृष्ठभूमि में रचित है। दूसरे शब्दों में यदि कहा जाए तो भय सम्पूर्ण उपन्यास में छाया हुआ है। उत्तर-औपनिवेशिक परिवेश द्वारा प्रदत्त भय है यह। अपने भय की संकीर्णताओं को सुलझाते वक्त स्वयं अनहद को लगता है कि यह अपरिभाषित भय से भी ज़्यादा है। देखिए - "अनहद को लगा फिर पसीना आ रहा है। भय फिर एड़ी से ऊपर चढ़ रहा है। यह भूख का भय नहीं था... अनहद ने सोचा। भूख का भय खाल के ऊपर नहीं आता उसमें पसीना नहीं आता... होठ नहीं सूखते... उँगलियों की पोरें सुन्न नहीं होतीं। भूख का डर खाल के नीचे-नीचे रेंगता है। बढ़ता रहता है। अँधेरी सीलन में दीमक की तरह। वह अचानक खत्म नहीं होता... जिस तरह भूख अचानक खत्म नहीं होती। ये उन्हीं दोनों के भय से। उन्होंने फिर घेर लिया अनहद को।" (पृ.45) नुकीले दाँतवाले से, बौने से, अनहद के प्रस्तुत भय के विस्तार से जो चित्रण

उपन्यास में है, उसमें यही तथ्य धीरे-धीरे उजागर होता है। अनहद भूख की विडम्बना को समझनेवाली आम जनता के प्रतिनिधि के साथ-साथ एक शिक्षित नवयुवक भी है इसलिए अपने अन्दर दिन-ब-दिन घनीभूत होते जा रहे भय की छानबीन और उसका विश्लेषण भी वह कर सकता है, परिणामतः उसे महसूस होता है कि औपनिवेशिक शक्तियों के प्रति जो आशंकाएँ उसके मन में हैं, वे ही भय का रूप धारण कर रही हैं।

साम्राज्यवादी संस्कृति में आम आदमी के उपरोक्त भय का पूरा फायदा खतरनाक ढंग से उठाया जा रहा है। साम्राज्यवादियों को अपनी योजनाओं की व्यावहारिक परिणति के लिए उचित माध्यमों का चयन करना है। सामान्य जनता में भय के तथाकथित खतरनाक पहलुओं का बीज बोकर वे उन्हें अपने लायक बना लेते हैं। अनहद को नुकीला दाँतवाला समझाता है कि चिंगरिया के समान बौना भी इस प्रकार डर को हथियार बनाकर अनहद को माध्यम बना रहा है। "वह तुमको माध्यम बना रहा था। तुमको तैयार कर रहा था। तुम्हारे दिमागमन... शरीर को नियंत्रित करना चाहता था। उसी तरह जिस तरह और दूसरे सब अपने लिए गुलाम तैयार करते हैं। उनको हमेशा ऐसे कुछ लोगों की तलाश होती है। तुम उसके लिए हथियारों की सप्लाई के एक उचित और सुरक्षित माध्यम थे। तुम इस शहर में थे, पढ़े-लिखे थे, अकेले थे। देखने में सभ्य हो, कोई सन्देह पैदा नहीं करते डरपोक लगते हो। तुम सर्वश्रेष्ठ माध्यम बन सकते थे। इसीलिए उसने तुमको तैयार किया।" (पृ. 93) असल में एक ही सिक्के के पहलू होने के नाते नुकीला बौने के खिलाफ यह प्रतिक्रिया व्यक्त नहीं करता है, बल्कि उसका उद्देश्य और भी गूढ़तम है, और वह नव-उपनिवेशवादी संस्कृति का सही चित्र पैदा कर देता है।

उपर्युक्त भय की छाया 'कितने पाकिस्तान' में भी बनी रहती है। वैसे 'कलिकथा वाया बाइपास', 'निन्यानबे', 'आखिरी कलाम', 'डूब', 'आवाँ', 'समय सरगम' जैसे कई उपन्यासों में असुरक्षा से उत्पन्न भय छाया रहता है। यह असुरक्षा कभी-कभी साम्प्रदायिकता की उपज है तो कहीं लक्ष्यहीन विकास की वजह से उत्पन्न है। कहीं कहीं उपभोग संस्कृति की भयानकता के बावजूद उत्पन्न मूल्यह्रास से है। मूल्यह्रास से सम्बन्ध एवं रिश्ते शिथिल होते जाते हैं। व्यक्ति अकेला बनता है। यह सबसे बड़े आतंक की वजह बनता है। तात्पर्य यह है कि उत्तर नवउपनिवेशवादी समाज का व्यक्ति असुरक्षित है, भयाक्रांत है, आतंकित है। समकालीन उपन्यास में व्यक्तिमन की विह्वलताएँ कई प्रकार से कई पहलुओं के ज़रिए अभिव्यंजित हैं।

उपभोग संस्कार में रिश्ते-नाते की शिथिलता एवं मूल्यह्रास

नवउपनिवेशी संस्कृति में मनुष्य वस्तु में तब्दील हो गया। इनसानी सभ्यता का भविष्य सौदागरी सभ्यता में बदल जाने पर नफा-नुकसान आर्थिक मुनाफे की तराजू पर तौले जाते हैं। इनसानी रिश्ता, मित्रता, प्रेम, संवेदना आदि मूल्य कहीं गुम हो जाते हैं। जब आदमी और आदमी के बीच की दूरी बढ़ जाती है तब मूल्य भी बदलते हैं। इस अस्पृहणीय सभ्यता के असर को 'कितने पाकिस्तान' में यों व्यक्त किया गया है- "जब तक इनसानी सभ्यता का भविष्य सौदागिरी सभ्यता में बदला जा रहा हो, जब मनुष्य के सुकून सपनों और अरमानों को मुनाफे की तिजोरियों में कैद किया जा रहा हो... जब एक बड़ी इनसानी सभ्यता को फरेबी सौदागरों के जाल में फँसाया जा रहा हो, वह वक्त बहुत नाज़ुक होता है। ऐसे वक्त में सिर्फ बाज़ार की कद्रें ही नहीं बदलतीं, रिश्तों के मयार और मूल्य भी बदलते हैं.. दिलों के एहसास भी बदलते हैं ... और तब तक अनकहे तरीकों से कहानियों के आदि और अन्त भी बदलते हैं।"

कमलेश्वर ने सौ फीसदी सत्य ही कहा। सुख भोग के प्रति आसक्ति बढ़ गयी। इसके लिए किसी न किसी प्रकार धन अर्जित करने की मनोवृत्ति पनप गयी। कई विदेशी कम्पनियाँ यहाँ आ गयीं। कम्पनी का एकमात्र लक्ष्य मुनाफा मात्र है। इसलिए यहाँ काम करनेवालों का वेतनमान बढ़ा होगा, लेकिन रातभर काम करना पड़ता है। कम्पनियाँ उनके रक्त को चूस लेती हैं। ऐसे माहौल में घर पर भी समय व्यतीत करने के लिए किसी के पास वक्त नहीं। यंत्रवत बननेवाले मनुष्य में स्नेह की ऊष्मलता नष्ट होने के साथ मनुष्य की सामूहिक चेतना भी नष्ट हो जाती है। इसके साथ सभी क्षेत्रों में लेन-देन का कार्य चलता है। व्यापारी मानसिकता के बढ़ने से जिसका उपयोग नहीं है उसके प्रति घृणा उत्पन्न होती है। तेज रफ्तार से चलनेवाली ज़िन्दगी में उसी रफ्तार के साथ चलने में जो समर्थ नहीं होता, उनकी उपेक्षा होती है। अपने स्वार्थ एवं सुख-सुविधा के सामने बाधा बनकर जो आता है, उसे अपनी ज़िन्दगी से वह जो भी हो काट देता है। पुराने ज़माने में जो कमज़ोर है, उसकी मदद की जाती थी। आज जो कमज़ोर है, उसे फेंक दिया जाता है। इसलिए आज वृद्ध जनों की समस्या सबसे खतरनाक रूप धारण कर रही है।

हिन्दी में वृद्ध जीवन की त्रासदी पर कई समकालीन उपन्यासों में चर्चा की गयी है। चित्रा मुद्गल का 'गिलिगडु' इस दृष्टि से विचारणीय है। उच्च पदों से अवकाशप्राप्त जसवंत सिंह और कर्नल विष्णु नारायण अपने बच्चों पर बहुत उम्मीद रखनेवाले थे। दोनों की पत्नियाँ गुज़र चुकी थीं। इस विधुर अवस्था में बच्चों द्वारा जो निन्दा, उपेक्षा,

धन के लिए झगड़ा-मोल, अकेलापन आदि से उत्पन्न मानसिक पीड़ा का बेजोड़ वर्णन इसमें अख्तियार किया गया है।

कर्नल स्वामी के मन में एक आदर्श परिवार की परिकल्पना थी। लेकिन वह केवल कल्पना मात्र थी। कर्नल की मृत्यु के बाद जसवंतजी ने समझ लिया कि सन्तानों पर भरोसा करना व्यर्थ है। इसीलिए वह अपनी वसीयत को बदल कर अपनी देखभाल करने और प्यार करने के लिए सदा उत्सुक नौकरानी सुनगुनिया और उनकी सन्तानों को धन दौलत सौंप देते हुए जीने की तैयारियाँ करता है। समकालीन उपन्यास प्रतिरोध का है। यहाँ भी वृद्ध जनों का प्रतिरोध बहुत उल्लेखनीय है।

वृद्ध जीवन पर केन्द्रित कृष्णा सोबती का 'समय सरगम' भी सम्पत्ति के लिए सन्तानों तथा रिश्ते-नाते के लोगों द्वारा वृद्धजनों की हत्या, शोषण, उपेक्षा आदि का चित्र उभारता है। दमयन्ती पति के निधन के बाद पुत्र के द्वारा खींची गयी रेखा में सीमित होकर ज़िन्दगी गुज़ारती है। पति की मृत्यु के बाद दमयन्ती के अधिकार और सम्पत्ति को पुत्र छीन लेने के प्रयत्न में है। अन्त में उसके द्वारा दमयन्ती की हत्या होने की सूचना मिलती है। वैसे ही कामिनी को सोने की गोली खिलाकर बेहोश एवं पागल बना दिया भाई ने। उसकी सम्पत्ति छीनकर उसे वृद्धाश्रम में फेंकने की तैयारी में है भाई। प्रभुदयाल की हत्या भी सम्पत्ति के लिए पुत्रों ने की। लेकिन ईशान और आरण्या अकेले हैं तो भी इस अकेलेपन में परस्पर सहायक बनने के लिए तैयार हो जाते हैं। 'समय सरगम' में कृष्णा सोबती भी यह विकल्प हमारे सामने रखती हैं कि अकेले रहनेवाले वृद्ध जन क्यों एक साथ रह न सकें ? वैसे ही अलका सरावगी के 'शेष कादम्बरी' में भी बच्चों की व्यस्त ज़िन्दगी में अकेली पड़ी रूबी दी के जीवन की दास्तान पेश है। व्यस्तता के बीच में दो पल नानी के लिए खर्च करने के लिए घर आनेवाली है कादम्बरी। निर्मल वर्मा के 'अन्तिम आरण्य' में भी अकेलेपन की दुःस्सह पीड़ा ज़ाहिर है। वृद्ध जन अकेले अपने द्वीप में फँस जाते हैं। इस प्रकार उपयोग के बाद फेंक जानेवाले वृद्धजनों की कथा मर्मभेदी ढंग से कई समकालीन उपन्यासों में पेश है। इससे यह जाहिर है कि वृद्धजन संवेदनरहित वस्तु में परिणत हो रहे हैं।

सम्बन्धों की आर्द्रता कहीं भी नहीं। पति-पत्नी के बीच में सबसे ज़्यादा यंत्रवत् व्यवहार चलता है। वे अपनी मर्ज़ी के अनुसार जीवन बिताते हैं। लेकिन समाज में लोगों की आँखों पर धूल झोंकने के लिए पति-पत्नी का अभिनय करते हैं। 'आवाँ' उपन्यास में संजय कनोई और उसकी पत्नी के बीच में पति-पत्नी का कोई भी रिश्ता

एवं आर्द्रभाव नहीं है। व्यापार के क्षेत्र में उनके बीच में सबसे ज़्यादा होड़ाहोड़ी चलती है। उनमें कोई भी मतैक्य नहीं है। स्त्री-पुरुषों के बीच के सम्बन्ध को कोई भी महत्त्व नहीं देता है। सब धन-दौलत पर ज़्यादा ध्यान देते हैं। 'एक ज़मीन अपनी' में अंकिता की माँ की मृत्यु के बाद सम्पत्ति के बँटवारे में लोगों की दिलचस्पी देखकर अंकिता बहुत दुःखी हो गयी। एक-एक छोटी चीज़ को भी अपनाने में लोगों की जो ललक है वह चिन्ता की बात है। अंकिता प्रत्येक रिश्ते को स्थान देनेवाली है। उसके सामने रिश्ते का मतलब धन-दौलत नहीं है।

मृदुला गर्ग के उपन्यास 'कठगुलाब' में विपिन शुरू में केवल बच्चे के लिए नीरजा से रिश्ता जोड़ता है। अन्त में नीरजा संवेदनहीन बनकर शिशु को जन्म देने का यंत्र मात्र बन गयी। उपयोग के लिए मात्र वस्तु के रूप में व्यक्ति को और सम्बन्धों को देखने से जीवन नीरस बन जाएगा। उपन्यास के अन्त में विपिन नीरजा की इस अवस्था से आतंकित हो गयी। विपिन और नीरजा के बीच का सम्बन्ध बिना स्नेह से ऊसर होकर नष्ट हो गया। शयनकक्ष में जो सहयोग नीरजा से चाहता था वह नष्ट हो गया। नीरजा नियम से आव्यूलेशन टेस्ट करवाती रही थी। उसके परिणामस्वरूप सृजनशील सम्भोग की सम्भावना को वह नकार रही थी, इसलिए शयनकक्ष में विपिन के योगदान की आवश्यकता नहीं पड़ी थी। विपिन इस जड़वत् एवं निर्विकार यंत्र समान बननेवाली नीरजा से कहता है-"संयुक्त स्मृति के उन अंशों को जो प्रासंगिक नहीं रहे, हम अविकार नहीं करेंगे तो जड़ हो जाएँगे। सोचने-विचारने, निर्णय लेने लायक नहीं रहेंगे यानी मनुष्य ही नहीं रहेंगे। मनुष्य बने रहने के लिए, संयुक्त स्मृति को सम्पूर्ण नहीं, चयन करके ग्रहण करना होता है। वरना मनुष्य और बाकी जानवरों में फर्क क्या रह जाएगा?" (पृ. 259)

मृदुलाजी सहज प्राकृतिक प्रक्रियायें जो नष्ट हो रही हैं इसके प्रति चिन्तित हैं। मनुष्य को यंत्र बनते देखने से वे भयानक पीड़ा अनुभव कर रही हैं। विपिन के शब्द सुनिए - "टेस्ट-ट्यूब शिशु। शुक्राणु संग्रह। मनचाहे बच्चे की पैदाइश। शुक्राणु और अंडा, दोनों दान लिए जा सकते हैं, गर्भाशय उधार। रंग-रूप, कद-काठी, यहाँ तक कि प्रबुद्धता तक का चयन करके अपनी पसन्द का बच्चा पैदा किया जा सकता है। अजन्मे मादा बच्चे के बीजकोष का इस्तेमाल करके मनचाहे बच्चे के निर्माण पर शोध हो रहा है। तब तो, कुछ समय बाद, हम अधिकार भी चाहेंगे कि अगर, किसी वजह से, बच्चा हमारी अपेक्षा के अनुरूप न हो या हमारी अपेक्षाएँ ही तब तक बदल जाएँ तो हम उसका वध करके, दूसरे नमूने का बच्चा निर्मित कर लें। रचना

और निर्माण के बीच सूक्ष्म अन्तर होता है। उस अन्तर को मिटाने से जिस भयानक प्रक्रिया का सूत्रपात होगा, उसकी कुछ झलक हमें फासिज़्म के दौरान मिल चुकी है। हिटलर के सूपर-रेस के सिद्धान्त ने दुनिया भर जो कहर ढाया, हमारा देखा-भोगा हुआ है। फिर भी, हम सुपरमैन बनने की दुर्बुद्धि से बाज नहीं आ रहे। मनुष्य के बजाय, हम यंत्रों को जन्म देंगे तो हमारे दुःख की सीमा नहीं रहेगी। मैं जानता हूँ। खूब भोगा है मैं ने। मनुष्य को यंत्र बनते देखने से भयानक पीड़ा और नहीं है।" (पृ. 261) इस प्रकार मनुष्य की आर्द्रता नष्ट होने से हमें बचना चाहिए। उपन्यासकार इसके लिए प्रकृति के साथ मिलजुलकर रहने का आह्वान करती हैं। गोधड़ नामक गाँव के निर्माण के द्वारा उपन्यास में मनुष्यता एवं सहज प्रकृति के सम्बन्ध को जाहिर किया जाता है।

उपर्युक्त विवेचन से यह बात ज़ाहिर होती है कि नवउपनिवेश में भूमण्डलीकरण मनुष्य की बुनियादी मानवीय अवधारणाओं, परिभाषाओं और मूल्यों को नकारता है। राष्ट्र, राष्ट्रीयता, मनुष्यता इत्यादि उसकी अजेंडा में नहीं है। वास्तव में वह सभी नैतिक परिकल्पनाओं को तोड़कर पृथ्वी को एक मंडी, पूँजीपति के लिए एक विहारभूमि बना रहा है।

विस्थापन का यथार्थ

आज की सबसे दुखद स्थिति है विस्थापन। अनादि काल से यह विस्थापन कई प्रकार से दुनिया भर की जनता भोगती आ रही है। पीढ़ियों से जिस मिट्टी में लोग रहते आ रहे हैं वह मिट्टी जब नष्ट हो जाती है तब सचमुच उनकी अपनी निजता और पूर्वजों की स्नेहिल छाया सब उनसे छीन लिए जा रहे हैं। इसमें यह असुरक्षा एवं खो जाने की पीड़ा है। यह विस्थापन की मुख्य समस्या है। इतिहास इसका गवाह है कि लोग नये देशों की खोज, एक देश से दूसरे देश की ओर गमन, आर्थिक विकास के लिए किये गये प्रव्रजन और राजनैतिक संघर्षों से हुए पलायन आदि विस्थापन के अन्तर्गत दर्ज हैं। अनैच्छिक दास व्यापार के कारण अठारहवीं सदी से विस्थापन की रफ्तार तेज़ हो चुकी थी। उन्नीसवीं सदी में औद्योगीकरण के कारण इस प्रस्थान में और भी ज़्यादा वृद्धि हुई। करोड़ों लोग देहातों को त्यागकर शहरों की ओर भागने लगे। इसके फलस्वरूप नगरीकरण बढ़ने लगा। यह घटना ब्रिटेन में प्रारम्भ होकर सर्वत्र फैलने लगी।

बीसवीं सदी में युद्ध और राजनीतिक कारणों से विस्थापन बढ़ने लगा। द्वितीय विश्वयुद्ध के बाद उपनिवेश का अन्त हुआ। इसके परिणामस्वरूप विश्व के बहुत से राष्ट्र विभक्त हो गये और अनेक नये राष्ट्रों का जन्म हुआ। राष्ट्रों के विभाजन ने मानवजाति के भारी विस्थापन को जन्म दिया। इस तरह विस्थापित हुए राष्ट्रों में भारत, जर्मनी, कोसोवो, फिलस्तीन-इस्रायल आदि शामिल हैं।

1950 के बाद उच्च शिक्षा प्राप्ति के लिए दूसरे देशों में जाने की प्रवृत्ति बढ़ गयी। 1970 में तेल के क्षेत्र में आयी वृद्धि की वजह से खाड़ी देशों की ओर नौकरी की तलाश में बहुत सारे लोग प्रवासित हुए। 1990 से सूचना-प्रौद्योगिकी में आयी तेज़ प्रगति ने विश्व की सम्पूर्ण पीढ़ी को संयुक्त राज्य अमेरिका की ओर आकर्षित किया। धनार्जन के लिए दूसरे देशों में गये हुए लोग पर्याप्त धन अर्जित कर अपने निवासस्थान लौट आये हैं। परन्तु अधिकांश लोगों ने विदेशों में ही रहने का निश्चय कर लिया। भारी सांस्कृतिक अन्तर के कारण उन्हें वहाँ अतिथि के रूप में रहना पड़ता है। वे अपनी मौलिक संस्कृति परम्परा और भाषा को कायम रखने की

कोशिश करते हैं और उसके लिए अपने बच्चों को भी प्रेरित करते रहते हैं। यह पीढ़ियों के बीच के संघर्ष एवं सांस्कृतिक दरार की वजह बनता है।

भौगोलिक विस्थापन को प्रोत्साहित करने में भूमण्डलीकरण की बहुत ही महत्त्वपूर्ण भूमिका रही है। भूमण्डलीकरण की वर्तमान परिस्थिति में विश्वभर में नये अवसरों को प्राप्त करने के लिए लोग भारी मात्रा में विस्थापित होकर नये देशों में बसने लगे हैं। बहुत-सी अन्तर्राष्ट्रीय कम्पनियों ने दूसरे देशों और वहाँ के ग्रामीण इलाकों तक अपना व्यापार शुरू किया है, इससे अनेक स्थानीय लोगों को विस्थापन का दर्द भोगना पड़ रहा है।

भारतीय सन्दर्भ में विस्थापन के विविध रूप

मनुष्य के अपने जन्मस्थान और निवास स्थान छोड़कर एक नये स्थान की ओर गमन करने की प्रक्रिया को 'विस्थापन' कहा जा सकता है। वे कभी अपनी इच्छा से मजबूरन या बलपूर्वक विस्थापित हो जाते हैं। स्वेच्छा से स्थानान्तरण करनेवाले अपने आप खुश हो जाते हैं और दूसरी जगह बसने में कामयाब भी। लेकिन अपने देश या मिट्टी से बलपूर्वक या मज़बूरन निकाल दिए जानेवालों की स्थिति बहुत शोचनीय है। वे मानसिक रूप से टूट जाते हैं। मानसिक दर्द के साथ वे कई प्रकार की भौतिक ज़रूरतों से भी वंचित हो जाते हैं। आवास-व्यवस्था, धंधा, काम, शिक्षा आदि के अभाव में एक ओर तड़पते हैं तो दूसरी ओर हमेशा मूल मिट्टी की याद ताजी रहती है और वहाँ लौट जाने के लिए तरसते हैं।

भारतीय सन्दर्भ में विस्थापन के मुख्य रूप हैं- अन्तर्राष्ट्रीय विस्थापन, भारत विभाजन से उत्पन्न विस्थापन, विकास-योजनाओं से उत्पन्न विस्थापन और राजनैतिक कारणों से हुए विस्थापन।

अन्तर्राष्ट्रीय विस्थापन

भारत का विदेशों से सम्बन्ध का इतिहास बहुत पुराना है। हज़ारों वर्षों से धर्मप्रचार तथा व्यापार के लिए भारतीय विभिन्न देशों में जाते रहे हैं। परन्तु भारत में अंग्रेज़ी शासन के स्थापन से इस दृश्य में परिवर्तन हुआ। अंग्रेज़, डच, फ्रेंच आदि शासक हज़ारों भारतीय मज़दूरों को छल-कपट से गिरमिटिया मज़दूर बनाकर अपने-अपने उपनिवेशी देशों में ले गये। भारतीय मज़दूर मॉरीशस, फिजी, सूरिनाम, गयाना, ट्रिनिडाड, दक्षिण अफ़्रीका आदि देशों में पहुँच गये। वहाँ गुलामों से ज़्यादा गयी बीती ज़िन्दगी उन्हें बितानी पड़ी। वहाँ के कष्टपूर्ण जीवन का दस्तावेज़ इतिहास में प्राप्त है।

उन्नीसवीं शताब्दी से भारत के शिक्षित युवकों का इंग्लैंड आदि देशों में जाना शुरू हुआ जिनका मुख्य उद्देश्य शिक्षा प्राप्त करना तथा लौटकर अंग्रेज़ी सरकार में उच्च पदों में आसीन होना था। भारत की स्वतन्त्रता के बाद लोगों को यूरोप, अमेरिका जैसे देशों में शिक्षा के साथ नौकरी पाकर वहीं का नागरिक बनकर सुखमय जीवन व्यतीत करने का भी लक्ष्य था।

लोग सामाजिक, सांस्कृतिक, राजनीतिक, आर्थिक अथवा भौगोलिक कारणों से स्थान-परिवर्तन करते हैं और नये समाज तथा समुदाय में दोहरी ज़िन्दगी और संस्कृति में जीने के लिए विवश हो जाते हैं। इस दोहरे परिवेश में जीने के कारण उनके व्यक्तित्व में परिवर्तन आने लगता है तथा वे बेचैनी, तनाव, अलगाव, अस्थायीपन, व्यग्रता, अशान्ति, शारीरिक क्लेश, संकट आदि का अनुभव करने लगते हैं। परिणामतः उनके सामने ऐसी स्थितियाँ पैदा हो जाती हैं कि उन्हें अपनी पुरानी संस्कृति छोड़नी पड़ती हैं। लेकिन नयी संस्कृति को उतनी जल्दी वे अपना भी नहीं पाते। संक्रमण के इस दौर में वे अपने आपको दोनों समूहों के हाशिए पर खड़ा महसूस करते हैं। अनेक सन्दर्भों में इन प्रवासी भारतीय को सुदूर विदेश की धरती पर सांस्कृतिक भिन्नताओं से उपजी बहुत-सी विसंगतियों से होकर गुज़रना पड़ता है। भारतीय परिवारों में हो रहे सांस्कृतिक अन्तर प्रवासियों की एक सच्चाई है। माता-पिता के सांस्कृतिक पक्ष और जीवन-दर्शन का अनुमान लगाने में युवापीढ़ी के असमर्थ बन जाने के कारण प्रवासी भारतीय परिवार को हमेशा द्वन्द्वात्मक स्थिति से गुज़रना पड़ता है।

यूरोप और अमेरिका में 'नस्लवाद' आज भी अपने जघन्यतम और अत्यन्त बर्बर रूप में मौजूद है। कुछ भारतीय गोरों के साथ आत्मीय सम्बन्ध बनाने में समर्थ बन जाते हैं। लेकिन अंग्रेज़ों का सम्बन्ध उतना आत्मीय नहीं है। वहाँ भयावह क्रूर सन्नाटा है, रंगभेद है और आदिम बर्बरता के रूप में गोरों द्वारा किए जाने वाले कई अत्याचार हैं।

भारत की सरकार का प्रवासियों के प्रति रवैया उतना अच्छा नहीं रहा था। आज स्थिति में थोड़ा बदलाव आ गया। पहले 'ब्रेनड्रेन' के नाम से प्रवासियों की छवि को कम करने में सब तैयार थे। आज खाड़ी और अरब देशों में भी काम करनेवाले बहुत से भारतीय हैं। इसलिए भारतीय अर्थव्यवस्था में उनका योगदान बड़ा है। प्रवासी भारतीय आज अपने समाज में गुणात्मक भागीदारी की माँग कर रहे हैं। ड्यूवल सिटिजनशिप और मतदान देने का अधिकार आदि पर सही निर्णय हो

रहा है। फिर भी मानसिक एवं शारीरिक तौर पर विस्थापन के कष्टों को झेलनेवाले हैं प्रवासी लोग।

भारत-विभाजन से उत्पन्न विस्थापन

सन् 1947 में कठमुल्लाओं की हठधर्मिता और मौकापरस्त राजनेताओं की निपट स्वार्थपरता से भारत का जो प्राकृतिक विभाजन हुआ उसमें करोड़ों लोग विस्थापित हुए। विभाजन ने भारतीय सामान्य जनता की सुरक्षा पर प्रश्न चिह्न लगा दिया। बिना तैयारियों और सूचनाओं के आधार पर लोग देश छोड़ने के लिए बाध्य हुए। फलस्वरूप हड़बड़ाहट और घबराहट शुरू हुई और अपनी जड़ों से उजड़े लोग विस्थापित हो गये। पंजाब और बंगाल का विभाजन हुआ। यह विभाजन भारतीय अंतश्चेतना में ठहरा हुआ एक ऐसा तीर है जो चूँकि जिगर के पार नहीं हुआ था इसलिए हमें आज भी कसक और कसमसाहट दे देता है। विभाजन से लाखों की तादाद में लोग देश की सीमा पर इधर से उधर संचरण करते रहे। सरकार की ओर से रेलों की व्यवस्था की गयी, परन्तु इनमें लोगों को आगजनी, लूट और हिंसा का सामना करना पड़ा। स्त्रियों की इज्जत को गाजर-मूली की तरह उखाड़कर फेंक देने की क्रिया हिन्दुस्तान की आज़ादी में जैसी दिखाई पड़ी है, वह अभूतपूर्व है।

देश-विभाजन का सबसे ज़्यादा नुकसान भारतीय मुसलमानों को हुआ। इनका सम्पूर्ण अस्तित्व ही विभाजित हो गया। उनमें एक ओर नवनिर्मित पाकिस्तान के प्रति आकर्षण बढ़ रहा था तो दूसरी ओर स्वजनों से बिछुड़ने का दर्द सता रहा था। इसके कारण वे मानसिक द्वन्द्व के शिकार बने। चारों ओर फैली नफरत की आँधी ने सबको दहशत से भर दिया था और वे असुरक्षित हो गये। अपने को देशप्रेमी सिद्ध करना मुश्किल था। उन्हें अपने अस्तित्व की असुरक्षा का भय बराबर सताता रहा। जो भारतीय मुसलमान पाकिस्तान गये वे वहाँ असुरक्षा और अवज्ञा के शिकार बन रहे हैं।

विभाजन ने भारतीय जीवन-व्यवस्था को झकझोर कर रख दिया। लोग मज़बूरीवश अपना वतन छोड़कर देश की अनजानी राहों में स्थापित होने लगे। शरणार्थी देश के लिए बड़ी समस्या बन गये। दोनों देशों की सरकारों के सामने शरणार्थियों के पुनर्वास का प्रबन्ध सबसे बड़ी चुनौती। विस्थापित लोग अपनी मेहनत से स्वयं ही नयी जगह पर बसे। दिल्ली, पटियाला, जालंधर, अमृतसर जैसे शहरों में विस्थापितों ने स्थानीय जनता को ही उनकी जगह से हिला दिया। पंजाबी विस्थापित राजस्थान, उत्तर प्रदेश, मध्य प्रदेश आदि सुदूर राज्यों में जाकर बसे और उन्होंने अपने संघर्षों से स्वयं को पुनःस्थापित किया।

इसके लिए न उन्हें सरकारी सहायता मिली न स्थानीय संवेदना या सहयोग। उनके कठिन परिश्रम से ही वे विस्थापित से फिर स्थापित हो गये।

विभाजन से विस्थापित होने के लिए बाध्य स्त्रियाँ भय, दहशत, तनाव और शारीरिक शोषण से पीड़ित हुईं। दोनों सरकारें जल्द ही अपने नैतिक दायित्व के निर्वाह के लिए सभी स्त्रियों को पुनर्वासित करने में लग गयीं। उन दिनों औरत की कोई हैसियत नहीं थी, उनकी इच्छाओं का कोई महत्त्व नहीं था, उन्हें विरोध करने का कोई अधिकार नहीं था। बहुत दिनों तक परिवार से बिछुड़ने के बाद वापस आयी बहू-बेटियों को परिवारों ने स्वीकारने से साफ इनकार कर दिया तो उनका अस्तित्व पूरी तरह मिट गया। यह अपमान न सह पाने के कारण अनेक स्त्रियों ने आत्महत्या कर ली तो कुछ लोग आगे जीवित रहने के लिए घरेलू नौकरानियाँ या वेश्याएँ बन गयीं। स्थानीय लोगों के अमानवीय व्यवहार के बीच रहनेवाले शरणार्थियों को मरना पसन्द था, भीख मांगना नहीं। आज शरणार्थियों ने अपने बलबूते पर भारतीय समाज में अपना विशिष्ट स्थान बनाया और आज भारतीय अर्थव्यवस्था में शरणार्थी अतिमहत्त्वपूर्ण भूमिका निभा रहे हैं।

आज़ादी के शुरुआती दिनों में भारतीय मुसलमानों के लिए पाकिस्तान स्वर्ग से कम नहीं था। अनेक मुसलमान-परिवार सीमापार से मन में यह सपना सँजोकर गये थे कि उस पार पाकिस्तान में जन्नत उनकी राह ताक रही होगी। लेकिन वहाँ पहुँचकर उनके सपने मिट्टी में मिल गये। वे अपने सपनों के देश में 'मुहाजिर' ही कहलाते रहे। ऐसे लांछनापूर्ण लेवल की तिक्तता के विष को वे चुपचाप पीते रहे। इन विपरीत परिस्थितियों के चलते अपने को नये मुल्क से जोड़ नहीं पाया। परिणामस्वरूप स्थानीय लोगों की घृणा, क्रोध और हिंसा का शिकार बन जाते हैं और ये लोग पाकिस्तान के नागरिक होने पर भी 'मुहाजिर' ही बने रहे। तमाम तरह के विघ्नों को पार कर विस्थापितों और शरणार्थियों ने भारतीय सभाज में अपनी जगह सुरक्षित बना ही ली जबकि पाकिस्तान में मुहाजिरों को अभी भी पूरी तरह नहीं स्वीकारा गया और स्थानीय लोगों से उनके हिंसक संघर्ष चलते रहते हैं।

विकास से उत्पन्न विस्थापन

विकास इनसान की मूलभूत ज़रूरत है। विकास का मतलब है सड़कें, बाँध, कल-कारखाने और बड़ी-बड़ी परियोजनाएँ। आज की परिस्थिति में विकास एक ऐसा शब्द है जो बेहद विवादास्पद और आतंकवादी रूप ले चुका है। देश का हर इलाका

फिलहाल जल-ज़मीन और जंगल के विनाश के खतरे को लेकर संवेदनशील है। पिछले 50-60 सालों से परियोजनाओं के नाम पर जिस तरीके से इनसानी आबादी दर-बदर हुई है या सांस्कृतिक विरासत को नुकसान पहुँचा है या जैव-सम्पदाओं का नाश हुआ है उसकी वजह से विकास के नागदंश की आशंका मात्र से लोग आन्दोलन की राह चुनने के लिए कमर कस लेते हैं।

स्वतन्त्रता प्राप्ति के बाद, बाह्य उपनिवेशवादी अर्थतंत्र से प्रभावित होकर भारतीय शासकों ने सम्पूर्ण देश में औद्योगिक विकास कार्यक्रम को व्यापक पैमाने पर लागू किया। खनिज सम्पदा के दोहन से लेकर सैकड़ों बड़े-बड़े कल-कारखानों और हज़ारों बाँध बनाने का काम शुरू हुआ। इन तमाम विकास योजनाओं से देश की प्रगति हुई, परन्तु जिनकी गरीबी दूर करने के नाम पर ये योजनाएँ बनीं, उन्हें ज़मीन से बेदखल कर दर-दर की ठोकरें खाने को मजबूर कर दिया गया। पिछले पाँच दशकों में विभिन्न विकास योजनाओं के कारण झारखंड में करोड़ों लोग विस्थापित हुए। सन् 1958 में राँची में भारी अभियंत्रण निगम (एच.ई.सी) की स्थापना से पच्चीस गाँव और 12990 आदिवासी परिवार पूरी तरह विस्थापित हो गये। बोकारो स्टील प्लांट बनने से एक गाँव और 12487 आदिवासी परिवार विस्थापित हो गये। झारखंड क्षेत्र में शुरू हुए कोयला उत्खनन के कारण 3.2706 आदिवासी परिवार विस्थापित हुए। जनगणना के अनुसार सन् 1951 में झारखंड में आदिवासियों की संख्या 36.81% थी जो सन् 1991 में घटकर 27.67% हो गयी। पुणे के मूलसी नामक स्थान में बिजली परियोजना का काम शुरू किया गया था। स्थानीय लोगों ने इसके विरोध में 'जान अथवा ज़मीन' के नारे दिए। विस्थापन के विरोध में यह पहला आन्दोलन था जो बुरी तरह असफल रहा। इस सिलसिले में हाल ही में पश्चिम बंगाल के सिंगूर एवं नंदिग्राम में, केरल में कोकोकोला कम्पनी के खिलाफ प्लाच्चिमडा में और वल्लारपाटम् टेर्मिनल के खिलाफ मुलंपल्ली में वहाँ निवासियों ने आन्दोलन चलाये हैं। नेतरहाट फायरिंग रेंज के विरोध में 245 गाँव के आदिवासी 'जान देंगे ज़मीन नहीं' का नारा बुलन्द कर रहे हैं। बोध घाट हाइट्रल स्कीम और उड़ीसा के रेंगाली बाँध से भी लोग विस्थापित हुए। महेश्वर पवन बिजली योजना के कारण बहुत से आदिवासी विस्थापित हुए।

अभी देश-भर में तीन दर्जन से कहीं ज़्यादा ऐसी परियोजनाएँ अस्तित्व में हैं जिनसे सीधा नुकसान हमारी जैव-सम्पदा पर पहुँच रहा है। आनेवाले पाँच वर्षों में करीब चार दर्जन से अधिक ऐसी परियोजनाएँ जंगलों में लगाई जाएँगी जिनसे भारी

विनाश की आशंका है और इससे अनेक जनजातियाँ जंगलों से विस्थापित हो जाएँगी। आज़ादी के बाद, दो पंचवर्षीय योजनाओं में करीब तिरासी हज़ार लोग विस्थापित हुए जिनमें 90% आदिवासी थे। देश के समुन्नत विकास के लिए बाँधों और कल-कारखानों का निर्माण अनिवार्य है। लेकिन सरकार इस तथ्य से मुँह मोड़ लेती है कि निर्माण की प्रतिछाया से प्रकृति, पर्यावरण और इनसान का अस्तित्व संकट में है। दामोदर घाटी परियोजना के अन्तर्गत निर्मित बाँध पूरे होने तक हज़ारों परिवार मूल से उखड़ गये और पर्याप्त मुआवज़ा और पुनर्निवेशन की कमी में इधर-उधर भटकने के लिए बाध्य हुए। 99% विस्थापित 146 गाँवों के लोगों के साथ और झारखण्ड के 'कोयल-कारो' परियोजना के कारण विस्थापित लोगों के साथ भी यही हुआ। 1981 में रामगुंडम में नेशनल थर्मल पावर कारपोरेशन (एनटीपीसी) के कारण विस्थापित हुए लोगों के पुनर्वास का काम शुरू हुआ तो सोलह साल तक कागज़ी कार्रवाई चलती रही। विस्थापितों के पुनर्वास से सम्बन्धित अधिनियम को अनेक राज्यों ने बनाया। लेकिन हर साल दो-चार लाख लोग बेघर हो रहे हैं। सरकार उन्हें पुनर्वासित करने में असमर्थ है। सबसे बड़ी समस्या भूमि के बदले भूमि की है। परियोजनाओं की अवधि काफी लम्बी होने की वजह से उत्तरोत्तर परेशानियाँ बढ़ जाती हैं। मिसाल के तौर पर टिहरी परियोजना में पुनर्वास का काम दो दशकों से चल रहा है।

आज विकास से उपजे विस्थापन से इनसान बहुत आत्मकेन्द्रित हो गया। इससे संस्कृति की मौलिकता को भारी झटका लगा। आज भारत के अधिकांश गाँवों में विस्थापन से जनित गुटबन्दी है, जातीय झगड़े हैं, वर्गीय स्वार्थ है, और इससे जुड़े तनाव हैं।

राजनीतिक और प्राकृतिक विनाश से उत्पन्न विस्थापन

जम्मू-कश्मीर, गुजरात और उत्तर-पूर्वी राज्यों में हुए संघर्षों के कारण लाखों लोग आंतरिक विस्थापन के शिकार हुए। इन विस्थापितों में कश्मीरी पंडितों की संख्या ज़्यादा थी जिन्होंने सन् 1989 से जो पृथक युद्धनीति हुई उसके कारण घाटी छोड़ी। सन् 1947 में स्वतंत्र भारत और पाकिस्तान के निर्माण से ही कश्मीर की स्थिति विवाद का विषय रही है। आज भी यह विषय गम्भीर तनाव का मामला है। राजनीतिक ताकतों और युद्धरत आदमी के बीच होनेवाले युद्ध, मौलिक आन्दोलनकारियों एवं आतंकवादियों द्वारा कश्मीरी पंडितों की हत्या, राजनीतिक अस्थिरता से सृजित

अराजकता और मौलिक मानवाधिकारों के लगातार उल्लंघन के कारण विशेष रूप से कश्मीरी पंडितों ने जम्मू व दिल्ली की ओर पलायन किया। सन् 1996 में हुए चुनाव और लोकप्रिय सरकार के आगमन के बाद भी कश्मीर में चलते आ रहे हत्याकांडों और खूनखराबों के कारण विस्थापित लोग अपने कश्मीर लौट आने के लिए तैयार नहीं।

फरवरी 2002 में गुजरात में हुए गोधरा हत्याकांड के बाद वहाँ हिंसाकांड शुरू हुआ। हिन्दू कारसेवकों से भरी एक रेलगाड़ी को मुसलमानों ने आग लगा दी। बदले में हुए आक्रमण में दो हज़ार से ज़्यादा लोग मारे गये और एक लाख से ज़्यादा लोग विस्थापित हुए। सरकार द्वारा स्थापित शरणार्थी शिविर अक्टूबर 2002 में बन्द कर दिये गये और लोगों को विवश होकर अपने घर वापस जाना पड़ा जहाँ वे निरन्तर भयानक परिस्थितियों में बिना किसी सुरक्षा से जी रहे हैं।

उत्तर-पूर्वी भारत के भौगोलिक रूप से अलगाया हुआ और आर्थिक रूप से विकसनाधीन सात राज्य, भारत के दो सौ से लेकर चार सौ तीस तक की जनजातियों के गृह हैं। बाहर से विस्थापितों के प्रवाह ने भूमि को लेकर अनेक प्रकार के जातीय संघर्षों को जन्म दिया। स्वतन्त्रता से लेकर उत्तर-पूर्व भारत दो प्रमुख सशस्त्र संघर्षों के गवाह बन रहे हैं। वे हैं नागालैंड के देशीय समाजवादी परिषद द्वारा आयोजित 'नागा आन्दोलन' और असम के अखिल असम विद्यार्थी संघ द्वारा आयोजित 'असम आन्दोलन'। इन संघर्षों ने विस्थापितों के सतत प्रवाह को उत्पन्न किया है। सन् 1990 के शुरुआती वर्षों में हुए बोडो और संथालों के संघर्ष अभी भी चल रहे हैं जिससे विस्थापित हो रहे लोगों की संख्या तीन लाख से भी अधिक पहुँच गयी। आजकल पूर्वी उत्तर भागों एवं सीमाओं में जो माओवादी आन्दोलन चल रहा है यह भी विस्थापन का हेतु बन रहा है। इस प्रकार भारत के विभिन्न भागों में हो रहे एकरूपता सम्बन्धी प्रजातन्त्रीय आन्दोलनों और स्थानीय संघर्षों के कारण बहुत से लोग आन्तरिक विस्थापन के शिकार हो रहे हैं।

राजनीतिक कारणों से विस्थापित हुए लोग शोचनीय अवस्था में जीने के लिए बाध्य हो जाते हैं क्योंकि ऐसे लोगों को किसी भी हालत में राजनीतिक स्वीकृति प्राप्त नहीं होती। पर्याप्त सुरक्षा उपायों के अभाव में इस तरह विस्थापित हो रहे लोग डरावने माहौल में ज़िन्दगी काटने के लिए अभिशप्त हैं। वैसे ही प्राकृतिक संकट और विनाश के कारण भी विस्थापन सम्भव हो जाता है। भूकम्प, महाप्रलय, सूखा आदि प्राकृतिक प्रक्रियाओं के शिकार बनकर कभी-कभी अपने स्थान को छोड़ना पड़ता है।

उदाहरण के लिए लाथूर में जब भूकम्प आया तब कई लोग विस्थापित हुए। इस प्रकार अनावृष्टि, अकाल, काम-सेवाओं का तुच्छ अवसर, प्राचीन या आदिम स्थितियों का अस्तित्व, राजनीतिक आशंकाएँ, प्राकृतिक संकट, दासत्व, विभाजन, पर्यावरण के प्रदूषण जैसी कठिन परिस्थितियाँ व्यक्ति को विस्थापित करती हैं। विस्थापन से जुड़ी समस्यायें भविष्य में अपना विकराल रूप धारण कर लेंगी। विस्थापन की निरन्तरता रोकने की ज़रूरत है, अन्यथा उससे जन असन्तोष उपजेगा। विकास के आयातित मानदंडों से विप्लव, विद्रोह और विनाश की आशंकाएँ गहराती हैं - ये सच बड़े डरावने लग रहे हैं।

बीसवीं सदी की सबसे बड़ी दारुण एवं मार्मिक समस्या के रूप में विस्थापन दुनिया भर की चिन्ता का विषय है। इसलिए यह समसामयिक साहित्य का ठोस विषय भी बन गया है। समकालीन हिन्दी उपन्यासकारों ने विस्थापन से जुड़ी समस्याएँ और उसके विविध रूपों के निमित्त समाज पर हो रहे उनके व्यक्त प्रभावों को अपने उपन्यासों का विषय बनाया। समकालीन उपन्यासों में अभिव्यक्त इस भयानक विषय के विभिन्न पहलुओं पर नीचे विचार किया जाएगा।

समकालीन हिन्दी उपन्यास में अन्तर्राष्ट्रीय विस्थापन अथवा प्रवासी जीवन

शताब्दियों से भारतवासी जीविकोपार्जन के लिए तथा व्यापार-वाणिज्य के लिए साहस के साथ अन्य देशों में जाया करते थे। इनमें से अनेक नये देश को अपना घर मानकर वहाँ की संस्कृति और सभ्यता में खपने लगे। प्रवासी अपने घर-परिवार छोड़कर नयी परिस्थिति में चले जाने से उनकी मान्यताएँ बदलने लग जाती हैं। यहाँ द्वन्द्वात्मक मनःस्थिति का शिकार बनता है और इससे उत्पन्न 'मानसिक विस्थापन' के कई पहलुओं को कई समकालीन उपन्यासकारों ने अपने उपन्यासों में अनावृत किया है। वे युगीन यथार्थ के समस्त पक्षों को पर्त-दर-पर्त खोलते हुए प्रत्येक प्रवासी सन्दर्भ को वास्तविकता से अवगत कराते हैं। दूसरी ओर भारत में जिन विदेशी शक्तियों का शासन हुआ उनके उपनिवेशी देशों में हज़ारों भारतीय मज़दूरों को छल-कपट से, गिरमिटिया मज़दूर बनाकर ले गये। भारतीय मज़दूरों ने अपने अस्तित्व एवं अस्मिता की रक्षा करते हुए इन देशों का कायापलट कर दिया। 'इंडियन इंडेचर लेबर सिस्टम' अर्थात 'शर्तबंदी प्रथा' के अन्तर्गत गये लोग अपने खेत मालिकों की क्रूरता-

अत्याचार और शोषण के बीच अपनी जीवनधारा को आगे ले चले। गिरिराज किशोर का 'पहला गिरमिटिया' और अभिमन्यु अनत के 'लाल पसीना' और 'और पसीना बहता रहा' जैसे उपन्यास लगभग डेढ़ सौ वर्ष पहले 'गिरमिटिया मज़दूरों' की यातना-भरी ज़िन्दगी पर आधारित हैं, जिनमें मज़दूरों की विवशता है, उनका लोभ है, आकांक्षा है, पतन और विकास है।

गिरमिटिया मज़दूरों का जीवन संघर्ष

दक्षिण अफ्रीका के गिरमिटिया मज़दूरों के जीवन-संघर्षों का विशद चित्रण गिरिराज किशोर कृत 'पहला गिरमिटिया' उपन्यास में है। अभिमन्यु अनत द्वारा रचित 'लाल पसीना' में उन भारतीय मज़दूरों के जीवन-संघर्षों की कहानी है जिनके खून और पसीने से मॉरीशस की चट्टानें उपजाऊ मिट्टी में परिवर्तित हुईं। लेकिन उन्हें केवल अपमान और प्रताड़ना ही मिली। 1935 में अंग्रेज़ों ने मॉरीशस द्वीप में दास प्रथा की समाप्ति कर शर्तबंध अनुबंध पर भारत से प्रति माह पाँच सौ मज़दूरों को ले आने की अनुमति दी गयी। पाँच वर्षों तक की गयी सेवाओं के एवज में भरपूर पारिश्रमिक लेने के साथ ये मज़दूर भारत लौटने या द्वीप में कहीं भी ज़मीन लेकर बसने को भी स्वतन्त्र घोषित किये गये। लेकिन शक्ति-सत्ता के मद में अनुबन्ध की शर्तों को बेमानी करते हुए दास प्रथा को बनाये रखा गया। परिणामतः भारतीय मज़दूरों की सन्तानें पीढ़ी-दर-पीढ़ी 'गिरमिटिया' ही बने रहे। 1843 से 1907 तक साढ़े चार लाख भारतीय वहाँ ले जाए गये। भारतीयों की मेहनत से मॉरीशस की एक लाख एकड़ भूमि में गन्ने की खेती होने लगी और चीनी मिलों की संख्या बढ़कर ढाई सौ से अधिक हो गयी। इसके लिए भारतीय मज़दूरों का जो रक्त बहा इस रक्त से सनी मिट्टी की दास्तान है अभिमन्यु अनत का उपन्यास 'लाल पसीना' और 'और पसीना बहता रहा'।

पत्थर पलटकर सोना पा लेने के प्रलोभन में उस देश में पहुँचाए हर भारतीय के गले में जानवरों की पट्टे की तरह उनका पहचान नम्बर डाल दिया जाता है। चौबीस घण्टे के अथक श्रम के बदले आधी देह कपड़ा, आधा पेट भोजन स्वीकारने की विवशता थी। उन्हें आतंकित करने की सतत कारगुज़ारियाँ होती थीं जैसे काडों से पीट-पीटकर घाव बनाना और उनमें मिर्च छिड़कना, गन्ने रस को मज़दूर के शरीर पर लगाके पेड़ पर बँधवाना ताकि लाल चींटियाँ उन्हें नोचती रहें, कुत्तों से नुचवाकर देह तार-तार कर देना, मन की तरंग में किसी भी घड़ी किसी भी स्त्री से बलात्कार आदि

बिना दीवारों की इस चहारदीवारी में सभी मज़दूर कैदी थे। सभी के हाथ-पाँव बँधे थे, सभी के होंठ सिले हुए थे और जीभ जकड़ी हुई थी। गिरमिटियों की युवा पीढ़ी यह समझने लगी और इसके विरुद्ध लड़ने का विश्चय कर दिया गया। इसका बखूबी वर्णन 'लाल पसीना' में हुआ है। उपन्यास के पात्र किसन ने कुन्तन नामक एक भारतीय सिपाही की सहायता से संगठित होने का कार्य शुरू किया। इस प्रयत्न को पूर्ण रूप से पराजित करने का कार्य मालिकों से भी शुरू हुआ। किसानों के संगठित प्रयत्न का बहुत निर्मम ढंग से मालिकों ने सामना किया। उन्हें कड़ी सज़ा दी गयी। उनमें एक सज़ा देखिए। 'मौत के घर' में हाथ-पाँव बाँधकर बन्द कर दिया जाता था। बन्दी के सामने एक अंगीढ़ी रख दी जाती थी जिसके धधकते कोयले के अंगारों पर सूखी हुई लाल मिर्च छोड़ दी जाती थी। रस्सी में जकड़ा हुआ आदमी छींकते-खाँसते आधे दम का हो जाता था और कई अवसरों पर वह मर जाता था। अपने पर हो रहे अत्याचारों से तंग आकर अनेक लोगों ने आत्महत्या की। गिरमिटिया मज़दूरों पर हो रहे शोषणों से किसन कभी-कभी सोचा करता था कि "इस देश में भारतीय लोग ही जंगल काटते हैं, चट्टानों को चीरते हैं, पत्थरों को हटाकर ज़मीनों को जोतते हैं बोआई करते हैं, पौधों को सींचते हैं फसल काटते हैं, जामुनी ईखों को कारखाने तक पहुँचाते हैं, रस गाड़ते हैं, शक्कर भी बनाते हैं लेकिन शक्कर कोई और खा लेता है। ऐसा क्यों।" (अभिमन्यु अनत, लाल पसीना, पृ. 98) जिस ज़मीन में मज़दूर खेती करके सब्जियाँ उगाकर अपनी स्थिति में थोड़ा सुधार लाया था, उस ज़मीन से हट जाने के लिए उन्हें आदेश दिया जाना था। क्योंकि वहाँ गन्ने का नया कारखाना बननेवाला था। इस प्रकार यहाँ से दूसरे देश ले जानेवाले गिरमिटियों पर जो पैशाचिक व्यवहार हुआ था इसका मार्मिक चित्र अभिमन्यु अनत के 'लाल पसीना' और 'और पसीना बहता रहा' एवं गिरिराज किशोर के 'पहला गिरमिटिया' में प्राप्त है।

'और पसीना बहता रहा' में हरी नामक पात्र अधिकारियों से कहता है-"हम लोग देश के लिए दौलत शक्कर के रूप में सफेद सोना पैदा करके भी भूखे मर रहे हैं जबकि धनी लोग और धनी होते जा रहे हैं। हम लोग गाय पालकर दूध पैदा करके भी अपने बच्चों को एक गिलास दूध नहीं पिला पाते जब कि धनपतियों के बच्चे दूध से बनी चॉकलेट और मिठाइयाँ खाते हैं। गाँवों में हमारे बीमार बच्चे दूध की बूँद-बूँद के लिए तड़पते हैं और ये लोग कुत्तों को दूध पिलाकर उनसे शिकार कराया जाता है।"(अभिमन्यु अनत, और पसीना बहता रहा - पृ.211) जहाज़ों में भारत से कलकत्ता बन्दरगाह से मज़दूरों को भेड़-बकरियों की तरह और आटे-चावल के बोरों

की तरह लाये गये। वैसे ही 'पहला गिरमिटिया' में इसका मर्मभेदी चित्रण है। 1860 में भारतीय मज़दूरों को लेकर 'टूरो' नामक जहाज़ मद्रास से एडिंग्टन बन्दरगाह पर आ गये। गिरमिट के आधार पर उसमें 342 लोग थे, लेकिन रास्ते में बहुत लोग मर गये। कलकत्ता से आये 'बेवेल्डर' जहाज़ में 310 मज़दूर ठूँस-ठूँसकर मर गये थे। पानी और खाने के अभाव में वे तरस रहे थे। औरतों की इज्ज़त लूट ली गयी। बीमारियों से अनेक लोग मर गये। लाश समुद्र में फेंकी गयी। अफ्रीका पहुँचने पर स्वास्थ्य विभाग के लोग द्वारा जाँच कर लेने के बाद मज़दूरों को बैरकों में रख दिया गया। नेटाल रेलवे विभाग, गन्ना उगानेवाले फॉर्म और होटलों के मालिकों ने भारतीय मज़दूरों को खरीदा। मज़दूरों को रहने के लिए जो घर मिले वह गन्दगी और बदबू से हर भरे थे। आदमी से गुलाम बन गये लोग अपने मालिकों के अत्याचारों के आगे पिसते रहे। बीमार पड़ जाने पर उनपर कामचोरी और गिरमिट तोड़ने की रपट तक लिखवाकर जेल भेज देते थे। वहाँ भी निस्सहाय मज़दूर काम करते-करते थक जाते थे और मौत की खाइयों में गिर जाते थे। एक बार मॉरीशस की ओर मज़दूरों को लेकर जाते वक्त अफ्रीका के पास दो जहाज़ टूट गये। गोरे मालिक ने अपने मज़दूरों की मदद से लाशों को किनारे ले जाकर अपने फॉर्म में गड्ढे खोदकर दफन कर दिया। उन्होंने भारतीय मज़दूरों की लाशों को अपने फ़सलों के लिए खाद के रूप में इस्तेमाल किया।

दक्षिण अफ्रीका में एक शर्तबंद सेवक के रूप में कानूनी तर्क सुलझाने आये मोहनदास करमचंद गाँधी ने जिस तरह गिरमिटिया मज़दूरों की हैसियत को सुधारने के लिए परिश्रम किया उसका बयान है गिरिराज किशोर कृत उपन्यास 'पहला गिरमिटिया'। उनके प्रयत्नों से भारतीय व वतनीय लोग शर्तबंदी प्रथा से मुक्त हो गये। लेकिन तब परिप्रेक्ष्य में फैले नस्लवाद एवं रंगभेद से बचने के लिए उन्हें लम्बे समय तक संघर्ष करना पड़ा। सभी उपनिवेशों में भारतीय प्रवासी 'कुली' कहलाते थे। वे लोग मुख्यधारा से अलग थे। भारतीय वंशजों को काले नियमों के चंगुल से बचाने के लिए गाँधी ने 'सत्याग्रह' की भी शुरुआत की। वे अपने प्रयासों में पूरी तरह सफल तो नहीं हुए फिर भी गोरों के आगे भारतीय व अफ्रीकी वंशाजों की हैसियत को बढ़ाने व उन्हें गुलामी मनःस्थिति से निकालने के लिए उसने जो भूमिका निभायी वह सचमुच स्मरणीय है।

नस्लवाद एवं रंगभेद

सन् 1950 के बाद भारत की युवा पीढ़ी विदेशों में उच्च शिक्षा प्राप्त करने के लिए

पहुँची। पहला गिरमिटिया' में दक्षिण अफ्रीका के नस्लवाद के कारण भारतीय वंशजों पर हुए आक्रमणों का वर्णन है। होटलों में 'कालों' को जगह होते हुए भी न ठहराया जाना, उन्हें डॉयनिंग हॉल में खाने की अनुमति न देना, रात को नौ बजे के बाद सड़कों पर न घूमने देना, ये रंगभेद की वजह से है। भारतीय वंशज ब्रिटेन और अमेरिका में जो 'नस्लवाद' का शिकार हुआ वह सिद्धान्तों और मूल्य पर आधारित था। ब्रिटेन में हो रहे नस्लभेद, रंगभेद और प्रवासी जीवन के दर्द की मार्मिक अभिव्यक्ति महेन्द्र भल्ला द्वारा रचित 'दूसरी तरफ' उपन्यास में है। ब्रिटेन में रहनेवाले संपन्न प्रवासी भारतीयों के श्रीहीन चेहरों पर रुथाई-सी दिखनेवाली उदासी सर्वथा विद्यमान है। अंग्रेज़, दूसरों के व्यक्तित्व की परिधि के बाहर इत्मीनान से बेझिझक खड़ा होता है। भारतीय प्रवासियों के प्रति अंग्रेज़ युवा पीढ़ी की नफरत और शत्रुता का भाव, भारतीयों को अकारण अपमानित करने की उनकी सहज प्रवृत्ति, पुलिस का पक्षपात, भारतीय प्रवासियों के भय और असुरक्षा की भावना उपन्यास में दर्ज है। महेन्द्र भल्ला कृत 'दो देश और तीसरी उदासी' में केवल एक शिक्षित युवक है जो भारत की बेरोज़गारी से तंग होकर अपनी रोज़ी-रोटी कमाने के इरादे से इंग्लैंड जा पहुँचता है। वहाँ चार साल रहकर यह तथ्य उसे स्पष्ट हो जाता है कि यहाँ रहना उसकी अपनी शर्तों पर ही हो सकता है। प्रवास में रहनेवाले हमेशा भयावह, संक्रामक और खून सर्द कर देनेवाले आतंक से घिरे रहते हैं। उनके बीच यदि एक ओर रंग और नस्लभेद से उपजा आतंक है तो दूसरी ओर भारत लौटकर बेरोज़गारी का आतंक। इन दोनों में चुनाव करते समय अधिकांश प्रवासी विदेशों में रहना चाहते हैं क्योंकि इसमें आर्थिक सुरक्षा दिखाई देती है। रंगीन लोगों पर होनेवाले अत्याचारों से प्रशासन व्यवस्था भी मुँह फेर लेती है। कहीं से भी कोई उम्मीद न देखकर लोग हालात से समझौता कर लेते हैं। भारतीयों के घरों के शीशे गोरे लोग तोड़ते रहते हैं।

'दो देश और तीसरी उदासी' में केवल कहता है कि इंग्लैंड के घर पर होते हुए भी वे एक तनाव लिए रहते थे - गोरों से भरे फुटपाथों, दूकानों और तमाम दूसरी जगहों पर, काम की जगहों पर - उनकी तरह-तरह की नफरत और अपमान का या अपने होने को ही नज़रअंदाज़ किए जाने का मुकाबला करने के तनाव में रहने के लिए बाध्य थे। अगोरों को देखते ही गोरों के मुँह से गालियों की बारिश होती थी। गोरी सभ्यता अगोरों को स्वीकार नहीं कर सकती। शायद यह एक जन्मजात दोष है। उपन्यास में डॉक्टर मेहता द्वारा लिखे गये लेख में प्रवासी भारतीयों के डर और दब्बूपन पर तीक्ष्ण आलोचना करते हुए यह विचार प्रकट किया गया है कि विदेशों में

भारतवंशी कायर बनकर जी रहे हैं। जब तक प्रवासी भारतीय खुद नहीं सोचेंगे और उसपर अमन नहीं करेंगे तब तक विदेशों में भारतीय भयंकर रूप से कायर रहेंगे।

सन् 2009 में ऑस्ट्रेलिया में भारतवंशीय विद्यार्थियों पर हो रहे वंशीय आक्रमणों की लम्बी श्रृंखला नस्लवाद और रंगभेद का ताज़ा उदाहरण है। इन सबके कारण प्रवासी भारतीय हृदय और मस्तिष्क के बीच बँटकर रह जाता है।

सांस्कृतिक टकराहट

पश्चिम में रहनेवाला प्रत्येक भारतीय अपने अन्दर एक 'लघु भारत' बचाकर रखना चाहता है। इसका तात्पर्य यह है कि अपनी रूढ़ियों, संस्कारों, जीवन मूल्यों एवं धार्मिक चेतना को अपने अन्दर बचाकर रखना। लेकिन इन भारतीयों के सामने असली संकट तब पैदा होता है जब इनके बच्चे बड़े होते हैं जो पाश्चात्य संस्कृति में ही पले-बढ़े हैं जिनके खून में तो भारत है पर परिवेश में पश्चिम। इस तरह घर-घर में 'सांस्कृतिक द्वन्द्व' का जन्म होता है।

रवीन्द्र कालिया कृत 'ए.बी.सी.डी.' उपन्यास में पश्चिम में रहनेवाले भारतीयों के सांस्कृतिक संकट का वर्णन है। उपन्यास में एक ओर भारतीय संस्कृति में पले-बढ़े शील और हरदयाल हैं तो दूसरी ओर अमरिकी संस्कृति में पली-बढ़ी उनकी सन्तानें शीनी और नेहा हैं। ये संतानें भारतीय संस्कृति के बारे में संशयग्रस्त हैं और इसके साथ तालमेल नहीं बिठा पाती हैं। ये द्वन्द्व पीढ़ियों के बीच का द्वन्द्व न होकर दो भिन्न संस्कृतियों या जीवनमूल्यों के बीच का द्वन्द्व है। उपन्यास में माता हमेशा अपनी बेटियों को हिन्दुस्तानी विचारों और जीवन-शैलियों की गरिमा समझाती रहती है। बेटी शीनी का सवाल सुनिए - "दलितों, अल्पसंख्यकों और अपनी बहुओं को ज़िंदा जलानेवाला देश कैसे महनीय देश बन जाएगा?" (रवीन्द्र कालिया - ए.बी.सी.डी, पृ.14) यहाँ उनकी बेटियाँ विदेशी रहन-सहन को अपनाती हैं। लेकिन प्रवासी भारतीय हमेशा विदेश और स्वदेश के बीच उलझते रहते हैं। उपन्यास के हरदयाल का कथन है - "कई बार सोचता हूँ कि कुएँ में मेढक की तरह पड़े रहे तो पागल हो जाएँगे। यहाँ के तौर-तरीके रास नहीं आते। हम लोग न वहाँ के रहे न यहाँ के।" (ए.बी.सी.डी., पृ.77)

अमेरिका, कनाडा आदि देशों में नागरिक बनने के लिए भारतीयों को बहुत दिक्कतों को झेलने के बावजूद वे कभी भी मन से उस देश को स्वीकार नहीं करते। बुजुर्ग प्रवासी हमेशा अपने को कोसते रहते हैं कि पिछले जन्म में किए पापों के दण्ड भुगतने के लिए ही उन्हें ऋषियों-मुनियों की पवित्र धरती छोड़कर इस जन्म में विदेश

आना पड़ा। ए.बी. सी.डी. का पूरा रूप है 'अमेरिका बार्न कन्फ्यूज़्ड देसी'। उपन्यासकार इस उपन्यास में विदेश में जन्म लेनेवाले बच्चों को कन्फ्यूज़्ड मानते हैं। प्रवासी भारतीय अपनी सन्तानों के बारे में सदा चिंतित होकर एक प्रकार का घुटन अनुभव कर रहे हैं। वे मानसिक द्वन्द्व के शिकार बन जाते हैं। माता-पिता और बच्चों के मानसिक विचारों में बदलाव लाने से यह सांस्कृतिक टकराहट अपने आप समाप्त हो जाएगी।

भारतीय और पाश्चात्य संस्कारों से उत्पन्न अन्तर्द्वन्द्व से ग्रस्त सामान्य व्यक्ति तिल-तिल टूटने लगता है। भौतिकता की इस अन्धी बदहवास दौड़ में व्यक्ति का मनुष्यत्व कहीं खो जाता है। प्रवासी भारतीयों में अधिकांश दो संस्कृतियों के बीच रहनेवाले तनावों और विसंगतियों को लेकर जी रहे हैं। जो लोग बेहतर भौतिक जीवन की आस में विदेशों में रहते हैं वे कामयाबी के मधुर स्वप्नों में खोकर अपने पारिवारिक रिश्ते-नाते भूल जाते हैं। समकालीन उपन्यासों में उषा प्रियंवदा कृत 'शेषयात्रा', सुषमा बेदी का उपन्यास 'हवन' द्रोणवीर कोहली कृत 'नानी' आदि प्रवासी भारतीयों के शिथिल रिश्ते का वर्णन करते हैं। 'शेषयात्रा' में प्रणव ने अनु से इसलिए शादी की कि वह एक बेवकूफ लड़की चाहता था। प्रणव घर, गाड़ी, प्रैक्टिस सभी में 'नंबर वन' रहने की ललक को पूरा करने में लीन रहता है। पराये देश में अकेलापन से गुज़र रही अनु को अक्सर लगता है कि उनका अपना कोई व्यक्तित्व नहीं। प्रणव अमेरिकी बनिया-संस्कृति की उपज बनकर दूसरी लड़की से बँध जाती है। अनु शुरू में पागल बनती है तो भी बाद में नयी ज़िन्दगी बड़े प्रयत्न से सफलता के साथ आगे बढ़ाती है। दस साल बाद केंसर से पीड़ित प्रणव की मुलाकात अनु से होती है। दूसरे सफल वैवाहिक जीवन गुज़ारनेवाली अनु को देखकर प्रणव पछ्ताता है। उसे लगा कि पति-पत्नी का रिश्ता ही सबसे महत्त्वपूर्ण है।

उपन्यास 'हवन' के प्रमुख पात्र गुड्डो के इंजीनियर पति की असमय की मृत्यु हो जाती है। उसकी छोटी बहन पिंकी जो अमेरिका में 'सेटल' है, गुड्डो को वहाँ की चमक-दमक का प्रलोभन देकर वहाँ बुलाती है। परिवार से आये तमाम विरोधों के बावजूद गुड्डो अपनी बेटियों को हॉस्टल में दाख़िल करके अपने छोटे बेटे के साथ अमेरिका चली जाती है। लेकिन जिस रंगीन दुनिया की खोज में गुड्डो वहाँ गयी, वह तो उसे मिला नहीं। उसे मालूम हुआ कि यहाँ रहने के लिए मनुष्य को अपनी आत्मा तक बेचनी पड़ती है। हर चीज़ को आर्थिक दृष्टि से देखने का नज़रिया गुड्डो-पिंकी

के खून-सम्बन्ध के बीच भी दूरी ला देता है।

हर हिन्दुस्तानी विदेश-रूपी बड़े बाज़ार में एक व्यापारी है। वे अपनी प्रतिभा, ज्ञान और अनुभव को लेकर आते हैं और खुद को नीलामी पर चढ़ा देता है। भौतिकता की अन्धी दौड़ में मनुष्य का रागतत्व सोख जाता है और एक भारतीय मन चाहे-अनचाहे निरन्तर उस राग-तत्त्व की खोज करता रहता है। द्रोणवीर कोहली कृत 'नानी' अपने नाती-नातिन की देखभाल करने के लिए अमेरिका गये एक नाना-नानी पर केन्द्रित है। अपने बच्चों के साथ रहने के सुनहले सपने देखकर विदेश पहुँचे दीनदयाल और सरस्वती हर बात पर खामियाँ एवं भूलें निकालनेवाले बच्चों के रवैये से विह्वल हो जाते हैं। एक दिन ऐनक न लगाने के कारण सरस्वती को दामाद श्यामरतन 'अंधी' तक कह देता है। लेकिन उन्हें सबसे ज़्यादा दुःख तब हुआ जब अपनी बेटी भी पति से हाँ में हाँ मिला रही थी। उन्हें यह भी महसूस हुआ कि श्यामरतन का रवैया यह है कि नाना-नानी के कारण ही बच्चे बिगड़ जाते हैं। अपने ऊपर हमेशा दोष ढूँढ़ते बच्चों से सरस्वती परेशान हो गयी। उनके अनुसार नानी की हैसियत एक 'ग्लोरिफाइड आया' की ही है।

भारत से दूर आकर अपने बच्चों के खातिर रहनेवाले माँ-बाप के लिए विदेश एक 'मीठा जेल' है। दिन-भर कैदियों की तरह घर के भीतर बन्द रहने के कारण वे जल्द ही वापस जाना चाहते हैं। उनकी तरह युवा पीढ़ी के लोग भी भारत वापस जाना चाहते हैं, लेकिन अमेरिका में जो 'सिक्योरिटी ऑफ जॉब' है वह भारत में न होने के कारण वहाँ रहने के लिए मजबूर हो रहे हैं।

लोग सामाजिक, सांस्कृतिक, राजनीतिक, आर्थिक अथवा भौगोलिक कारणों से स्थान-परिवर्तन करते हैं तथा नयी जगह में व्यवस्थित होने में मजबूर होकर एक दोहरी ज़िन्दगी जीने के लिए विवश हो जाते हैं। इसके कारण उनके व्यक्तित्व में परिवर्तन आने लगता है तथा बेचैनी, तनाव, अलगाव, अस्थायीपन, व्यग्रता, अशांति, शरीरिक क्लेश, संकट आदि का अनुभव करने लगते हैं। संक्रमण के इसी दौर में वे अपने आपको दोनों समूहों में हाशिए पर खड़ा महसूस करते हैं। इस दौरान व्यक्ति का उस विशेष परिवेश में चरित्र बदल जाता है तथा विभिन्न प्रकार के अनुभवों से गुज़रने लगता है। परिणाम यह होता है कि अस्तित्व संघर्ष से वह बेचैन हो उठता है। उनके जीवन में एक प्रकार की शून्यता आ जाती है तथा वह अपने आप को रुग्ण, क्लान्त और विवश महसूस करने लगता है।

भारत विभाजन से उत्पन्न विस्थापन

15 अगस्त 1947 को भारत के इतिहास में एक बड़ी त्रासदी हुई। भारत दो भागों में विभक्त हो गया। बँटवारे से जो हिंसा और अराजकता फैली, विस्थापन की जो बहुमुखी आपदाएँ फूटीं उसने हिन्दू-मुसलमानों को और सिक्खों को वर्षों तक जकड़कर रखा। आज भी भारत उसके परिणामों को किसी न किसी रूप में भोग रहा है। यह दुर्घटना लाखों लोगों के स्थानान्तरण की समस्या से जुड़कर और भी भयानक हो उठी। विस्थापन से निपटने के लिए कोई समुचित योजना और व्यवस्था के अभाव में लोग बुरी हालत में फँस गये। अगर जनसंख्या की अदला-बदली योजना-बद्ध रूप में हुई होती तो विभाजन के बाद हुए रक्तपात को एक बड़ी हद तक रोका जा सकता था। व्यापक पैमाने पर हो रहे खून-खराबे और मानव विरोधी कारनामों के बावजूद दोनों पक्षों में ऐसे लोग थे जो जानते थे कि भौगोलिक रूप में सीमाएँ निर्धारित हो जाने से दिल नहीं बँट पाते। ऐसे संवेदनशील व्यक्तियों ने ही संस्कृति को पूरी तरह मिटने से बचाए रखा।

इतिहास और सांस्कृतिक क्षेत्र में उत्पन्न उस बड़ी घटना से साहित्यकार प्रभावित हुए। समकालीन हिन्दी उपन्यास बँटवारे के कारण हुई विभीषिकाओं और दहशतों का दिल दहलानेवाले वर्णनों के साथ-साथ विभाजनोपरांत भारत में मुसलमानों की अवस्था तथा शरणार्थियों व मोहाजिरों की समस्याओं का भी दस्तावेज़ हैं। ये अपनी ज़मीन और अपने वतन से उजड़े हुए लोगों की अंतर्वेदना से जुड़े हैं। वर्षों से हिल-मिल साथ रहनेवाले मनुष्यों को धर्म और राजनीति गलत सन्दर्भ में किस तरह बाँट देते हैं, किस तरह मानवता की लाश पर पाशविकता अट्टहास करती है यह यशपाल कृत 'झूठा सच' का केन्द्र कथ्य है। इसमें पाकिस्तान बनने से उत्पन्न हिन्दू मुस्लिम वैमनस्य, दंगे एवं जन-निष्क्रमण से जुड़ी वहशीपन, बर्बादी और नारी-उत्पीड़न की कथा है। दूसरे शब्दों में यदि कहा जाए तो यह उपन्यास भारतीय विभाजन की वेदना का औपन्यासिक महाकाव्य है। इस उपन्यास का पात्र मिर्जा के अनुसार लोगों को धर्म के आधार पर अपनी पुश्तैनी जगहों से अलग करने के समान है। रेडक्लिफ-कमेटी ने भारत-पाक सीमा निश्चित कर दी, लेकिन लाहौर तर्क का विषय बना रहा। पूरे लाहौर में दंगे फूट पड़े जिसमें इस उपन्यास के पात्र जयदेव पुरी और उसकी बहन तारा का जीवन तहस-नहस हो गया। इन लोगों के बयान से विभाजन से उत्पन्न विभीषिकाओं से जुड़े क्रूर और नृशंस दृश्य पाठकों के सामने खुलते हैं।

विस्थापित हो रही आबादी से रेलगाड़ियाँ लबालब भरी हुई थीं। प्लेटफॉर्म पर

खड़ी गाड़ी के भीतर घुस जाने के लिए लोग इतने आतुर और आतंकित थे कि उसी गाड़ी में न चढ़ जाने से वे निश्चय ही मृत्यु के मुँह में चले जाएँगे। चीखों, चिल्लाहटों और रोने की आवाज़ों से सारी स्टेशन गूँज रहा था। लोग गाड़ियों की ढलवाँ छतों पर भी बैठे हुए थे। पुरी को पता चल गया कि शाहदरा स्टेशन पर एक हज़ार से अधिक लोगों की हत्या कर के रेलगाड़ी लाहौर की ओर भेज दी गयी। पुरी ने सभी स्टेशनों के प्लाटफॉर्म पर सैकड़ों मुसलमानों को गाड़ी की प्रतीक्षा करते हुए देखा। पूरे रास्ते में परस्पर आक्रमण एवं हत्याकांड चलते रहे। स्त्रियों पर जो अन्याय हुआ वह अनुमान से परे था। उपन्यास का प्रथम भाग 'वतन और देश' का अन्त ट्रक ड्राइवर के इन मार्मिक शब्दों से होता है कि 'रब्ब ने जिन्हें एक बनाया था, रब्ब के बंदों ने अपने वहम और जुल्म से उसे दो कर दिया।' (यशपाल, झूठा सच, पृ. 539)

द्रोणवीर कोहली कृत 'वाह कैंप' एक ऐसी औपन्यासिक कृति है जो बँटवारे से उत्पन्न कलंक के कोलाहल को तेजस्विता और निजता के साथ प्रस्तुत करती है। यह एक अनुभवजन्य रचना है जिसे लेखक ने पचास बरस तक झेलने के बाद कलमबंद किया है। इसका कथाधार तक्षशिला की प्राचीन नगरी और सिक्खों के पवित्र धार्मिक-स्थल पंजा साहब के बीच 'वाह' नामक गाँव में स्थित रिफ्यूजी कैम्प है जो देश-विभाजन के वक्त पश्चिमोत्तर भारत का सबसे बड़ा शरणार्थी शिविर था। विस्थापन के दैत्य प्रहारों के मध्य एक भविष्यहीन ज़िन्दगी जीने को अभिशप्त उत्पीड़ितों की लथपथ ज़िन्दगी का प्रतीकात्मक दस्तावेज़ है 'वाह कैंप'। उपन्यास का कथानक एक किशोर केन्द्रित है जो कच्ची उम्र में ही परिस्थिति और परिवेश के झंझावातों से जूझकर अपनी राह तय करता चलता है।

'वाह कैंप' में पहुँचे शरणार्थी रोज़ रेलगाड़ी की प्रतीक्षा करते रहे। इसी बीच गाँधीजी वहाँ पहुँचे। पिंडीघेब से मृतकों और घायलों से भरे ट्रक कैंप में आये और यह दृश्य देखकर गाँधीजी असहनीय वेदना से गरज उठे। डॉ. सुशीला नैयर लोगों की परेशानियों से वाकिफ होकर राजनीतिक नेताओं को खत लिखकर कैंप की शोचनीय स्थिति समझाकर पर्याप्त रेलगाडियों की माँग की। चारों तरफ से आ रहे आक्रमणों की खबर सुनकर लोग भयभीत हुए। एक गाँव में पहुँचे हमलावरों ने धर्मान्तरण के लिए लोगों पर दबाव डाला। अन्ततः लम्बी प्रतीक्षा के बाद जब एक गाड़ी आयी उस में केवल एक डिब्बा था। इस प्रकार कई कष्टों को झेलकर 'वाह कैंप' लोग पहुँचे। ट्रेन में भी खून की नदियाँ बहीं। लोग कैंप की गन्दगी और अभाव से पूरी तरह टूटकर राजनीतिक नेताओं को कोसते थे। उपन्यास का पात्र मनोहर अरोड़ा कहता है-

"नेताओं की जल्दबाजी की बदौलत इस देश का बँटवारा हुआ। नेता लोग आराम से कुर्सियाँ सँभालकर बैठे हैं और साधारण लोग जो असली मानों में आज़ादी की कीमत चुकाई है, डर के माहौल में घर-बार छोड़कर रिफ्यूजी बने बैठे हैं।" (द्रोणवीर कोहली, वाह कैंप, पृ. 203)

दोनों मुल्कों की ओर जानेवालों की हालत एक जैसी थी। लोग डिब्बों में ठुँसकर बैठते थे। गाड़ियों पर चढने की होड़ाहोड़ी में लोग मर जाते थे, गाड़ियों में हवा के अभाव में लोग मर जाते थे। विभाजन को लेकर इतनी ज़्यादतियाँ होने पर भी साधारण जनता ने एक-दूसरे से घृणा नहीं की वे लोग तो बस नये मुल्क में अपने भविष्य के प्रति चिंतित थे। भूख-प्यास से लोग परेशान होकर भी आक्रमणकारियों के डर से बाहर नहीं निकले। जगह-जगह बर्छी, छुरा लेकर घूम रहे आक्रमणकारियों को देखकर लोग काँप गये। एक स्टेशन से आत्माराम चाचा ने कुएँ से पानी खींचा तो बाल्टी में खून निकला। बहुत से लोगों की लाशों से कुआँ भरा हुआ था। अनेक मुश्किलों से गुज़रकर भारत की सीमा पर पहुँचकर 'मैं' को लगा कि दोनों मुल्कों में कोई अन्तर नहीं। धरती एक-सी थी, रंग एक-सा था। वह भी शरणार्थियों के विशाल जनसमूह में घुलमिल गया।

देवेन्द्र सत्यार्थी ने 'कठपुतली' उपन्यास में यह दिखाया कि अंग्रेज़ों ने भारत के हिन्दुओं और मुसलमानों को कठपुतलियों के समान नचाया। इसका दुष्परिणाम भारतीयों ने विशेषकर मध्यवर्ग के लोगों ने भोगा है। उपन्यास में तेज कौर नामक पात्र पाकिस्तान के लायलपुर से शुरू हुए सबसे बड़े काफिले में शामिल थी। उन्होंने अपनी डायरी में विस्थापितों की हालत को सफलतापूर्वक प्रस्तुत कर दिया। उनकी राय में -"यह काफिला इंसानियत का मीलों लम्बा सरगम है जिसका एक सिरा अतीत की धुँधली परम्पराओं को छू रहा है तो दूसरा भविष्य के आँचल को पा लेना चाहता है। (देवेन्द्र सत्यार्थी, कठपुतली, पृ.203) ढोल की आवाज़ सुनकर लोग आक्रमण की आशंका से डर जाते थे। रात में पड़ाव डालकर लोगों में चावल और आटा बाँटते थे। काफिले में शामिल बहुत लोग बीच रास्ते में दम तोड़े, लेकिन उनके साथी आगे चलते रहे। विभाजन का सर्वग्राही तूफान अपने साथ रक्तपात, बलात्कार, आगजनी जैसी क्रूर अमानवीय घटनाओं को लेकर ही नहीं आया था, लाखों लोगों को अपने जन्मस्थानों से विस्थापित कर उन्हें निरीह दिशाहीन पत्तों की तरह बिखेर भी दिया गया था। उस आँधी का वेग कम होने पर मालूम पड़ा कि वे पत्ते अपने मूल केन्द्र से दूर अपने सगे-सम्बन्धियों और साथियों से अलग होकर अजनबी भूमियों में

अपने जीवन का नया आधार, नया अर्थ, नया भविष्य खोजने और रचने के लिए अभिशप्त बना दिए गये।

बलवंत सिंह कृत 'काला कोस' उपन्यास में पंजाब के बँटवारे की कहानी है। चारगाँव में हिन्दू-मुसलमान अत्यन्त भाईचारे से रह रहे थे। एक लीगी कर्मचारी के बहकावे में आकर लोग एक-दूसरे से घृणा करने लगे, हथियार इकट्ठा करने लगे। फलस्वरूप मुसलमानों को वहाँ से भागना पड़ा। विस्थापित मुसलमानों को लेकर जानेवाली गाड़ी देखकर हिन्दू मित्र विस्सा और सूरत सिंह अन्दर ही अन्दर रोने लगे। गाड़ी के अन्दर लोग गर्मी, भूख, प्यास और प्राणों के भय से सहमें हुए बैठे थे। प्यास से बेहाल बच्चे को पानी देने के लिए सूरत सिंह डिब्बे के पास पहुँचते ही बाहर जमी भीड़ भयानक भूखे भेड़िये की तरह बेकाबू होकर गाड़ी पर चढ़ दिए। पलक झपकते ही गाड़ी में लाशों के अंबार लगा गये। विभाजन उस खेल की तरह था जो निहायत लापरवाही, हल्केपन और गैरजिम्मेदारी के साथ शुरू हुआ, पर धीरे-धीरे इसमें नये खिलाड़ी शामिल होते गये, नियम बनते गये, टोलियाँ बनती गयीं और अन्त में किसी भी तरह से जीतना इस खेल में खिलाड़ियों का एकमात्र और अन्तिम लक्ष्य रह गया।

गुरुचरण दास रचित 'कहानी एक परिवार की' में लायलपुर के मशहूर वकील, दीवानचंद और उनके परिवार के इर्द-गिर्द चलनेवाली कथा है। इसमें भारत विभाजन से उत्पन्न विस्थापन की त्रासदी है। उपन्यास में विभाजन की खबरें सुनकर दीवानचंद उर्फ बाऊजी बहुत चिंतित था। धर्म के आधार पर दो राष्ट्रों की स्थापना की अहमियत उनके विचार से परे थी। तारा की सहेली, अनीस हुसैन से इस विषय पर उनकी चर्चा भी हुई। अनीस के अनुसार, "ब्रिटिशराज में हिन्दुओं से ज़्यादा मुसलमानों को नुकसान हुआ। मुगल शासन के दौरान हम ज़मींदार थे, हमारे पास सत्ता थी। हमने इसका (ब्रिटिश का) विरोध किया। लेकिन हिन्दुओं ने जल्द ही अंग्रेज़ी सीख ली और नये तौर तरीके अपना लिए तथा ब्रिटिश सरकार के महत्त्वपूर्ण पदों पर क़ाबिज़ रह गये। हम (मुसलमान) आपके अनुकरण करने में विफल रहे तथा असहाय बनकर रह गये। आज़ादी हमें चिंतित करती है क्योंकि लोकतांत्रिक सरकार में आप हमें बाहर कर देंगे। भारत में एक मुसलमान पर चार हिन्दू हैं। हम आज़ाद भारत में अपने जीने की उम्मीद नहीं करते। हमारा बौद्धिक पिछड़ापन हमें कमज़ोर बनाता है। चुनाओं में प्रतिनिधित्व प्रणाली में बहुसंख्यकों का ही बोलबाला रहेगा। यही कारण है कि हम डरते हैं। यही कारण है कि हम अपना देश चाहते हैं।" (गुरुचरण दास, कहानी एक परिवार की, पृ. 80)

साम्प्रदायिक दंगे से लोग विस्थापित हुए। विस्थापित लोगों पर जो हमला हुआ इसका दर्दनाक एवं भयानक चित्रण इस उपन्यास में भी प्राप्त है। इसके भोक्ताओं में एक था बाऊजी। वे कहते हैं - "यदि माउंटबेटन मानवजाति के पाँचवें हिस्से की आबादी के मुक्तिदाता के भाव से अन्धे न होते तो इस खूनखराबे को टाला जा सकता था। लोगों को समय देना था, यहाँ तक कि रेडक्लिफ को भी समय दिया जाना चाहिए था। उसे हड़बड़ में यह काम करना पड़ा जिसके चलते एक शहर अपनी नदी से कट गया, एक गाँव अपने खेत-खलिहानों से कट गया और कारखाना अपने कच्चे माल से कट गया।" (गुरुचरणदास, कहानी एक परिवार की, पृ.130)

14 अगस्त 1947, आधी रात को अंग्रेज़ी राज खतम हो गया और भारत आज़ाद हो गया। उसी दिन पाकिस्तान नाम से एक नये राष्ट्र का जन्म हुआ जिसे पश्चिमी पंजाब और पूर्वी बंगाल को अलग कर बनाया गया था। सर सिविल रेडक्लिफ नामक व्यक्ति ने पाँच सप्ताह में दोनों देशों की सरहद तय कर दी और नक्शे पर बनी सीमारेखा को 'रेडक्लिफ बाउंड्री' नाम दिया गया। 17 अगस्त को विभाजन की घोषणा की गयी और असाधारण रूप से बड़ी संख्या में लोग सीमा के दोनों ओर स्थानान्तरित हुए। लाखों लोग बेघर हो गये। अनुमान के मुताबिक, दो करोड़ हिन्दुओं को जन्मस्थान छोड़ना पड़ा एक करोड़ अस्सी लाख मुसलमान पाकिस्तान चले गये। आबादी के इतने बड़े स्थानान्तरण में पाँच लाख लोगों ने जान गँवाई। महिलाओं के बलात्कार व उनके अपहरण के बाईस हज़ार मामले प्रकाश में आये। बीस हज़ार लोगों को लापता घोषित किया गया।

कमलेश्वर ने अपने उपन्यास 'कितने पाकिस्तान' में भारत विभाजन की समस्याओं को इस उम्मीद से प्रस्तुत किया कि भारत ही नहीं, दुनिया भर में एक के बाद दूसरे पाकिस्तान बनाने की लहू से लथपथ परम्परा अब खत्म हो। पाकिस्तान यहाँ एक प्रतीक है, वह एक देश नहीं, साम्प्रदायिकता के आधार पर बँटे मानवीय-इतिहास की त्रासद गाथा का जीता-जागता रूप है। भारत का विभाजन हो गया और पंजाब से लेकर असम तक की नदियों का पानी खून से लाल हो गया। अधमरे और घायल लोग वहशत, दहशत और हैवानियत के शिकार होकर चीखने लगे। जब लोग खून के समंदर पार करते हुए भारत और पाकिस्तान की ओर भाग रहे थे तब 'कितने पाकिस्तान' उपन्यास के पात्र सलमा के माँ-बाप पाकिस्तान से किसी देश की ओर नहीं, अपनी मिट्ठी भारत की ओर भाग रहे थे। सलमा के अब्बू कहते हैं कि इस्लाम की नज़र से पाकिस्तान का बनना ही गुनाह है। क्योंकि इस्लाम नफरत नहीं सिखाता

पर पाकिस्तान की बुनियाद नफरत पर रखी गयी है। (कमलेश्वर, कितने पाकिस्तान, पृ. 110) मुगल शासक औरंगजेब के समय से भारत के मुसलमान मानसिक रूप से विस्थापित बन गये। इसी मानसिकता ने उन लोगों को अपने ही मुल्क में अजनबी बना दिया। वही मानसिक विस्थापन लगभग दो सदियों के बाद विभाजन का कारण बना। केवल धरती के ही दो टुकड़े नहीं हुए, उन तमाम निरपराध लोगों के भी, जिनकी लाश पूरे उत्तर भारत की धरती पर बिखर गये जिन्हें खाने के लिए संसार-भर के मांसभक्षी पक्षी और पशु भारत-यात्रा पर आये थे। पाँच हज़ार वर्षों की सभ्यता को कुछ लकीरें खींचकर तोड़ दिया गया। अवाम को यह भी पता नहीं था कि सरहद कहाँ है? लेकिन लाशें पड़ी ज़मीन बता रही थीं कि देशों की सरहद कहाँ है।

जेनिब नामक लड़की और बूटासिंह की दास्तान से यह ज़ाहिर होता है कि विभाजन के साथ मनुष्य की आत्मा भी विभाजित हो गयी। निखिल चक्रवर्ती उपन्यास में यह अभिव्यक्त करते हैं कि "पाकिस्तान से पाकिस्तान पैदा होता है। यह छूत का रोग है। जब तक धर्म, नस्ल, जाति और दुनिया की पहली शक्ति बनने का नशा नहीं टूटता, जब तक सत्ता और वर्चस्व की हवस नहीं टूटती, तब तक इस धरती पर पाकिस्तान बनाये जाने की नृशंस परम्परा ज़ारी रहेगी।" (कमलेश्वर, कितने पाकिस्तान, पृ.187)।

विभाजन से उत्पन्न विस्थापन का बुरा असर स्त्रियों पर पड़ा है। विभाजन सम्बन्धी सारे उपन्यासों में इस पैशाचिक हमले का जिक्र हुआ। यज्ञदत्त शर्मा कृत 'इनसान' उपन्यास में स्त्रियों तथा बच्चों पर हुए अत्याचारों का वर्णन है। मनुष्यता कहीं बह गयी। लोगों में दानवता अट्टहास कर उठी थी और क्रूरता का पक्ष मज़बूत होता जा रहा था। बहुत से मासूम बच्चों को धर्म के पागल दीवानों ने चीर डाला। फूल से सुकुमार बच्चों को पिशाचों ने उठाकर पृथ्वी पर इस तरह पटक दिया जैसे धोबी पत्थर पर मैले कपड़ों को छाँटता है। बालिकाओं के अंग भंग करके, हाथों को पीछे बाँधकर उनके नंगे जुलूस निकाले गये। रेलवे स्टेशन पर लाशें इस प्रकार पड़ी थी मानों भंगियों ने बीमारी फैलानेवाले कुत्ते-बिल्लियों को ज़हर की गोलियाँ खिला दी हों। धर्मान्धों ने स्त्रियों को जड़ पदार्थों से भी हेय समझा। घरवालों के सामने उनकी बहू-बेटियों को अपने हवस का शिकार बनाकर निगल लिया। अमृतराय रचित 'बीज' उपन्यास में भी ऐसी कई पैशाचिक प्रवृत्तियों का वर्णन है। नारी जीवन में छायी त्रासदियों का दिल दहलानेवाला वर्णन 'झूठा सच, में भी है। उपन्यास के एक नारी पात्र का कथन सुनिए - "हिन्दवी हो चाहे मुसलमानी, जो अपनी इज्जत के लिए मर

गयी, वही अच्छी रही। औरत के शरीर की तो बरबादी है। औरत तो खैर बकरी है जो चाहे छीन ले जाए।" (यशपाल, झूठा सच, पृ.424)

स्त्रियों पर विस्थापन के वक्त हुए अत्याचारों की गणना करना मुश्किल है। बाद में जब वे अपने परिवारों के पास आये तो परिवारवालों ने उन्हें भ्रष्ट मानकर स्वीकारने से भी इनकार किया। 'झूठा सच' में बंती ऐसी स्त्री है जो मुक्त होकर भारत जब आयी थी और अपने पति-बेटे की तलाश में भटककर अन्त में पति के घर पहुँच जाती है तो उसकी सास व पति घर में घुसने नहीं देते। पूर्ण रूप से परित्यक्त बंती, वहीं दहलीज पर सिर पटककर प्राण दे देती है।

शरणार्थियों तथा मोहाजिरों की समस्याएँ

भारत के इतिहास में ही नहीं दुनिया के इतिहास में भी 1947 के विभाजन और उससे पैदा विस्थापन की विकट समस्या के उदाहरण कम ही मिलते हैं, फिर भी तमाम तरह के विघ्नों को पारकर विस्थापितों और शरणार्थियों ने भारतीय समाज में तो अपनी जगह सुरक्षित बना ही ली जबकि पाकिस्तान में मोहाजिरों को अभी भी पूरी तरह स्वीकार नहीं किया गया और स्थानीय लोगों से उनके हिंसक संघर्ष चलते रहते हैं।

शरणार्थियों ने अपनी मेहनत से स्वयं ही नयी जगह पर बसना-जमना शुरू किया। दिल्ली जैसे शहरों में पंजाबी विस्थापितों ने स्थानीय जनता को ही उनकी जगह से हिला दिया। अपनी व्यावसायिक बुद्धि व पुरुषार्थ से इन विस्थापितों ने उनके जमे-जमाए व्यापार या कारोबार को चुनौती दे दी। पटियाला, जालंधर, अमृतसर जैसे शहरों में भी विस्थापितों ने मूलनिवासियों से अधिक प्रतिष्ठा पा ली। विस्थापितों और शरणार्थियों के पुनर्वास के नाम पर खुले सरकारी विभागों में भी राजनीति का दखल हो गया था। सरकार ने पुनर्वास विभाग को बन्द करना चाहा, लेकिन इस विभाग में भर्ती कर्मचारी और उनके राजनीतिक संरक्षक इसके खिलाफ थे। शरणार्थी कैंप और मुफ्त राशन डेढ़ साल बाद बन्द किया गया, लेकिन पुनर्वास विभाग किसी और नाम से चलता रहा।

पाकिस्तान से जो लोग भारत भाग आये, उन्हें प्रारम्भ में 'शरणार्थी' नाम दिया गया था। उन्होंने अपने परिश्रम से देश में शीघ्र ही अपना उपयुक्त स्थान बना लिया था और वे गौरव से अपने-आपको 'पुरुषार्थी' कहते थे। धीरे-धीरे वे यहाँ की मुख्यधारा में खपकर पूरे सुख और सम्मान से रहते हैं। उन्हें किसी भेदभाव का सामना करना नहीं पड़ रहा है। इसका एक उत्तम उदाहरण है- भारत के भूतपूर्व प्रधानमत्री इंदर कुमार गुजराल।

पाकिस्तान में पहले हिन्दू-सिक्ख का मज़हब के नाम पर सफाया किया गया। फिर आँधी धर्मावलंबियों को अपनी ही लपेट में उड़ा ले गयी। शिया-सुन्नी और अहमदियों के विरुद्ध वहाँ आन्दोलन छेड़े गये। मोहाज़िरों को भी पाकिस्तानियों ने अस्वीकार किया। वे लोग भारत छोड़कर सपनों का देश तलाशने गये थे, लेकिन वहाँ उन्हें गैरों की तरह दुत्कारा गया। उन्होंने आत्मरक्षा के लिए आन्दोलन किया। उसे दबाने के लिए उनके नेता अलताफ हुसैन को देश से भगाया। उन्होंने सन् 1992 में इंग्लैंड में शरण ली और वहीं से वे मोहाजिर-आन्दोलन का संचालन करते रहे। उनके अनुसार मोहाजिरों के साथ पाकिस्तान में युद्धबंदियों जैसा व्यवहार हो रहा है। उन्हें मौलिक अधिकारों से ही वंचित नहीं किया गया, साथ ही उन्हें पाकिस्तान की भूमि का निवासी भी मानने से इनकार कर दिया गया। भारत से पाकिस्तान गये लोगों के लिए पहले ही 'मोहाजिर' नाम गढ़ा था। यहीं से उनके प्रति भेदभाव की नीति आरम्भ हुई। पाकिस्तान पाने के लिए संघर्ष करनेवालों में सबसे आगे मोहाजिर थे, फिर भी पाकिस्तान बनने के वर्षों के भीतर उन्हें सिविल सेवाओं और अन्य ऊँचे पदों से निकाल बाहर किया गया। जो लोग 1947 के बाद पाकिस्तान में जन्मे, वे भी तीसरे दर्जे के नागरिक समझे जाते हैं और 'मोहाजिर' नाम उन पर चिपका रहता है।

विभाजन के फलस्वरूप पंजाब से उखड़कर दिल्ली की ओर आयी एक समूची पीढ़ी कैसे एक पैशाचिक तहस-नहस के बाद साहस और आपसी सहायता के बल पर अपने को नयी परिस्थितियों में फिर से जमाती है, यही यशपाल कृत 'झूठा सच' उपन्यास के दूसरे भाग 'देश का भविष्य' की कथावस्तु है। शरणार्थियों ने बिना संकोच से हर छोटे-मोटे धन्धे को जीविका-पालन के लिए अपनाया। इस उपन्यास में शरणार्थियों की करुण दास्तान, कैंपों की भीड़भाड़ एवं अफसरों तथा गद्दानशीन नेताओं के स्वार्थ व्यवहार आदि का ऐतिहासिक तथ्य निष्ठा एवं कलात्मक सप्राणता के साथ वर्णित किया गया है।

'झूठा सच' उपन्यास के दूसरे भाग का शुरूआती दृश्य ही जालन्धर में शरणार्थियों को मुफ्त राशन बाँटनेवाली क्यू का दृश्य है। इसमें शरणार्थियों के नये जीवन की कशमकश, लाखों व्यक्तियों के नये सिरे से जमने और जीविका के प्रश्न को दर्शाया गया है। स्थिति यह थी कि विभाजन से विस्थापित लोग कीड़ों-मकोड़ों की तरह फैल गये। दिल्ली, जालन्धर, अमृतसर जैसे शहरों में इन लोगों ने पहरा डाल दिया। पंजाबी विस्थापितों के प्रति लोगों में कोई सहानुभूति नहीं थी। उन लोगों ने अपने संघर्षों से स्वयं को पुनःस्थापित किया। इसके लिए न उन्हें सरकारी सहायता मिली,

न स्थानीय संवेदना और सहयोग। उनके कठिन परिश्रम से वे विस्थापित से फिर स्थापित हो गये। दिल्ली और पंजाब के राहत शिविरों में शरणार्थियों की बेशुमार तादाद थी। विभाजन ने सभी वर्गों के लोगों को एक ही ज़मीन पर लाकर खड़ा कर दिया। इन कैंपों में शरणार्थियों के अपने अनुभव हैं, भ्रष्टाचार के किस्से हैं, लूटने-ठगने और परिवार जनों के वियोग की गाथा है। इन सबसे परे स्थानीय लोगों का अमानवीय व्यवहार है। अपने परिश्रम से शरणार्थियों ने भारतीय समाज में अपना विशिष्ट स्थान बनाया।

द्रोणवीर कोहली द्वारा रचित 'वाह कैंप', प्रताप सहगल का 'अनहद नाद', हरदर्शन सहगल कृत 'टूटी हुई ज़मीन', महीप सिंह का उपन्यास 'अभी शेष है' आदि उपन्यासों में विस्थापितों की भौतिक एवं मानसिक समस्याओं का बड़ा मार्मिक वर्णन है। 'वाह कैंप' में नये सिरे से ज़िन्दगी शुरू करने के लिए संघर्ष करनेवाले विस्थापित हैं। 'अनहद नाद' में शरणार्थियों के आगमन के बाद गैर कानूनी बस्तियों के कारण बदलनेवाला दिल्ली का नक्शा है। विभाजन की विभीषिका से पीड़ित शरणार्थियों की आर्थिक विषमता एवं भ्रष्ट-राजनैतिक व्यवस्था का प्रतिपाद्य इस उपन्यास की और एक विशेषता है। शरणार्थी लोग भ्रष्ट शासन व्यवस्था की चक्की में पिस गये।

विभाजन बाहर से तो ज़मीन का था, लेकिन हकीकत में उसने यहाँ के लोगों के दिलों के साथ ऐसा छलन किया कि आज भी वे उस पीड़ा से मुक्त नहीं हो पाए, उसका साक्ष्य है 'टूटी हुई ज़मीन' उपन्यास। इसमें एक ऐसे परिवार का दास्तान है जो पाकिस्तान से बेदखल होकर 'असली हिन्दुस्तान' पहुँच ज़रूर गया, लेकिन टूटे-बिखरे दिल को सँभालना उसके लिए बहुत मुश्किल था। देश में साम्प्रदायिकता की आग भड़की और हालत दिन-ब-दिन बिगड़ने लगे। दंगों से बचते-बचाते यह परिवार शेखपुरा से अंबाला तक पहुँचा जहाँ उसने कैंप में शरण ली। बाद में 'बसेरा' नहीं मिलता। 'अभी शेष है' का मानसिंह उन लोगों में से एक था जो विभाजन-पूर्व की स्मृतियों में जी रहे थे। विभाजन के दिनों की रक्तरंजित स्मृतियाँ कभी-कभार उन्हें खून के आँसू रुलाती हैं। विभाजन के उपरान्त पश्चिमी पंजाब से वह उखड़कर दिल्ली में आ बसा। आज भी उसे पाकिस्तान अपना देश लगता है। भारत-पाक युद्ध में पाकिस्तान की हार पर वह प्रतिक्रिया जाहिर करता है - "तुम्हारा देश जीत गया पर मेरा हार गया।" देश-विभाजन ने जहाँ मानसिंह को द्विभाजित मानसिकता में जीने को मजबूर किया वहीं इम्तियाज़ जैसे मुसलमानों को भी फाँके में बाँट दिया। उनका आधा परिवार सरहद के उस पार है तो आधा इस पार। वह सोचता है कि पाकिस्तान

बनने से आखिर उन्हें क्या मिला ? वहाँ उनके सगे सम्बन्धी मोहाजिर हो गये और हिन्दुस्तान में वह दूसरे दर्जे का आदमी बन गया।

देश-विभाजन के साथ अनेक परिवार बँट गये। कितनों के दिल टूट गये, कितने लोग घर से बेघर हो गये, कितनों के सहारे छीन गये- इसका हिसाब किसी सरकार के पास नहीं था। ज़मीन-जायदाद का हिसाब तो पटवारी खाते में मिल सकता था पर कितनों के दिलों की बस्तियाँ बरबाद हुईं, कितनों के अरमानों के महल ढह गये, इसका हिसाब किसी पटवारी खाते में नहीं था। मुसलमान एक कटी हुई पतंग की तरह सारे भारत में डगमगा रहा है और कटी हुई पतंग तो लूटी ही जाती है। ऊहापोह की स्थिति में रहनेवाले मुसलमानों की अपनी कोई अलग से पहचान नहीं है। स्वतंत्र भारत के मुसलमानों की सबसे बड़ी समस्या थी मुख्यधारा से अलगाव बोध। वे अपने अस्तित्व पर लगे प्रश्नचिह्न से तड़प उठे। इस समस्या की बड़ी संजीदगी के साथ राही मासूम रजा के उपन्यास 'आधा गाँव', 'ओस की बूँद', नासिरा शर्मा का 'ज़िंदा मुहावरे', मंजूर एहतेशाम कृत 'सूखा बरगद' जैसे उपन्यासों में विश्लेषण किया है। 'आधा गाँव' में यह दिखाया गया है कि आज़ादी के बाद के वातावरण ने हिन्दुओं को अधिक हिन्दू और मुसलमानों को अधिक मुसलमान बना दिया। ज़मींदारी व्यवस्था के खत्म होने से अधिकांश मुसलमान जो ज़मींनदार थे वे गरीब बन गये। गंगौली गाँव में रुके मुसलमानों की मानसिकता इस उपन्यास में ज़ाहिर है। इन्हें अपने ही देश में गैर-मुल्की समझा जाने लगा। गंगौली के मुसलमानों के गले में पाकिस्तान की कटी हुई नाल फाँसी की तरह पड़ी हुई थी और "हर कैफियत अकेली थी। हर जज्बा तनहा था। दिन से रात और रात से दिन का ताल्लुक टूट गया।" (राही मासूम रजा, आधा गाँव, पृ. 291) एक अजीब तन्हाई का दर्द सबको घेर लेता है। ज़मींदारी खत्म होना, जवान लड़कों का अपने बीवी-बच्चों को बूढ़े बाप-दादों के कन्धों पर छोड़कर कैरियर बनाने के लिए पाकिस्तान चला जाना उनकी तन्हाई के प्रमुख कारण हैं। एक और अपनी मिट्टी न छोड़ने की तमन्ना और दूसरी ओर अपनी ही मिट्टी अपने पैरों तले से खिसकती देखने के एहसास के बीच तनाव ही महसूस कर रहा था। रज़ा कृत 'ओस की बूँद' में गाजीपुर के मुस्लिम परिवार की कथा के ज़रिए यह दिखाया गया कि बँटवारा भारतीय मुसलमानों के गलों में पड़ा फाँसी का फंदा बन चुका था जो न पूरी तरह कसता था, न ढीला होकर छूटता था।

नासिरा शर्मा रचित 'ज़िन्दा मुहावरे' में अपने ही घर में बेघर होने का एहसास होनेवाले मुसलमानों की दास्तान है। देखिए - "यह तजुर्बा कितना तकलीफदेह होता

है कि जहाँ आप पैदा हो, जिस ज़मीन को आप अपना वतन समझें, उसे बाकी लोग आपका गलत कब्जा बताएँ। कदम-कदम पर यह एहसास दिलाएँ कि तुम यहाँ के नहीं बाहर के हैं।" (नासिरा शर्मा, ज़िन्दा मुहावरे, पृ. 101) प्रेमपूर्वक रहनेवाले एक झटके में केवल हिन्दू और मुसलमान बनकर रह गये। दिशाएँ स्तब्ध-सी इस घटना को मौन देख रही थीं।

उपन्यास में निज़ाम विभाजन के वक्त पाकिस्तान गया। वहाँ अपने आपको सफल रूप में जमाने के बावजूद वह भारत में छोड़ आये अपने परिवार की यादों में डूबे रहे। उनके दोस्त सरफउद्दीन भारत से लौट आये और वहाँ के तनावभरे हालत का बयान देने लगे। उनके अनुसार, ज़मींदारी के टूटने के बाद मुसलमानों की बहुत बुरी अवस्था है। बहुत से मुसलमान फसादों में मर गये और जो बचे वे मामूली नौकरियाँ करके जीवन बिताते हैं। यह सुनकर निज़ाम घबरा उठता है। लेकिन अपने भतीजे को कलक्टर के रूप में देखकर वह पाकिस्तान में भारतीय मुसलमानों के दर्द भरे जीवन के बारे में आ रहे समाचारों के खोखलेपन से वाकिफ हो जाता है।

बँटवारे के बाद भी इमाम भारत में रहने का निश्चय करता था। उसने लोगों के व्यवहार में तिरस्कार का भाव देखा। हमेशा अपने अस्तित्व के प्रति शक था। जब उसने अपना बेटा कलक्टर बनते देखा तो भारत सम्बन्धी सारी शंकाएँ एवं डर निराधार लगा। इस उपन्यास में उपन्यासकार यह सिद्ध करना चाहते हैं कि भारत में मुसलमानों के प्रति कोई भेदभाव नहीं है वे यहाँ सुरक्षित हैं, सभी पदों को वे अलंकृत करते हैं।

मंज़ूर एहतेशाम कृत 'सूखा बरगद' में स्वतन्त्रता के पश्चात् के भारतीय मुसलमानों की सामाजिक, मानसिक संघर्षपूर्ण स्थिति का बयान हुआ है। इस उपन्यास में भी भारत के मुसलमानों की असुरक्षा से उत्पन्न डर एवं अजनबीपन की छाया छायी रही है। उपन्यास का नायक सुहैल असुरक्षा के भाव से धीरे-धीरे हीनता ग्रन्थि का शिकार बन जाता है। यह उपन्यास भोपाल केन्द्रित है। यहाँ हिन्दू-मुसलमान बहुत भाईचारे के साथ रहते थे। लेकिन 1960 के बाद सारा नगर नफरत की आग में जलने लगा। यहाँ के मुसलमानों में यह डर प्रारम्भ से था कि उन्हें बहु-संख्यक समाज द्वारा पाकिस्तान के निर्माण का ज़िम्मेदार माना जाएगा। राजनेताओं के आश्वासनों के बावजूद उन्हें अपने अस्तित्व की असुरक्षा का भय बराबर सताता रहा। दंगों ने निश्चय ही उनके डर को पुख्ता और प्रामाणिक बनाया। प्रगतिशील मुसलमान इस हादसे से दंग रह जाते हैं। लेकिन आम मुसलमान सशस्त्र होकर अपने

को सुरक्षित रखने की कोशिश करते हैं।

देश-विभाजन के पश्चात दोनों देशों के बीच लगे द्वेष की आग बुझ न सकी जिसका ऋण निरपराध भारतीय मुसलमानों को समय-समय पर भोगना पड़ा। पाकिस्तान द्वारा उठाए जा रहे विरोधी कदमों का प्रभाव भारतीय मुसलमानों पर पड़ता है। इसी सत्य को राही मासूम रज़ा ने 'टोपी शुक्ला' में उजागर किया है। देखिए - "क्या वह कल तक हमारे ही देश का एक अंग नहीं था? मेरा दिल पाकिस्तान में लगा रहता है क्योंकि उनकी बेवकूफियों से हिन्दुस्तानी मुसलमानों को नुक्सान होता है।" (राही माजूम रज़ा, टोपी शुक्ला, पृ.103) स्वतन्त्रताप्राप्ति के बाद राजनीति ने भारतीय हिन्दू-मुसलमानों के बीच गहरी दरार डाल दी थी। इस दरार को दोनों कौम महसूस कर रही थीं। इफ्फन की पत्नी सकीना हिन्दुओं से नफरत करती थी क्योंकि उनके परिवार दंगों के शिकार हुए थे वातावरण में व्याप्त डर और अविश्वास को महसूस करके सकीना कहती है- "नफरत डर शक-इन्हीं तीन डोंगियों पर हम नदी पार कर रहे हैं। यही तीन शब्द बोए और काटे जा रहे हैं। यही शब्द दूध बनकर माँओं की छातियों से बच्चों के हल्क में उतर रहा है। आवारा रूहों की तरह ये तीन शब्द आँगनों में मँडरा रहे हैं और रात के सन्नाटे में उल्लुओं की तरह बोल रहे हैं। काली बिल्ली की तरह रास्ता काट रहे हैं।" (राही मासूम रज़ा, टोपी शुक्ला, पृ.76) अपने मूल से उखड़ा-उखड़ा महसूस करनेवाला इफ्फन कहता है - "पाकिस्तान एक बेनाम डर का नाम है। हर मुसलमान डरा हुआ है। एक बड़े मुल्क को डर जैसे दो लफ्ज़ों ने डाकुओं की तरह पकड़ रखा है।" (राही मासूम रज़ा, टोपी शुक्ला, पृ.55) मेहरुन्निसा परवेज़ कृत 'पासंग' उपन्यास की दो बुज़ुर्ग औरतें भारत छोड़कर जाना नहीं चाहती थीं।

इस प्रकार समकालीन उपन्यास साहित्य में विभाजन और इससे जुडे विस्थापन की अभिव्यक्ति महज एक घटना के रूप में नहीं, बल्कि जलते-सुलगते अलात-चक्र के रूप में हुई जो लगातार घूम रहा है। समकालीन उपन्यासकारों ने इसके विभिन्न पहलुओं को संवेदनात्मक एवं वैचारिक आधारों पर प्रामाणिकता एवं तटस्थता के साथ चित्रित किया है।

विकास योजनाओं से उत्पन्न विस्थापन

समकालीन सन्दर्भ में विकास योजनाओं के कारण विस्थापित होनेवालों की संख्या बढ़ती जा रही है। इन विस्थापितों में सबसे ज़्यादा आदिवासी लोग हैं। विकास और विस्थापन का दंश, आदिवासी संसाधनों और संस्कृति के साथ मनमाना व्यवहार,

शोषण की निरन्तरता, अशिक्षा, गरीबी और उससे उपजे असन्तोष के सन्दर्भ, आदिवासी जीवन में विद्यमान हैं। उनके जीवन और समाज में सेठ, साहूकार, सूदखोर, ठेकेदार, दलाल जैसे लोग बाज़ार के अंग के रूप में प्रवेश कर शोषण करते हैं। आदिवासी बालकों से ये बाज़ारी अंग काम करवाते हैं। कुछ लोग इनकी सभ्यता-संस्कृति को चित्रों में बाँधकर ले जाते हैं और विश्व-बाज़ार में पैसे कमाते हैं। बाहर से आये लोग इनकी मिट्टी का सौदा करते हैं, उनकी ज़मीन पर खड़े होकर उनसे उनकी औकात पूछते हैं। विकास कार्यों के नाम पर भारतीय जनजातियों को शोषण और विस्थापन का दर्द भोगना पड़ा है। आदिवासी के विस्थापन के विभिन्न पहलुओं को समकालीन उपन्यासकारों ने विषय बनाया है। नीचे इस पर प्रकाश डाला जाएगा।

हिन्दी में संजीव के उपन्यासों में औद्योगीकरण से उत्पन्न समस्याओं पर सबसे ज़्यादा प्रकाश डाला गया है। 'सावधान नीचे आग है', 'धार', 'पाँव तले की दूब' आदि इसका उदाहरण हैं। विकास देश की प्रगति के लिए ज़रूरी है। लेकिन यह विकास सही रास्ते पर हुआ नहीं है तो विकास के द्वारा देश एवं जनता की हानि होगी। गलत ढंग के विकास से पर्यावरण का नाश होगा, प्रकृति से मिलजुलकर रहनेवाली जनजातियों की जीवन-गति में बाधा आ जाएगी, साथ ही साथ कई लोग विस्थापित होते जाएँगे। 'पाँव तले की दूब' में पंचपहाड़ के खनिज बहुलक्षेत्र का चित्रण हुआ है। डोकरी नाप विद्युत संस्थान के मंच पर घटित इस कथा के माध्यम से लेखक यह बताना चाहते हैं कि औद्योगीकरण किस प्रकार गाँवों तथा आदिवासियों को विस्थापित कर रहा है। फिलिप नामक आदिवासी युवक इस स्थिति को सभा के सामने प्रस्तुत करता है कि यह धरती सोना उगलती है और आदिवासी इस धरती की कंगाल सन्तानें हैं। अधिकारी और पूँजीपति न केवल शोषण करते हैं अपितु राष्ट्रीय सम्पत्ति की लूट भी करते हैं। आदिवासी इलाकों में लगाई गयी पूँजी और खोले गये उद्योगों ने वहाँ विकास के 'इकोनॉमिक एन्क्लेव' बनाये हैं और स्थानीय समाज खासकर आदिवासी इस घेरे से बाहर हैं। आज आदिवासी इलाके विकसित राष्ट्रीयताओं के चरागाह बने हुए हैं।

झारखंड के नाम पर उससे दूर रहकर बनायी जा रही योजनाओं ने इस पूरे इलाके में अन्याय और शोषण की बेदखली और विस्थापन की सौगात भर दी है। इस दोहरे भार को झेलने के लिए आदिवासी मज़बूर हुए। उपन्यास में सुदीप इन परिस्थितियों को बदलना चाहता है। उसकी राय में आदिवासी लोगों की दो कमज़ोर

नसें हैं - अरण्यमुखी संस्कृति और उत्सवधर्मिता। पहली संस्कृति उन्हें सभ्यता के विकास से जुड़ने नहीं देती और दूसरी उन्हें कंगाल बनाती रहती है। दारू की लत और ज़रूरत मंदों को सूद पर पैसे और अनाज देकर जिन लोगों ने आदिवासियों की ज़मीन हथिया ली उनके साथ सरकारी कर्मचारी, पुलिस और गुंडे का पूरा तंत्र है। ठोकरी में एन. टी.पी. सी. के लिए सरकार आदिवासियों की ज़मीन अधिग्रहण कर रही थी। मुआवज़े का पैसा भी अफसरों की जेब में चला गया। ठोकरी और मकर नाम के गाँवों को किसी ने फूँक मारकर उड़ा दिया। यहाँ से विस्थापित लोग कटी हुई पतंग की तरह यहाँ-वहाँ बिखर गये। दूसरी ओर प्लॉट से गाँव पूरा प्रदूषित हो गया। पीने का पानी भी विषैला हो गया। सुदीप ने चपरासी कालीचरण को समझाने की कोशिश की - "तुम जिस समाज से हो, वह सदियों से उपेक्षित रहा है। आज जो थोड़ी सी रोशनी तुम तक सरकार की मेहरबानी या अन्य किसी तरीके से आ पा रही है, उसका इस्तेमाल समाज में तब्दीली लाने के लिए करना चाहिए।" (संजीव, पाँव तले की दूब, पृ. 36) आदिवासी अपने असली दुश्मन को पहचान नहीं सकता है।

फिलिप अपने आदिवासी समाज की नाज़ुक स्थिति पर बहुत चिंतित था। अपने ऊपर हो रहे ज़ुल्मों से वह परेशान हो उठा। उनके अनुसार - "प्रदेश की दो-तिहाई आय हमसे होती है और हमारी हालत न तन में साबुन कपडा, न पेट में भरपेट भात, दवा-दारू पढ़ाई-लिखाई की बात छोड़ ही दीजिए। बहुत पैसा दिया सरकार ने, सरकार घोषणाएँ करती नहीं थकती लेकिन हम कंगाल के कंगाल। मालोमाल कोई और हो रहा है। हमने कहा हमें अपने करम पर छोड़ दो, लेकिन वे नहीं छोड़ते। सोने के खज़ाने पर कुण्डली मारकर बैठा साँप यों छोड़ दें।" (संजीव, पाँव तले की दूब, पृ, 112) विकास की प्रक्रिया के नाम पर उनका जितना शोषण किया गया है, उतना किसी और समाज का नहीं।

संजीव के उपन्यास 'धार' में बाँसगडा गाँव में हरी भरी ज़मीन में तेज़ाब का कारखाना खुलता है। इसके नतीजतन वहाँ के खेतवाई, कुआँ-पोखरा सब खराब हो जाते हैं, फसल सूख जाता है पीने का पानी नहीं है। लोग खाँसी, उबकाई जैसे रोगों से पीड़ित हो गये। खेत-खलिहान, पेड़-पैधे, कुएँ, तालाब यहाँ तक मनुष्य भी जल रहे हैं। तेज़ाब की फैक्टरी से निकलनेवाली ज़हरीली हवा लग जाने के कारण जंगल मुरझा गया। पहले जंगलों में सियार, चूहों, खरगोशों और साँपों का बसेरा था, लेकिन अब जानवरों के स्थान पर मज़दूर और उनके बच्चे हैं। यहाँ की सन्थाल जाति की ज़िन्दगी बरबाद हो गयी। यह जाति देश की अतिप्राचीन है। लेकिन देखिए- "पानी का

पाइप हमारा छाती पर से गुज़रता, हमको एक बूँद पानी नयी, रेल लाइन बगल में है मगर हमारा खातिर सौ कोस दूर, वोट देने को हमको आज तक कोई बोला नयी, हमारा चिट्ठी-पत्र निहाल सिंह की दूकान के पते पर आता। हमारा कोई पता ठिकाना नयी।" (संजीव, धार, पृ.57)

खनन क्षेत्रों में धरती से खनिज पदार्थ आदि निकाल लेने के बाद पूरा क्षेत्र कई वर्षों तक बेकार और बंजर बना रहता है। यह क्षेत्र पेड़-पौधों तथा जीव-जन्तुओं से रहित होकर अपना मौलिक स्वरूप खो चुका है और यहाँ खनिज पदार्थ की गर्द के साथ-साथ अलग-अलग आकार-प्रकार के पत्थर, स्लेट, कंकड़ और बालू इत्यादि चारों ओर बिखरे होते हैं। इन क्षेत्रों में खनिज निकासी के एवज में केवल वनस्पति और जीवों पर ही संकट नहीं आता बल्कि जीवजगत और प्राणी-जगत का आधार मानी जानेवाली उपजाऊ मिट्टी भी नष्ट हो चुकी होती है। प्राकृतिक संसाधनों का अवैज्ञानिक दोहन, प्रदूषण में वृद्धि, पर्यावरण का विनाश आदि कुछ ऐसी समस्याएँ हैं जिनका सामना अधिकांश खनन क्षेत्रों को करना पड़ रहा है। संजीव का उपन्यास 'सावधान नीचे आग है" चन्दनपुर के कोयला खदान पर आधारित है। अंग्रेज़ों के आगमन से यह शुरू हुआ। 1954 तक लगातार कोयला खदान में आग लग गयी है। इसमें कई लोग जल गये। चन्दनपुर गाँव के सारे लोग इसकी सज़ा भोग रहे हैं। इस इलाके की भूमि बैठ रही है। भूमि के बैठने से मकान भी नीचे बैठ रहे हैं। गाँववासियों को पीने के लिए पानी भी नहीं। कोयला खदान का गन्दा पानी अब दामोदर नदी की ओर बहाया जा रहा है। इसलिए वहाँ के लोग कई प्रकार के रोगों से पीड़ित हो जाते हैं। जानवर मर जाते हैं। इन पारिस्थितिक समस्याओं से लोग विस्थापित होने के लिए मजबूर हो जाते हैं।

वीरेन्द्र जैन के 'डूब' में बुंदेलखंड के ग्राम्य समाज को विकास के नाम पर शुरू की जानेवाली योजनाएँ किस तरह उजाड़ रही हैं इसका वर्णन है। दिल्ली और भोपाल में बैठे हुए योजनाकारों के मेज़ पर और दिमाग में जो नक्शा पसरा हुआ है उसमें सिर्फ बेतवा नदी है, बुंदेलखण्ड स्थित राजघाट है और इस योजना से सम्भव लाभ 'सोख' लेने का प्रपंच है। उनके नक्शे में इस योजनास्थल के आसपास रहनेवालों की ज़रूरतों के लिए जगह नहीं है। आज़ादी के बाद से 'डूब' शुरू होता है। बेतवा के किनारे बसा तीन तरफ पहाड़ियों से घिरा और शेष समाज से कटा हुआ है लड़ई गाँव। राजघाट पर बाँध बनने की जो घोषणा वरदान लगी थी वह लड़ैई के लिए और अन्य गाँवों के लिए अभिशाप बन गया। विकास की दौड़ में गाँव उजाड़ का

पर्याय होता चला गया। उसका सबकुछ उससे छीनता चला गया। डूबते जहाज़ से छलाँगें लगाते चूहों की तरह लोग गाँव छोड़कर भाग रहे हैं मगर वहाँ सरकारी वर्ग ज़मीन और मुआवज़े हड़पने के लिए बैठे हैं। हर परिवार इस बुरी नियति के बोझ से संघर्ष कर रहा है - लगभग पशु समान गया-बीता जीवन बिताने को मजबूर हो रहा है। बाँध की योजना बदलती रही, डूब क्षेत्र का स्थानान्तरण होता रहा। ठेकेदारों, साबों और अभियंताओं के लिए बंगले और अभयारण्य बनते रहे और इन सबको लडैई गाँव झेलता रहा।

बाँध का टीला बनाने के लिए मिट्टी खोद-खोदकर निकाल ले जाने के कारण रास्ते में गहरे गड्ढे बन गये। यह देखकर गाँव के बुज़ुर्ग माते को लगा कि बाँध ने लडैई गाँव से स्कूल और सड़क छीना, तेंदू पत्ते का रोज़गार और शान्ति छीनी। लडैई गाँव के आसपास के गाँवों में ज़मीन इकट्ठा करना शुरू किया। लोग मुआवज़े की प्रतीक्षा में रहने लगे। विस्थापन को पहले से ही भाँपकर ज़मींदारों ने जो ज़मीनें खरीद रखी थीं वह विस्थापित लोगों को ऊँचे दामों में बेचना शुरू कीं। सरकार से जो मुआवज़ा मिला उसमें से आधा अफसर लूट ले गये और आधा साब लोग। गाँववाले सपनों से खाली, तमन्नाओं से बेखबर, जीवन से ऊबे, कांतिहीन मांस-मज्जाहीन हाड़ के ढाँचे बन, विस्थापित हो जाने की आशंका में रहे।

सरकार के अनुसार बाँध क्षेत्र से सभी लोगों का विस्थापन और पुनर्वास ठीक तरह से हुआ था, लेकिन वास्तविकता कुछ अलग थी। एक दिन माते को खबर मिली कि राजघाट बाँध के एक तरफवाले टीले में दरार पड़ गयी। बहुत से गाँव डूब गये और मरनेवालों की संख्या अनगिनत है। पंचमनगर गाँव के लोग किले में इकट्ठे थे, माते भी वहाँ पहुँचे। बाँध से सम्बन्धित खबर रेडियो में इस प्रकार प्रसारित थी कि बेतवा नदी के राजघाट पर निर्माणाधीन बाँध के तटबंधों में से एक में दरार पड़ जाने से एक छोटा-सा भाग टूट गया और पानी बहकर आसपास के खाली पड़े खेतों को डूबो दिया। इस आशंका को ध्यान में रखकर ही सरकार ने बाँध के आसपास के तमाम गाँवों को मुआवज़ा देकर खाली करवा दिया था। इस बाँध के टूटने से सरकार को भारी आर्थिक क्षति हुई। अतः बाँध-निर्माण में भी अवरोध आया। फिर भी बाँध परियोजना अधिकारियों की दूरदर्शिता के कारण लोगों की जान बच गयी, इसके लिए सरकार ने उनके प्रति आभार भी प्रकट किया है। एकदम झूठे समाचार सुनकर माते परेशान हो उठा और उसने रेडियो उठाकर दूर फेंक दिया।

बाँधों के निर्माण से खेत-मकान पानी में डूब जाते हैं, वृक्षों की कटाई होती है।

बीस प्रतिशत लोगों की सुख-सुविधा के लिए अस्सी प्रतिशत लोग शिकार होते हैं। नदी का तल बढ़ाने के लिए मिट्टी के टीले खड़े किए जाने से पारिस्थितिक सन्तुलन बिगड़ जाता है। जिस लडैई गाँव को सिर्फ अनावृष्टि का अनुभव था वहाँ साल में दो-तीन बार बाढ़ आने लगी। परिणामस्वरूप विस्तृत अंचल अनुर्वर बन गया। इससे उपजाऊ ज़मीन फसल के बजाए केवल चारा उगाने योग्य बन जाती है। विकास का अर्थ भौतिक चीज़ों के उत्पादन और खपत में बढ़ोतरी नहीं। विकास वह प्रक्रिया है जो समाज के हर स्तर को पहले से अधिक स्वावलम्बी बनाती है और लोगों को अपना भविष्य तय करने की और अधिक आज़ादी देती है।

वीरेन्द्र जैन कृत 'पार' 'डूब' की दूसरी कड़ी है जिसकी पृष्ठभूमि में बुंदेलखंड अंचल का आदिवासी समाज है। आदिवासियों के विकास के नाम पर उजाड़े जा रहे जंगल और राजघाट पर बन रहे बाँध के दानवी विस्तार क्षेत्र ने राउत जाति को भी उजाड़ना शुरू कर दिया। जीरनि खेरे में बसे 'राउत जनजाति' लडैई से वहाँ चरने आये मवेशियों को देखकर परेशान हो उठा। उन्हें मालूम पडा कि राजघाट बाँध केलिए मिट्टी और पेड़ ले जाने के बाद सब कहीं गड्ढे हैं और वहाँ न हरियाली बची न ज़मीन। राउत खेरे का मुखिया अपने जीवन पर आये संकट को समझता है। वह गुनिया से कहता है - हमें गाँववालों से किसी चीज़-बसत का सहारा था क्या ? तब तो हम अपनी गुज़र-बसर इसी डाँग से कर लेते थे। अब दिनोंदिन गाँववालों के आसरे होते जा रहे हैं। अब डाँग में वह भटकता नहीं रही। कितना भटकने के बाद जलावन मिलता है। गाद मिलती है। शहद मिलता है। जड़ी-बूटियाँ तो जाने कहाँ समाती जा रही हैं। हम भले ही हरा-भरा रूख नहीं काटते। वह देवता है हमारी निगाह में। पर फिर भी हरे-भरे रूख बच पाए ? हम उनका कटना रुक पाए ? रोक पाएँगे कभी...? अब ये शहरवाले नदी पर बाँध बना रहे हैं। तब प्रलय आएगी। जो अब तक बचा है, वह सब भी स्वाहा हो जाएगा। तब हम कहाँ जाएँगे ? कैसे जिएँगे?" (वीरेन्द्र जैन, पार, पृ. 51) मुखिया की यह आशंका धीरे-धीरे सही साबित होती है।

योजनाकारों ने वर्षों पहले बाँध बनाने की योजना बनायी और साल बीतने पर दलालों और साहूकारों की फौज बड़ी होती रही। इस इलाके के आम आदमी को कुछ हासिल हुआ तो बस बदहाली और विस्थापन का न खत्म होनेवाला सिलसिला। वीरेन्द्र जैन द्वारा रचित 'डूब' और 'पार' उपन्यास इस व्यथा की कथाएँ हैं। विस्थापित समाजों को भटकाव की जो अन्तहीन नियति झेलनी पड़ती है उसे लडैई के माते जानते हैं राउत खेरे के मुखिया और गुनिया समझते हैं और वे आदिवासी औरतें भी

जानती हैं जिन्हें इसी विकास का दलाल, निर्मल साब शहर में बेचने ले गये थे। बेतवा, राजघाट और बुंदेलखंड के आसपास जो कुछ हो रहा है, वह एक देशव्यापी छल का हिस्सा है। इसलिए एक आंचलिक पृष्ठभूमि पर रचे जाने के बावजूद 'डूब' और 'पार' उपन्यासों का परिदृश्य देशव्यापी है, इनकी चिन्ताएँ समूचे भारत की चिन्ताएँ हैं।

श्रीप्रकाश मिश्र कृत 'जहाँ बाँस फूलते हैं' उपन्यास मिजो जनजातियों की समस्याओं - जैसे ज़मीन-जंगल पर अधिकार, नौकरी में जगह, ठेकेदार का शोषण आदि को ज़ाहिर करते हुए उनको मुख्यधारा से जोड़ने की समस्या पर प्रकाश डालता है। स्वतन्त्रता के बाद असम सरकार और भारत सरकार ने अंग्रेज़ों की नीति का यांत्रिक अनुसरण करके तमाम सीमावर्तो एवं जनजातियों को 'एथोपालेजिकल म्यूज़ियम' बनाकर रखने की एक अवधारणा की गयी। 'मिज़ो जनजाति' का विस्तार तिब्बत, बर्मा और तत्कालीन पूर्वी बंगाल तक है। मिज़ो के पिछडेपन को बदलने के लिए सरकार नीति बनाती है लेकिन यह नीति उन्हें उसी हाल पर छोड़ देती है। सरकार की नीति को कार्यान्वित करनेवाले अधिकारी वर्ग विकास के लिए मिले पैसे अपनी जेब में रख लेते हैं, यहाँ की वन-सम्पदा तथा स्त्रियों का उपयोग इस तरह करते हैं कि मिज़ोरम उनका उपनिवेश हो और वे सब मालिक। मिज़ो लोगों के खेत में फसल तैयार होते ही इलाके का ज़मींदार वहाँ आकर उनके घरों को उजाड़कर, फसल काटकर ले जाते थे।

नेपाल की सीमा से लगे बिहार के पश्चिमी चंपारन जिले के 'मिनी चंबल' के नाम से प्रसिद्ध जंगलों में निवास करनेवाली थारुजनजाति तथा उस क्षेत्र के डाकुओं, राजनीतिज्ञों, पुलिस और प्रशासन के बीच छिड़ी जंग का वर्णन संजीव द्वारा रचित 'जंगल जहाँ शुरू होता है' उपन्यास में है। 1857 के सिपाही विद्रोह के बाद थारु इलाके में पहुँचे ज़मींदार लोगों से डाकुओं का गठबंधन हुआ। डाकुओं ने ज़मींदारों थारुओं की ज़मीन, उनकी इज्ज़त वापस दिलवाने का वचन देकर सबकुछ लूट लिया। यह जाति ज़मींदार, डाकू और पुलिस तीनों के अत्याचारों के बीच पिसने को मजबूर हैं।

'पठार पर कोहरा' उपन्यास द्वारा राकेश कुमार सिंह झारखंडी गाँवों की नब्ज़ टटोलकर आदिवासी-गैरआदिवासी के बीच बन चुकी खाई की अन्दरूनी परतों को पूरी ताकत से खुरचा गया है। यहाँ की समस्याओं की जड़ में वे मुट्ठी-भर सामन्त है जो इन बीहड़ों वर्षो से अपनी समानान्तर सरकार चला रहे हैं जिनकी आर्थिक तानाशाही के चलते झारखंडी आदिवासी अभावग्रस्त शोषित और प्रताड़ित रहने की मजबूरी झेल रहे हैं। आज़ादी के बाद झारखंडी जंगलों और ज़मीन पर साहू, बाबू

और बंदूक की नोक पर एक खतरनाक दुनिया खड़ी है जिसमें वर्गसंघर्ष, प्रशासनिक भ्रष्टाचार, पुलिस की अकर्मण्य भूमिका और अपराध के अन्तहीन सिलसिले हैं।

मुगलों ने आदिवासियों को जंगलों से खदेड़ा तो वे भटकने को मजबूर हुए, दाने-दाने के लिए मोहताज हो गये। अभाव में स्वभाव बदल गया, कुटिलता और चालाकी उनके स्वभाव में चस्पाँ हो गयीं। कुछ लोग भीख माँगने लगे, कुछ ने जंगली पशुओं को लेकर तमाशा करना शुरू किया, कुछ ने लूटपाट को अपना पेशा बनाया। जीवन में आयी ऐसी लाचारी ने आदिवासियों को समाज की मुख्यधारा से अलग कर डाला।

मैत्रेयी पुष्पा द्वारा रचित 'अल्मा कबूतरी' उपन्यास अपराधी जनजाति या 'क्रिमिनल ट्राइब्स' से सम्बन्धित है। अपराधी जनजातियाँ न ही अरण्य आदिवासी वर्ग में शामिल हैं न ही सभ्य देहाती जनजाति में। इनकी नियति एक त्रिशंकु समाज की है। कबूतरा जाति आज भी समाज के वृत्त पर डेरा डालकर जीती है। ये लोग अपराध-कर्म से ही अपनी जीविका जुटा रहे हैं। छापामारी-सेंधमारी करनेवाला कबूतरा के पड़ाव जंगल और जेल हुए तो कबूतरी शराब की भट्ठी तथा श्रीमंतों की सेज पर जा सजी। यह ज़रूरी नहीं कि अपराधी जनजाति के सभी अपराधी हैं, बीती आधी सदी में उनमें काफी सुधार आया है। आज चल रहे 'संरक्षण और शोषण' की संस्कृति में इन लोगों का संरक्षण और उत्पीड़न साथ-साथ चलता है। कबूतरा जनजाति अपनी खानाबदोश ज़िन्दगी से छूटकर एक स्थान में रहने लगी। इनके नाम मंडरोरा खुर्द की वोटर लिस्ट में भी आ गये। लेकिन कज्जा लोग और पुलिस यह सहन नहीं कर सके कि कबूतरा शिक्षित हो और सभ्य बने। यदि कोई कबूतरा ऐसा करता है तो सभ्य समाज की नज़र में षड्यंत्रकारी बन जाता है। यह आज का यथार्थ है। अपराधी 'कबूतरा' जैसी जनजातियाँ नहीं बल्कि अपराधी तथाकथित सभ्य समाज है जो इन जनजातियों को 'अपराधी' बने रहने को विवश कर देता है।

झारखंड के पलामू क्षेत्र के 'ओराँव जनजाति' की संघर्षगाथा है मनमोहन पाठक कृत 'गगन घटा घहरानी' उपन्यास। ये लोग अपने खेत ज़मींदारों के पास गिरवी रखने के लिए बाध्य होते हैं, लेकिन उनके हाथ चढ़ा खेत आज तक कोई नहीं लौटा पाया। इसी तंत्र के चलते मेहनतकश लोग अपने गाँव, घर, खेत से बेदखल होकर जड़विहीनता का अभिशाप झेलते हैं। भारत का जनजाति वर्ग क्रूर, पूँजीपति और अर्द्धसामन्ती शोषण का शिकार हैं। ज़मीनें उनके हाथ से निकल गयी हैं, जंगल के अधिकार छिन गये हैं और वे ठेकेदारों तथा भूस्वामियों के लिए सस्ती और बँधुआ मज़दूरी के स्रोत बनकर रह गये हैं। उपन्यास का मुख्य पात्र सोनाराम था जिन्होंने

उरांव जनजाति का आत्मसम्मान जगाने की भरसक कोशिश की। उपन्यास के अन्त में उसने जो वक्तव्य दिया है वह विचारणीय है - "यह जंगल हमारा है वैसे ही हम गाछ का है। यहाँ के जानवरों का है। यहाँ की नदी, झरने, पहाड़ और ये खेत भी हमारे हैं। इन्हें किसी को बेचा नहीं जा सकता। हमारा शरीर, हमारी ताकत, हमारे माँ-बाप और गाँव-समाज का दिया है हम उसे दूसरों को गिरवी कैसे रख सकते हैं। इसलिए कोई सेवकिया नहीं। हम जंगल में किसी को घुसने नहीं देंगे। हम अपनी धरती के नीचे का लोहा, कोयला किसी को कोडने खोदने नहीं देंगे। इस धरती और वन को दूसरों को देकर हमने बड़ी भूल की है। आज यह धरती, यह वन में बनिया, ठेकेदार, ज़मींदार और रेंजर ने दखल कर दिया, हमीं को हटा दिया। अगर किसी को काठ-लकड़ी चाहिए हमसे लो अगर अनाज-पानी चाहिए हमसे लो, कोयला-लोहा चाहिए, हमसे लो। माँगकर लो। हमारा ताकत परिश्रम चाहिए, हमसे माँगकर लो। छीनकर, छल-बल से, डरा-धकमाकर नहीं, उचित कीमत देकर और जो हमको चाहिए, बदले में हमें वह दो। अपनी चीज़ की कीमत हम तय करेंगे।" (मनमोहन पाठक, गगन घटा घहरानी, पृ. 250)

विकास के नाम पर लोगों को जिस तरह उनकी ज़मीन से बेदखल कर उन्हीं के 'हाल' पर जीने के लिए छोड़ दिया गया, यह एक विचारणीय मुद्दा है। कारण जब औद्योगिक क्रान्ति के लिए सरकार इकाइयों की स्थापना करती है तब प्रत्येक प्रभावित परिवार के एक-एक व्यक्ति को नौकरी दी जाती है। परिणाम यह होता है कि परिवार का जो सदस्य नौकरी पाता है वह धीरे-धीरे समाज और बाहरी संस्कृति से जुड़कर आधुनिक तरीके से जीवन यापन करने लगता है। दूसरी तरफ उसके परिवार में असमानता की स्थिति उत्पन्न होने लगती है तथा एक समय ऐसा आता है जब वह व्यक्ति अपने परिवार से अलग हो जाता है। उसके परिवार के शेष सदस्य पुनः पुरानी आर्थिक और सामाजिक अवस्था में जीने के लिए बाध्य हो जाते हैं। इस परिवार की नयी पीढ़ी जिसके पास न तो ज़मीन होती है और न ही नौकरी - अपने ही समाज में एक अजनबी की ज़िन्दगी जीने के लिए अभिशप्त होते हैं और वे प्रशासनिक और सामाजिक व्यवस्था के खिलाफ पहले तो विद्रोह और फिर आन्दोलन करने को बाध्य हो जाती है। इस तथ्य को सुभाष पंत ने अपने 'पहाड़ चोर' उपन्यास में सफलतापूर्वक प्रस्तुत किया है।

पूँजीवाद और व्यवस्था अपने आर्थिक लाभ के लिए देश के नक्शे से झण्डूखाल का अस्तित्व मिटा देते हैं। पहाड़ को खनन के लिए लीज़ पर देने में सबसे बड़ी बाधा

थी उसकी तलहटी में बसा मोथियों का गाँव, झण्डूखाल। इस गाँव की वजह से घूमती फाइलों के दाम बढ़ गये। अन्ततः एस.ओ. ओबरी कम्पनी ने अपने राजनीतिक असर और पैसों की ताकत पर पहाड़ हथिया लिया और उसे पन्द्रह साल की लीज़ पर खनन का अधिकार मिल गया। इसके लिए कम्पनी ने पहाड़ का जो नक्शा प्रस्तुत किया उसमें झण्डूखाल गाँव का अस्तित्व नहीं था। पहाड़ का अंधाधुंध उत्खनन करनेवाले जंगलों की कटाई करनेवाले देशी पूँजीपति ही 'पहाड़ चोर' हैं। देश की तरक्की के नाम पर इन लोगों ने प्राकृतिक सम्पदा की जमकर लूटपाट की।

बड़े बाँध समय की आवश्यकता है। जनता के हितैषियों ने बाँधों का यह कहकर विरोध किया कि लोगों का घर और रोटियाँ छीनी जा रही हैं। न्यायपालिका के अनुसार मूल समस्या बाँध नहीं विस्थापन है। भारत ने टिहरी को डूबते देखा, सरदार सरोवर बाँध के लिए आसपास के आदिवासी गाँवों को डूबते हुए देखा, एक हँसता-चहकता शहर और गाँव कैसे धीरे-धीरे डूब में समा जाता है, यह मन को उदास कर देता है। इस उदासी ने अमिता शर्मा को झकझोरा और उन्होंने अपने उपन्यास 'विस्थापित' में विस्थापन की समस्या को प्रस्तुत किया है। यह उपन्यास बहुत बारीकी से दो स्तरों पर समानान्तर चलता है। एक ओर आदिवासियों के विस्थापन की समस्या है तो दूसरी ओर बेहद ईमानदार और उदार प्रशासनिक अधिकारी शंकर के विस्थापन की समस्या है। बाँध बनने के कारण आदिवासियों की ज़मीन डूब क्षेत्र में आ गयी, उन्हें घर छोड़कर जाने का आदेश प्रशासन द्वारा दिया जा चुका है। उन्हें दूसरी जगह पुनर्वासित किए जाने का आश्वासन भी दिया गया है। लेकिन राजनेताओं के वरदहस्त से भूमाफिया आदिवासियों की ज़मीन को हड़प लेता है और मनमाने दामों में बेचने लगता है। इस स्थिति में भूमाफियाओं, राजनेताओं और प्रशासनिक अधिकारियों के शोषण से निरक्षर आदिवासियों को मुक्त करने की जिम्मेदारी एनजीओ के कन्धों पर आती है। वे धरना करते हैं, मीडिया में आग उगलते वक्तव्य देते हैं और आदिवासियों के प्रति आस्था जगाते हैं। लेकिन वे लोग भी इस अवसर को अपने राजनैतिक भविष्य को चमकाने के लिए इस्तेमाल करते हैं।

प्रतिभा राय कृत 'आदिभूमि' उपन्यास उड़ीसा के 'बोंडा जनजाति' के जीवन और परिवेश की जीवन्त कथा है। आज वैश्वीकरण के दौर में विकास के नाम पर आधुनिक समाज द्वारा हो रहे उनके दोहन-शोषण और उससे उपजी विकृतियों की गाथा है 'आदिभूमि'। उड़ीसा के कोरापुर जिले में स्थित बोंडा पहाड़ में अत्यन्त आदिम अवस्था में बोंडा जनजाति जी रही है। आपस में मारकाट करने के कारण वे

अपराधी के रूप में कुख्यात हैं। वे दैहिक एवं आर्थिक शोषण के अत्याचार के थपेड़ों को सदियों से झेलते आ रहे थे। उनके अपने अस्तित्व पर प्रश्नचिह्न बने बदलती परिस्थितियों से वे लोग डरे और सहमे हुए हैं। आदिवासी क्षेत्र में जाकर सरकारी कर्मचारी उनके पक्ष लेने की अपेक्षा सामन्त से जा मिलते हैं। परिणामतः आदिवासी जो कभी किसान था वह मज़दूर बन जाता है और धीरे-धीरे वह भूमिहीन होकर विस्थापन का दर्द झेल जाता है।

जब तक जनजाति समाज को साथ लेकर विकास-योजनाएँ नहीं बनायी जाएँगी तब तक वे भारतीय जीवन की मुख्यधारा में शामिल नहीं हो पाएँगी। व्यवस्था बदलती है तथा पुराने लोगों की जगह नये लोग आ जाते हैं परन्तु शोषण की प्रक्रिया का सिलसिला अनवरत चलता रहता है। आज भी आदिवासी समाज, विकास की प्रक्रिया के एकदम पास रहते हुए भी अपने आप को शोषित और उपेक्षित महसूस कर रहा है। सभ्य समाज द्वारा उनका और पर्यावरण का अनवरत नाश करता आ रहा है इसका अन्त अनिवार्य है।

राजनीतिक और प्राकृतिक आपदाओं से उत्पन्न विस्थापन

भारत में राजनीतिक कारणों से उपजे विस्थापन कश्मीर के विभाजन के साथ शुरू हुए। गोधरा हत्याकांड भी इसी श्रेणी में आता है। कश्मीरी पंडितों के विस्थापन को लेकर हिन्दी में अभी तक तीन उपन्यास लिखे गये। वे हैं - चन्द्रकान्ता का 'कथा सतीसर', क्षमा कौल का 'दर्दपर' और मनीषा कुलश्रेष्ठ का 'शिगाफ'। इन उपन्यासों में कश्मीरी पंडितों के अपने घर से निष्कासित होने तथा शरणार्थी शिविरों में दड़बेनुमा ज़िन्दगी जीने की दारुण स्थिति का बखान किया गया है। कथा सतीसर के आरम्भ में ही लेखिका लिखती हैं - "यह कथा उन बेघर-बेनाम बच्चों के नाम, जिन्हें ग्यारह वर्षों के निष्कासन के बाद भी समझ नहीं आता कि वे अपने घर क्यों नहीं लौट सकते।" (चन्द्रकान्ता, कथा सतीसर, पृ. 5)

'कथा सतीसर' में वादी में चौदहवीं सदी में सिकंदर द्वारा जो आतंक मचाया गया उसमें विस्थापित पंडितों की सूचना प्राप्त है। आज वही दौर ज़ारी है। लेकिन आज बाहर से आया हुआ नहीं बल्कि भाई ही भाई को घर से भगा रहा है। इसका तात्पर्य यह है कि राजनीतिक कारणों से विस्थापन शताब्दियों से चल रहा है। उपन्यास में लल्लेश्वरी नामक पात्र के माध्यम से निष्कासित पंडितों की दुखभरी कहानी ज़ाहिर होती है। लल्ली आठ वर्ष की उम्र में अपनी जन्मभूमि कश्मीर से अलग होकर

न्यूजर्सी की नयी भूमि में जज़्ब होने की प्रतीक्षा में हर पल काट रही है। उसकी चाह है कि मरने से पहले वह अपनी मिट्टी लौट आ पाएगी। अपनी बेटी से वह कहती है - "नब्बे वर्ष का पुराना चोला, वे अन्त खिंचते इन्तज़ार का साथ नहीं निभा पाएगा।" (कथा सतीसर, पृ.17) लल्ली न्यूजर्सी में आज अपने कश्मीर की मिट्टी की गन्ध ढूँढने का निष्फल प्रयास कर रही है। ओक, डॉगवुड के वृक्षों में छूटे हुए घर के चीड़ और चिनार ढूँढ़ना, काली रेशमी सड़कों पर कार दौड़ाती तो वितस्ता के पानी में बह जाने जैसे लगना, वृक्षों पर बुलबुल, कुकिल, पोशन्नल की तलाश करना, सागर में तैरती जहाज़ों को देखकर वितस्ता में कमल पत्रों पर सजे दीये सा प्रतीत होना आदि लल्ली की टूटी हुई मानसिकता को सूचित करता है।

कश्मीर के इस विस्थापन के कारणों को ढूँढ़ निकालने का प्रयत्न भी इस उपन्यास में हुआ है। उनमें सबसे मुख्य एवं प्रबल विभाजन ही है। विभाजन से कश्मीर एक तर्कभूमि बन गया। भारत एवं पाकिस्तान के बीच की शत्रुता इसी भूमि पर केन्द्रित है। यह एक राजनीतिक मुद्दा है। अब आतंकवाद वहाँ पनप गया। कथा सतीसर में इसलिए विस्थापन के कारण आतंकवाद नौकरी एवं शिक्षा, अजनबीपन, गलतबयानी, धर्म विकास योजना आदि माने जाते हैं। पाकिस्तान के षड्यंत्र महाशक्तियों के हस्तंक्षेप, राजनीतिक नेताओं के षड्यंत्र और धर्मान्धता से उत्पन्न आतंकवादी मनोवृत्ति के फलस्वरूप कश्मीर में बटों और मुसलमानों के बीच दीवारें खड़ी हो गयीं। बटों को आतंकवादी हमलों का शिकार बनना पड़ा। कबीलाई आक्रमण का एक दृश्य देखिए - "11 सितम्बर, 1968 के दिन मट्टहाँजियों ने चीक्राल मुहल्लों में बटों के घरों पर हमला बोल दिया। बटनियों को घसीटा उनके उजहोरू काटे, छातियाँ नोचीं। कई बटों ने साफ कहा कि अब हमारा वादी में रहना खतरे से खाली नहीं। दिलों में दरारें पड़ गयी। "(कथा सतीसर, पृ. 354) कश्मीरी पंडित आतंकवादियों से डरकर अपना घर-बार छोड भागने को तैयार हैं। लेकिन वादी में जो रह गये उनकी स्थिति भी काफी शोचनीय है। लेखिका उन तमाम कट्टरपंथी मुसलमानों से पूछना चाहती है जो आँख बन्द करके पंडितों को हलाल कर रहे हैं - "वे अपने, पुरखों का घर छोड़कर नहीं जाना चाहते थे। क्या वे मुखबिर थे?" (कथा सतीसर, पृ. 377)

वादी को पाकिस्तान इस्लामीकरण करना चाहता है। इसलिए अपने रास्ते के रोड़े चाहे वह हिन्दू हो या धर्मनिरपेक्ष मुसलमान उसे अपने रास्ते से हटाना चाहते हैं। इसके लिए उन्हें साथ देते हैं यहाँ के राजनीतिक दल। राजनेताओं की इस गूढ़नीति

का पर्दाफाश शिवनाथ नामक पात्र करता है - "अब हमारे बच्चों को देश-विदेश में नौकरियाँ ढूँढ़नी होंगी। सादिक साहब ने भी 70/30 प्रतिशत में मुसलमान-हिन्दू को बाँट दिया है। अब योग्यता नहीं, कोटे के मुताबिक नौकरियाँ या यूनिवर्सिटी में सीटें मिलेंगी। बिज़नेस वगैरह में भी हमारे लड़कों को जाना होगा। वक्त की माँग है।" (कथा सतीसर, पृ.377) इस प्रकार हिन्दुओं को मजबूरीवश बाहर नौकरी की तलाश में और डर के मारे जाना पड़ता है। कश्मीरी पंडितों को लगा कि अब अपने भाई-बहन भी उनसे अजनबी का सा व्यवहार करते हैं। इसलिए अपनी भलाई को ध्यान में रखकर पंडित बाहर जाने को विवश हो जाते हैं। अयोध्यानाथ कहता है- ताता! इधर हमारे लिए अब कुछ नहीं है। मैं अन्धी गुफा में गुम होना नहीं चाहता, कुछ बनना चाहता हूँ-। क्या फिर धरती सिकुट गयी हमारे लिए?" (कथा सतीसर, पृ. 480) वादी में बटों को अपनों से कट जाने का दर्द काफी गहरा हो जाता है। राजनेताओं, पत्रकारों, मीडियावालों की गलतबयानी की वजह से भी बटों को अपने देश से निर्वासित होना पड़ता है। लेखिका उपन्यास की भूमिका में लिखती हैं - "सबसे ज़्यादा उद्वेलित मुझे उन बुद्धिजीवियों, पत्रकारों-नेताओं की गलत बयानियों और फतवेबाजियों ने किया, जिन्होंने ऊपरी परत देखी और निष्पक्ष होकर कश्मीरियों की समस्याओं को महसूस किए बिना, एकपक्षीय निर्णय दिए।" (भूमिका, पृ. 9) हिन्दुओं को बाहर खदेड़ने के राजनीतिक तंत्र का खुलासा भी उपन्यास में है। वादी में भट्टों की धार्मिक भावनाओं पर कुठराघात पहुँचा दिया जाता है। उन्हें श्मशान बनाने के लिए टुकड़ा भर ज़मीन भी नहीं दी जा सकती। इसके विपरीत मुसलमानों को मस्जिद बनाने के लिए कई एकड़ ज़मीन आसानी से दी जाती है।

विस्थापन से लोगों को विदेश में जज़्ब न हो पाने की विडंबना होती है और साथ ही साथ अपने परिवारवालों से बिछुड़ने का दुःख भी होता है। उपन्यास के आरम्भ में एक संयुक्त परिवार के खुशहाल का चित्रण हुआ तो अन्त तक आते-आते वह पूरा घर तितर-बितर हो जाता है। मलावती इसी दुःख का बयान करती है - "कहाँ बिखर गया हमारा आल-आयाल? अपने हाथ-पैर जुदा हो गये! मेरी आँखों की रोशनी ...।" (कथा सतीसर पृ.360) वह अपने नाते-पोते की किलकारियों को सुनने के लिए तरसती है। विस्थापन का सबसे बड़ा दुष्परिणाम हुआ कि लोग अपने घर से दूर किसी शरणार्थी शिविर में अमानवीय ज़िन्दगी बिताने के लिए विवश बन जाते हैं। ये शरणार्थी जम्मू और दिल्ली में बनाये शिविरों में जीने लगे। रिलीफ फंड से इन्हें अन्न मिल गया। पर सिर्फ अन्न से सभी समस्याएँ दूर नहीं होंगी। बच्चों की पढ़ाई, स्वास्थ्य के उपकरण

की कमी, खाने-पीने की कमी आदि। शिविरों की एक तस्वीर इस प्रकार दी गयी है- "इधर, खामोश रातों में टैंटों शिविरों की यह बस्ती लम्बा-चौड़ा कब्रिस्तान नज़र आती है। ... नित्यकर्म की क्रियाओं से लेकर राशन और पानी तक डिब्बे, थैले, बाल्टी-बाल्टी के लिए बच्चे-बूढ़े और मर्द लम्बी कतारों में टँग जाते हैं। सुबह से शाम तक एक लम्बा इन्तज़ार पसरा है यहाँ।" (पृ. 514) शरणार्थी शिविरों में स्त्रियों की स्थिति काफी दर्दनाक है।

लेखिका शरणार्थी शिविर में जिल्लत की ज़िन्दगी जीनेवालों को स्वयं अपने लिए मार्ग ढूँढ़ने की हिदायत देती है। उपन्यास का प्रत्येक पात्र इस रास्ते को ढूँढ़ने के लिए तैयार हो जाता है। निरंजन नामक पात्र सोचता है - "मुझे आवाज़ दो, मेरे जन्मदाताओ मेरे बेनाम वंशजो कि हमारी आवाज़ों की गूँज से ही कटेगा हमारा लौटा हुआ निर्वासन।" (पृ.578) लेखिका लल्ली के माध्यम से यह कहना चाहती हैं कि घर का मतलब वही जान पाएगा जो घर से निष्कासित होता है। उन्हें घर से निष्कासित होना जीते जी कब्र में पैर रखने जैसा मालूम पड़ता है। लेखिका जन्मभूमि से वादा करती हैं कि हमारे पाँवों के निशान सहेज ले कि - "मैं आऊँगी उन्हें ढूँढ़ती हुई/ सहलाने अपने और तुम्हारे ज़ख्म"। (पृ.593)

मनीषा कुलश्रेष्ठ का उपन्यास 'शिगाफ' कश्मीर के आतंकवाद और हिन्दू विस्थापन पर आधारित है। लेखिका ने गोधरा पर मचानेवाले शोरोगुल और कश्मीरी हिन्दुओं के विस्थापन और वहाँ के हत्याकांडों पर होनेवाली खामोशियों की बात की है। हिन्दुओं के विस्थापन को देखा जाए तो 'शिगाफ' की लेखिका ने इसके अन्दर तक झाँकते हुए एक छोटी सी कविता में उसे पूरा का पूरा समेट लिया है -

"मैं आज निर्वासित हूँ- क्योंकि तुंमने चुना था निहत्थों को मारना
मैं आज निर्वासित हूँ- मैंने चुना सम्मान से जीना, हथियार न उठाना
मैं आज निर्वासित हूँ- मैंने चुना सम्मान से जीना, हथियार न उठाना
मैं आज निर्वासित हूँ- क्योंकि पूरा संसार चुप रहा महड़ कुछ लोग ही तो मर रहे थे।
मैं आज निर्वासित हूँ- क्योंकि मेरा भारतीय होने में विश्वास था।"

इन पंक्तियों से हिन्दू विस्थापन की गहरी समझ हमें मिल जाती है। इसके माध्यम से लेखिका ने हिन्दू निर्वासन को अन्तर्राष्ट्रीय जगत से जोड़ने की कोशिश की है। विस्थापन के साथ कश्मीरी जैसी सशक्त भाषा का भी अन्त हो रहा है। जो हिन्दू वहाँ रहते हैं वे अंग्रेज़ी भाषा और संस्कृति को अपनाने की कोशिश में हैं। जो कश्मीरी भाषा से प्यार करते हैं वे विस्थापित होते जा रहे हैं। इसलिए विस्थापन के बाद अब

कश्मीरी जैसी मुहावरेदार, लोकोक्तियों से भरपूर भाषा आहिस्ता-आहिस्ता मर रही है। कश्मीरी की अपनी लिपि शारदा है। लेकिन आजकल उसके स्थान पर अरबी-फारसी लिपि का इस्तेमाल हो रहा है। शरणार्थियों का खूब वर्णन इसमें हुआ है। वहाँ हम देख सकते हैं कि शरणार्थियों को मिलनेवाली सहायता राशि से भ्रष्टाचार का एक नया सिलसिला शुरू हो गया।

आतंकवाद ने कश्मीर की अर्थव्यवस्था को हिला दिया। उनकी आमदनी का मुख्य रास्ता पर्यटन है। यह बन्द सा हो गया। लड़कियों और औरतों का बुरी तरह से दमन किया गया, उनके मौलिक अधिकार छीन लिए गये। मुस्लिम समाज की दुविधाग्रस्त ज़िन्दगी का ज़िक्र भी उपन्यास में है। क्षमा कौल का 'दर्दपर' उपन्यास भी कश्मीर में हिन्दुओं के ऊपर होनेवाले अन्याय और वहाँ से विस्थापित होनेवाले हिन्दुओं की दर्दनाक दास्तान पेश करता है।

प्राकृतिक आपदाओं से जो विस्थापन होता है इसका बखूबी वर्णन लक्ष्मण गायकवाड के उपन्यास 'दुभंग' में हुआ है। भयानक भूकम्प के कारण लातूर का 'किल्लारी' नामक गाँव पूर्णतः उजड़ गया। उस गाँव का पूरा इतिहास पेश करते हुए उस भूकम्प से उत्पन्न विनाश का चित्र उपन्यास में उभर आता है। भूकम्प के कारण हुए लोगों का विस्थापन और उनके पुनर्वास सम्बन्धी जटिल समस्याओं की सच्चाई को इस उपन्यास के ज़रिए पर्दाफाश किया गया।

उपर्युक्त उपन्यासों के विश्लेषण से यह साबित होता है कि विस्थापन का इतिहास बहुत प्राचीन काल से शुरू होता है। लेकिन प्रत्येक कालखंड में विस्थापन के कारण अलग-अलग हैं। खुद विस्थापन को स्वीकार करनेवाले लोग हैं तो कुछ लोग मजबूरीवश इसके शिकार बनते हैं। आज विकास, आतंकवाद, राजनीति, साम्प्रदायिकता, प्राकृतिक आपदाएँ आदि के कारण लोग विस्थापित होने में मजबूर हो जाते हैं। उनका पुनर्वास आज सबसे बड़ी समस्या है। विस्थापन से हमारी कई उच्च संस्कृतियों का अन्त सम्भव हो जाता है। लोग मानसिक एवं शारीरिक संघर्षों से तनावग्रस्त बन जाते हैं। इसलिए कई तरह से होनेवाले विस्थापनों में कृषक भी उल्लेखनीय है। 'हलफनामा' उपन्यास में राजू शर्मा इस तरफ थोड़ा संकेत करते हैं। अब उत्तर प्रदेश के नोएडा जैसे प्रदेशों के विस्थापन के तहत कृषक एकत्र होकर इसके खिलाफ आन्दोलन चला रहे हैं। इसका तात्पर्य यह है कि आज कई तरह से विस्थापित लोगों ने अपनी ज़मीन और अपनेपन के लिए लड़ना शुरू किया। यह उम्मीद की बात है।

स्त्री विमर्श

विश्व भर की आबादी में आधी से अधिक स्त्री ही है पर सबसे अधिक उपेक्षित एवं शोषित वर्ग भी वही है। स्त्री जितना असूर्यंपश्या है उतना अधिक वह श्रेष्ठ बन जाएगी, वैसी धारणा बना दी है पुरुष सत्तात्मक समाज ने। इसलिए स्त्री इसी धारणा को सार्थक बनाते हुए सचमुच अन्धकार में ही अपना रास्ता टटोल रही है। मशहूर बंगलादेशी रचनाकार तसलीमा नसीरन के मत में यह पुरुष सत्तात्मक व्यवस्था का सबसे बड़ा षड्यंत्र है कि स्त्री अपने अन्धकार में रह, सेविका बनी रहे, उसके शोषण को वह कभी न पहचाने। अतः स्त्री ने अपने घर की दहलीज़ लाँघने की जुर्रत की या बाहरी दुनिया को झाँककर देखने की। इसलिए फेडरिक एंगेल्स ने कहा कि "मातृसत्ता का विनाश स्त्री जाति की विश्व-ऐतिहासिक पराजय था। अब घर के अन्तर भी पुरुष ने अपना आधिपत्य जमा लिया।" (परिवार, निजी सम्पत्ति और राज्य की उत्पत्ति, पृ.64) स्त्री को सौन्दर्य की वस्तु, पुरुष के उपभोग की चीज़ के रूप में समझाया गया। उसकी मेधा को उसकी काबिलियत को अनदेखा कर दिया। इसलिए स्त्री को देह के स्तर पर समझा जाने लगा। उसके मस्तिष्क यानी सिर को मानने के लिए पुरुष समाज तैयार नहीं था। जहाँ कहीं स्त्री ने अपनी मेधा की ताकत प्रकट की वहाँ उसको अधिकार के तहत दबा दिया गया। इस दमन की प्रतिक्रिया है स्त्री विमर्श नहीं तो स्त्री मुक्ति आन्दोलन। वह अपनी मेधा की स्वीकृति चाहती है। अपने अस्तित्व यानी कि अस्मिता को जताना और स्थापित करना चाहती है।

विमर्श अंग्रेज़ी शब्द 'डिस्कोर्स' का समानार्थी शब्द है जिसका अर्थ है विचार विनिमय, जीवन्त बहस, सोच विचार, परिचर्चा। यहाँ स्त्री विमर्श का अर्थ बनता है स्त्री को केन्द्र में रखकर उसके जीवन के हर पहलू को लेकर गम्भीर सोच-विचार। उसके शोषण, दमन, उत्पीड़न, उपेक्षा जैसे स्त्री जीवन के हर पहलू पर चर्चा परिचर्चा करते हुए उसको मानवोचित जीवन जीने के अधिकार को हासिल कराने का आन्दोलन, वही स्त्री मुक्ति आन्दोलन है। वही साहित्य का स्त्री विमर्श है। स्त्री विमर्श अनिवार्य है जिससे उसके जीवन की अनछुई एवं अनजानी पीड़ा जगत के उद्घाटन

का अवसर मिलता है। इसलिए स्त्री विमर्श स्त्री की सामाजिक, आर्थिक, राजनीतिक, सांस्कृतिक स्थिति के व्यापक दृष्टिकोण का विमर्श है। वह इन क्षेत्रों में अपनी मुक्ति चाहती है। इसका मतलब है अपने स्वतन्त्र विचारों को प्रकट करने का स्वातन्त्र्य। एक व्यक्ति के रूप में वह उसकी मुक्ति है यानी अस्मिता का निशान है।

शरीर भेद प्रकृति की देन है पर लिंग भेद पुरुष समाज की है। इसको दूर करना चाहिए तब ही सामाजिक न्याय मिल सकता है। यही स्त्री विमर्श का नया योगदान है, "स्त्री-पुरुष की जैविक भिन्नता यौनता पर आधारित है। यौनता के आधार पर जैविक भेद किया जाता है। मगर अन्य ऐसा भेद आरोपित एवं सम्बन्धित है। ऐसी भिन्नताएँ हैं जिन्हें समाज ने इस जैविक भिन्नताओं के सन्दर्भ में लागू किया है।" (प्रभा खेतान, स्त्री विमर्श ज्ञान की मीमांसा, पृ. 89) स्त्री विमर्श द्वारा स्त्री के इस इतिहास को उघाड़ने का प्रयास किया जा रहा है जिससे स्त्री शोषण के कारणों को समझने में मदद मिले।

हिन्दी साहित्य में नारी मुक्ति आन्दोलन एक संगठित आन्दोलन के रूप में सत्तर के बाद ही रूप लेता है। इसका मूल कारण नारी के अपने स्वत्व की पहचान ही है। यह स्वत्व बोध नारी शिक्षा का ही परिणाम है। स्त्री-पुरुष दोनों सचमुच समाज में ही नहीं सब कहीं समान अधिकार के हकदार हैं। पर सब कहीं स्त्री हाशिए पर छोड़ दी गयी है। पुरुष का अधिकार ही सब कहीं दिखाई देता है। स्त्री ने जब अपनी हैसियत को पहचान लिया तो उसने पाया कि उसके सामने प्रतिकूलता ही प्रतिकूलता है। उसकी अपनी कोई हैसियत नहीं, कोई अधिकार नहीं, वह सिर्फ पुरुष का उपकरण मात्र है। इस असमानता के खिलाफ स्त्री संघर्ष ही नारी मुक्ति आन्दोलन है। इसका प्रमुख नारा समान अधिकार की माँग है।

मातृसत्तात्मक समाज में स्त्री का सम्मान था। वहाँ वह पूर्ण स्वतन्त्र थी। वहाँ स्त्री शक्ति सम्पन्न होने के साथ उर्वर भी थी। पर धीरे-धीरे पुरुष सत्तात्मक समाज स्थापित हो गया। स्त्री अपनी शक्ति और अधिकार से वंचित हो गयी। पुरुष सम्पत्ति का स्वामी बन गया। स्त्री के मातृत्व के महत्व को कमतर करके झाँकने लगा। पुरुष ने अपने को सर्वाधिकारी के रूप में प्रतिष्ठित किया। अपने अस्तित्व को बरकरार रखने के लिए उसने स्त्री अस्मिता पर सबसे अधिक चोट की। उसने अपने उत्तराधिकारी के रूप में पुत्र को रखा। धीरे-धीरे स्त्री पर अंकुश कठोर बनने लगा। अनुशासन कठोर बना दिया गया। सारे नियम स्त्री को अपनी निजी सम्पत्ति बनाकर रखने तथा उसके सारे स्वातन्त्र्य पर अंकुश लगाने के लिए बनाये गये। पुरुष को

अपनी मनमानी करने की पूरी छूट मिली लेकिन स्त्री को बन्धनों में रख दिया गया, "पुरुष सत्ता ने उसे मर्यादाओं के संकट जाल में बाँधे रखा, मर्यादाओं के संकट जाल में स्त्री के लिए 'प्राइवेट लाइफ' का मतलब है व्यभिचार और सिन्दूरी सम्बन्धों से बाहर, हर सम्बन्ध अनैतिक, पाप और अक्षम्य अपराध। एकल विवाह या सम्बन्ध के सारे प्रतिबन्ध सिर्फ स्त्री के लिए। पुरुष के लिए व्यभिचार की खुली वैधानिक छूट। रखैल, रक्षिता वेश्या, कॉलगर्ल, सब उसी के आनन्द की संस्थाएँ हैं।" (अरविन्द जैन, उत्तराधिकार बनाम पुत्राधिकार - पृ. 19)

वैदिक काल में स्त्री-पुरुष में समानता की स्थिति कायम थी। पर समाज में पितृसत्तात्मक नीतियों एवं नियमों का ही पालन होता रहा। पर स्त्री की उतनी उपेक्षा नहीं होती थी जितनी बाद के युग में हुई थी। वैदिक काल में स्त्री को वेदाध्ययन एवं शास्त्रार्थ करने का अधिकार था। यह भी नहीं अपनी इच्छा के अनुसार पुरुष को चुनने का अधिकार भी था। वैदिक ऋचाओं की रचना के क्षेत्र में भी स्त्रियों का योगदान रहा है। लोपामुद्रा, घोषा, अपाला, गार्गी, मैत्रेयी, रोमशा जैसी महिलाओं ने इस क्षेत्र में अपना योगदान दिया है। पर उस युग में पुत्री की अपेक्षा पुत्र की प्रधानता थी।

मध्यकाल में स्त्री की स्थिति बिगड़ गयी। सती-प्रथा, शैशव-विवाह, विधवा-विवाह निषेध, पर्दा-प्रथा, देवदासी प्रथा आदि के तहत एक प्रकार से स्त्री को बन्दी बनाकर रखने की प्रवृत्ति इस युग में दिखाई देती है। संक्षेप में मध्यकाल नारी के लिए अन्धकार युग बन गया। किसी भी प्रकार का स्वातन्त्र्य नहीं था। सारे नियम उसकी सुरक्षा के बहाने उसके खिलाफ यानी कि उसे अस्वतन्त्र बना कर रखने के लिए बनाये गये। फिर भी इस युग में इन सारी प्रतिकूलताओं के बावजूद कुछ ऐसी नारियों का अस्तित्व रहा जिन्होंने सारी प्रतिकूलताओं का खुलकर विरोध किया था। वे हैं- 'हुमायूँनामा' की लेखिका गुल बदन बेगम, जहानारा, मीराबाई, देवल राणी, रूपमति, सलमा सुलताना, नूरजहाँ, ज़ेबुन्निज़ा ये मध्यकाल की प्रसिद्ध लेखिकाएँ हैं।

नारी आन्दोलन की शुरुआत पाश्चात्य देशों में हुई। इसके दो कारण हैं। पहला कारण मताधिकार को लेकर किये गये आन्दोलन से जुड़ा हुआ है। इंग्लैंड और अमेरिका में पहले स्त्रियों के मताधिकार को लेकर आन्दोलन शुरू हुआ उस समय किसी भी महिला वर्ग को इसका अधिकार नहीं था। विभिन्न आन्दोलनों के फलस्वरूप 1869 में अमेरिका में मतदान का अधिकार देना प्रारम्भ हुआ। लेकिन 1920 में कानूनी वैधता प्रदान कर महिलाओं को मतदान का अधिकार प्रदान किया गया। लेकिन इन आन्दोलन को पुरुष सत्ता के विभिन्न स्तरों के वर्गों के विरोध का सामना करना पड़ा।

स्त्री मुक्ति का दूसरा चरण साठ के दशक में पश्चिम में दूसरे विश्वयुद्ध से प्रभावित होकर शुरू हुआ है। स्त्रियों ने महसूस किया कि कानूनी तौर पर समानता के नियम के पारित होने पर भी समाज में व्यावहारिक स्तर पर अब भी भेदभाव बरकरार है। लेकिन इसके खिलाफ लेखन तो ज़ारी रहा पर सामाजिक नज़रिए में परिवर्तित न होने के कारण आन्दोलन चुप रह गये। 1949 में 'द सेकेंड सेक्स' लिखकर सिमोन द बुआ ने इस चुप्पी को तोड़ा पर 1966 में 'द फेमिनिन मिस्टिक' लिखकर स्त्रियों के असन्तोष को शब्दबद्ध किया बेट्टी फ्राइडन ने। बाद में स्त्रियों ने केट मिलेट को स्त्री मुक्ति आन्दोलन के माओ त्से तुंग माना और स्त्री मुक्ति आन्दोलन को उग्र रूप दिया। इस उग्र रूप से असन्तुष्ट होकर बेट्टी फ्राइडन उस आन्दोलन से अलग हो गयीं। उस उग्र नारीवादी आन्दोलन ने स्त्री-पुरुष सम्बन्धों में दरारें उपस्थित कीं। कुछ ही समय के बाद पश्चिम में ही स्त्रियाँ इस सच्चाई से वाकिफ हो गयी कि पुरुष के अस्तित्व को नकारा नहीं जा सकता। इसका परिणाम है पश्चिम का 'बैक टू होम' आन्दोलन। नारीवाद के तीन रूप समाजवादी नारीवाद, उदारवादी नारीवाद, उग्रवादी नारीवाद में से समाजवादी और उदारवादी नारीवाद को प्रश्रय मिला। उग्रवादी नारीवाद धीरे-धीरे शान्त हो गया। समकालीन सन्दर्भ में समाजवादी और उदारवादी नारीवाद का असर दिखाई देता है। इसका परिणाम है पुरुष के अस्तित्व को मानते हुए अपने समान अधिकार के लिए लड़नेवाली स्त्रियाँ। पुरुष विरोध नहीं तो पुरुष को शत्रु समान देखने की वृत्ति समाप्त हो गयी। अब नारी विमर्श में पुरुष को नकारते नहीं बल्कि स्वीकारते हुए समता एवं समान अधिकार की माँग की जाती है।

पाश्चात्य देशों में नारी मुक्ति आन्दोलन उसके ठीक विपरीत था। वहाँ की स्त्री भी स्वतन्त्र नहीं थी। विभिन्न प्रकार के बन्धनों में पूरी तरह बन्दी हुईं थीं वे। उन्हें मुक्त करने के लिए पहली आवाज़ उठाई मेक्सिको की एक ईसाई संन्यांसिनी सिस्टेर जुआना ने। उनकी माँग यह थी कि स्त्री को भी व्यक्ति के रूप में पुरुष के समान स्वतंत्र तथा मानवोचित जीवन बिताने का अधिकार है। पर युग युगों से स्त्री इस अधिकार से वंचित है। इसके लिए प्रमुख कारण पुरुष वर्चस्ववादी समाज है। इस व्यवस्था के खिलाफ संघर्ष शुरू हुआ। पाश्चात्य देशों में कई जगह कई स्त्रियों ने अपने वर्ग की मुक्ति के लिए संघर्ष शुरू किया। इनमें प्रमुख हैं इंग्लैंड की मेरी बुलस्टण क्राफ्ट, बारबरा ले स्मिथ, बेस्सी रैनर, पार्क्स, एमिली डेविड, जोसफैन, बटलर, फ्रांस में ओलिंपे गौज, अमेरिका में लुक्रिषिया मोट्ट, एलिजबथ, केटी स्टॉटण आदि। इन प्रतिबद्ध नारियों ने अपने-अपने ढंग से स्त्री को अपने जंजीरों से मुक्त करने का कार्य किया। साहित्य के क्षेत्र में इस आन्दोलन

ने अपना अलग प्रभुत्व जमाया। साहित्य में नारी विमर्श एक आन्दोलन के रूप में 1950 के आसपास दिखाई देता है। यहाँ स्त्री विमर्श स्त्री के स्वत्व बोध की पहचान का परिणाम है। यह साहित्य सचमुच स्त्री को अपने स्वत्वबोध को पहचानने के लिए प्रेरणा देनेवाला साहित्य है।

पाश्चात्य नारीवाद की प्रेरक साहित्यकार हैं वर्जीनिया वुल्फ। उनकी बहुचर्चित रचना है 'अपना कमरा' (A room of one's own)। इसको नारीवाद का बैबिल कहा जाता है। उन्होंने कहा कि नारी का अपना कोई कमरा नहीं। जब उसके पास पैसा आ जाता है और अपना अलग कमरा बन जाता है तब ही वह मुक्त हो सकती है। वुल्फ ने इसके लिए रचनात्मक लड़ाई लड़ी है। सिमोन द बुआ ने स्त्री उपेक्षिता (Second Sex) के माध्यम से साबित किया कि अपना समाज मानव मूल्य केन्द्रित नहीं बल्कि पितृसत्तात्मक मूल्य केन्द्रित है जो स्त्री विरोधी है इसलिए इस व्यवस्था का आमूल परिवर्तन अनिवार्य है। जर्मन ग्रियर का नाम भी इस सन्दर्भ में उल्लेखनीय है। उनकी रचना 'द फीमेल यूनक' (The Female Eunch) नारी के अवयवसम्बन्धी मिथक को तोड़ने वाली है। उन्होंने कहा कि नारी की दशा का सुधार क्रान्ति से ही सम्भव है। इस प्रकार बीसवीं शताब्दी के उत्तरार्ध में विश्व भर की लगभग सभी भाषा साहित्य में नारी मुक्ति को लक्ष्य करके लिखे गये साहित्य बुलन्द दिखाई देते हैं।

भारत में नारी जागरण का वास्तविक उद्‌भव एवं विकास आधुनिक काल में होता है। सचमुच यह युग स्त्रियों का युग है। इस युग में समाज सुधारकों ने स्त्रियों के उद्धार को अपना प्रमुख विषय बनाया। परिणामतः पर्दा-प्रथा, बाल-विवाह, सती-प्रथा जैसी कुरीतियों के विरुद्ध आवाज़ उठाई गयी। राजा राममोहन राय, ईश्वरचन्द्र विद्यासागर, गाँधीजी जैसे मनीषियों का योगदान इस सन्दर्भ में विशेष उल्लेखनीय है। नवजागरण के जनक थे राजा राममोहन राय। उन्होंने सती-प्रथा के विरुद्ध सख्त रुख अपनाया और हमेशा के लिए इस सामाजिक बुराई को समाप्त कर दिया। उन्होंने आत्मीय सभा (1815) की स्थापना करके स्त्री शिक्षा का प्रसार किया। ईश्वरचन्द्र विद्यासागर ने विधवाओं के पुनर्विवाह पर ज़ोर दिया। बाल विवाह, बहु विवाह आदि का विरोध किया गया। रमाबाई ने आर्य महिला समाज की स्थापना करके स्त्रियों को सुधारने का कार्य किया तो शारदा सदन की स्थापना करके विधवाओं का सुधार किया। पर्दा-प्रथा के खिलाफ भी उन्होंने आवाज़ उठाई। एनी बेसेंट ने स्त्री-पुरुष समानता का समर्थन करते हुए स्त्रियों के मताधिकार के लिए आवाज़ उठाई। उन्होंने भारत में पहली बार महिलाओं के लिए एक संघ की स्थापना की उसका नाम है अखिल भारतीय महिला संघ। सरोजिनी नायडू ने स्त्रियों को वोट देने के अधिकार

के लिए प्रस्ताव पारित करवाया। स्वतन्त्रता संग्राम में स्त्रियों का योगदान महत्त्वपूर्ण था। उनका संग्राम अपने अस्तित्व के लिए नहीं था बल्कि देश के अस्तित्व को लेकर था। भारतीय नारी ने अपनी चेतना में देश को प्रमुखता दी। अपने लिए लड़ने की प्रवृत्ति बाद में दिखाई देती है।

यह एक महत्त्वपूर्ण कार्य रहा कि भारत में स्त्रियों के उद्धार का बीड़ा उठाया पुरुषों ने उन्होंने स्त्रियों के स्वतन्त्र व्यक्तित्व के लिए उसके जीवन की बेड़ियों को तोड़ने का कार्य किया। उनका उद्देश्य सचमुच स्त्री-पुरुष समानता ही था। गाँधीजी भी स्त्री-पुरुष समानता के पक्षधर थे। स्वाधीनता परवर्ती भारत में स्त्री मुक्ति का ज़ोरदार आन्दोलन चलता है। शुरू में पाश्चात्य आन्दोलन के समान उग्र नारीवादी आन्दोलन चला उसमें पुरुष विरोध प्रमुख था। पर बाद में वह समाजवादी तथा उदारवादी आन्दोलन के तत्त्वों के तहत स्त्री को स्वतन्त्र करने तथा पुरुष के समान अधिकारों के लिए लड़नेवाला आन्दोलन बन गया। यही रूप समकालीन सन्दर्भ में देख सकते हैं। वहाँ स्वतन्त्रता, समता और अस्मिता ही प्रमुख मुद्दा रहा। समकालीन स्त्री लेखन की आत्मा ही यह स्वतन्त्रता बोध है।

भारतीय साहित्य में भी इसकी झलकें दिखाई देती हैं बीसवीं शती के उत्तरार्द्ध में। हिन्दी साहित्य भी इससे अच्छूता नहीं रहा। आदिकाल से लेकर यद्यपि स्त्री लेखन का तथा स्त्री विद्रोह का स्वर मुखरित है तथापि एक आन्दोलन के रूप में स्त्री मुक्ति को लक्ष्य बना कर लिखे गये साहित्य की शुरूआत सन् सत्तर के बाद ही दिखाई देती है। आदिकाल, मध्यकाल और रीतिकाल में स्त्री का भोग्या रूप ही चित्रित हुआ है। आधुनिक काल में ही स्त्री को लेकर एक बदली हुई मानसिकता का विकास हुआ था। वह सचमुच नवजागरण का परिणाम था। स्त्री को मुक्त करने उसके जीवन को सुधारने का कार्य ही इस प्रकार की रचनाधर्मिता का प्रमुख लक्ष्य रहा। स्त्री शिक्षा का प्रसार इसका प्रमुख कारण था। नारी के लिए सहानुभूति की ज़रूरत नहीं। उसने पहचान लिया कि उसका सम्पूर्ण शोषण हो रहा है। एक इनसान के रूप में कहीं भी उसकी स्वीकृति या सम्मान नहीं हो रहा है। यह पहचान ही स्त्री लेखन का मर्म है। यह सर्वथा सम्माननीय है कि स्त्री के उद्धार के लिए पुरुषों ने काफी प्रयत्न किया है, लेखन के स्तर पर तथा सामाजिक स्तर पर। उन्हीं के प्रयत्नों से ही नारी विद्रोह के लिए सक्षम बनी थी। पर स्त्री लेखन ने उसको काफी शक्ति प्रदान की। सत्तर के बाद का नारी लेखन स्त्री की आत्मपहचान और आत्मबल को उद्घोषित करने वाला अवश्य है। इस सन्दर्भ में उल्लेखनीय रचनाकार हैं प्रभा खेतान, उषा प्रियंवदा,

गीतांजली श्री, नासिरा शर्मा, चित्रा मुद्‌गल, मृदुला गर्ग, मैत्रेयी पुष्पा, कृष्णा सोबती आदि। इनकी रचनाओं में नारी का विद्रोही रूप दिखाई देता है। अपने ऊपर किये जाने वाले विभिन्न अत्याचारों एवं अन्यायों के खिलाफ विद्रोह इनकी रचनाओं में मुखरित है। यह सुविदित तथ्य है कि स्त्री जहाँ भी हो वहाँ वह शोषण एवं उत्पीड़न का शिकार अवश्य बनती है। पर आधुनिक सन्दर्भ में स्त्री ने अपनी हैसियत को पहचान लिया और उसने अपने ऊपर किये जाने वाले अत्याचारों एवं अन्यायों के खिलाफ विद्रोह जाहिर करना शुरू किया। इसका परिणाम है समकालीन नारी लेखन या नारी विमर्श। इसकी प्रमुख प्रवृत्तियाँ हैं पारिवारिक शोषण के खिलाफ का विद्रोह, नैतिकता सम्बन्धी पुरानी मान्यता का विरोध, नौकरीपेशा नारी का विद्रोह, रूढ़ियों के प्रति विद्रोह, अपनी अस्मिता के लिए संघर्ष। ये सारी प्रवृत्तियाँ समकालीन रचनाओं में दिखाई देती हैं।

स्त्री बनती नहीं बनायी दी जाती है

परिवार सुरक्षा का प्रतीक माना जाता है। पर आधिकांश स्त्रियों के लिए परिवार बेहद असुरक्षित है, उत्पीड़न तथा शोषण का केन्द्र है। क्योंकि स्त्री पैदा नहीं होती बल्कि उसे बना दिया जाता है। पितृसत्तात्मक समाज नारी को अपने नियमों में ढाल लेना चाहता है। इसलिए औरत को औरत होना सिखाया जाता है। इसके लिए एक निर्धारित ढाँचा है। उस ढाँचे में ढालकर उसको पाला पोसा जाता है। जो इस ढाँचे से निकलती है उसे समाज झूठे सम्मान और पद देकर अपने अनुकूल बना लेता है। जो इसका विरोध करती हैं या उसके सामने प्रश्न चिह्न डालती है उसको बदनाम कर डाला जाता है।

मैत्रेयी पुष्पा का उपन्यास है 'बेतवा बहती रही'। इसका पात्र है उर्वशी। घर में ही उसका शोषण होता है। बड़ा भाई उसका दैहिक शोषण करता है पर वह विद्रोह करने या किसी से कहने के लिए तैयार नहीं क्योंकि उसको सिखाया गया है कि बेटी को ज़ुबान काबू में रखना चाहिए। लड़की हो तो उसकी चाल चलन, वेशभूषा में विशेष शिक्षा दी जाती है। 'माई' नामक उपन्यास में गीतांजली श्री अपने प्रमुख पात्र सुनैना की वेशभूषा सम्बन्धी टिप्पणी करते हुए कहती है सुनैना को फ्रोक पहननी है। पर उसे पूरी लम्बाई की फ्रोक पहनने की सलाह दी जाती है। लड़की का बदन या औरत का बदन ज़रा भी बाहर न झलके इसपर सब एकमत हैं। नासिरा शर्मा का उपन्यास 'ठीकरे की मँगनी' में महरूख की चाल-चलन पर उसका चाचा नियन्त्रण रखना चाहता है। वह अपनी दादी से पूछता है कि यह महरूख क्यों पैर फेंक-फेंक कर चलती है। उसको सही चाल चलन जो लड़कियों के लिए योग्य है सिखा क्यों नहीं देती। पुरुष वर्चस्ववादी समाज ने लड़कियों

की चाल चलन को तय करके रखा है पर पुरुष जैसा चाहे वैसा चल सकता है कोई नियंत्रण नहीं। उसी प्रकार 'छिन्नमस्ता' की माँ हमेशा अपनी पुत्री प्रिया को डाँटती रहती है कि लडकियों को आवाज़ किए बिना चलना चाहिए। पैरों की धक आवाज़ करके चलना ठीक नहीं। खाँसी आये तो दबाना चाहिए। मतलब कि स्त्री को कुछ भी करने का स्वातन्त्र्य नहीं उसे सब कुछ को दबाना चाहिए पर लड़के सब कुछ कर सकते हैं कोई रोक-टोक नहीं।

लड़के-लड़कियों के खिलौने भी अलग-अलग हैं। पुराने ज़माने में कम से कम वैसा भेदभाव कम था। पर आज के बज़ारीकृत समाज में यह भेदभाव काफी ज्वलंत है। आजकल लड़कों को जहाँ मोटर कार और बन्दूक देते हैं वहाँ लड़कियों के लिए गुड़िया और किचन सेट देकर उसको नारी में तब्दील करके पुरुष वर्चस्ववादी समाज के लिए योग्य बना रहा है। यह सचमुच नारी को अस्वतंत्र बनाये रखने के षड्यंत्र का ही परिणाम है। लड़की हो तो उसको अच्छी पत्नी बनाने का प्रशिक्षण ही दिया जाता है। लड़के का स्वातन्त्र्य उसको नहीं। उषा प्रियंवदा का उपन्यास 'शेषयात्रा' का पात्र है अनु। अनु को अपने बारे में सोचने का अवसर ही नहीं देता। उसकी पसन्द-नापसन्द का सवाल ही नहीं उठता। क्या पढ़ना है, क्या खाना है, क्या पहनना है ये सब सुनिश्चित करके रखा गया है। पढ़ाई के उपरान्त का कार्य भी सुनिश्चित करके रखा गया है। उसकी शादी कराई गयी। इस पर भी उसकी मर्जी नहीं। विवाहोपरान्त कैसे जीना है यह निर्धारित है। पति प्रणव की इच्छा के अनुसार अपने को ढालना चाहिए। उसकी पोज़ीशन के अनुसार जीना, कपड़े पहनना, पार्टियों में चुपचाप शालीनता दिखाते हुए मुस्कुराते रहना। ये सारी बातें लड़कियों के लिए रस्म है। इसको पालना चाहिए वही सच्ची औरत का लक्षण है नहीं तो वह बदनामी, कुलनाशिनी जैसे विशेषणों के पात्र बन जाएगी।

बेटा-बेटी में विभेद भारतीय समाज में सब कहीं दिखाई देता है। यह माना जाता है कि लड़का कुल पोषण के लिए है इसलिए उसको शिक्षित करना अनिवार्य है। पर लड़की गृहस्थी सँभालने के लिए है इसलिए घर का काम-धंधा सीखना पर्याप्त है। इस भेदभाव की रूढ़ियों के कारण नारी घर की चारदीवारी के भीतर दम-घुटती रह रही है। इस अमानवीय स्थिति को समकालीन रचनाकारों ने अपना विषय बनाया और उसके खिलाफ अपनी आवाज़ बुलन्द की है।

कृष्णा सोबती का उपन्यास 'ऐ लड़की' में बेटे को कालेज भेजता है और लड़की को पंडित और मौलवी के पास। उपन्यास की अम्मू कहती है कि वह अपने भाई के समान पढ़ती तो क्या बन जाती। उसके मन में पढ़ने, नौकरी करने और अच्छी

हैसियत पाने की इच्छा है। पर घर में उसको कह दिया जाता है कि भाई पढ़ रहा है उसे दूध पिलाओ, वह सो रहा है उसे कम्बल ओढ़ दो। ये सारी बातें जो हैं पुरुष वर्चस्ववादी समाज की मानसिकता से उद्भूत है। उसका मानना है कि स्त्री पुरुष की सेवा के लिए है। सोबती जी इस मानसिकता के खिलाफ अपना मत प्रकट कर रही हैं।

चित्रा मुद्गल के 'आवाँ' में कुन्ती माँ कहती है अंग्रेज़ी स्कूल में फीस ज्यादा है। इसलिए छुन्नु अंग्रेज़ी स्कूल में पढ़ेगा और तुम हिन्दी स्कूल में पढ़ो। क्योंकि बेटा छुन्नु, बुढ़ापे की लाठी है। उसी लाठी को तेल-घी देकर पालना-पोसना होगा। मतलब स्पष्ट है कि बेटे को विशेष ध्यान देना ज़रूरी है और बेटी को नहीं। 'ठीकरे की मँगनी' की महरूख दिल्ली जाकर पढ़ना चाहती है। पर घर वाले उसे भेजने को तैयार नहीं होते क्योंकि खानदान में कोई यह बात पसन्द नहीं करेगा। यह भी नहीं वह लड़की है पराये घर जाने की है।

'माई' की सुनैना भी पढ़ना चाहती है किसी अच्छे स्कूल जाकर। पर उसके दादा-दादी कहते हैं कि यहीं पढ़ना अच्छा है। इनका विचार है कि लड़की पर ज़्यादा पैसा फूँकने की ज़रूरत नहीं क्योंकि वह पराये घर जाने वाली है। लड़का ऐसा नहीं वह वंश चलाने वाला है। इसलिए जायदाद भी अधिकांश पिता अपने पुत्रों को देना चाहते हैं।

मैत्रेयी पुष्पा अपने उपन्यास 'चाक' में एक सच्चाई की ओर इशारा करती हैं कि जो माता बेटी को जानती है वह ज़िन्दगी भर काँटों में उलझती रहेगी वह सुख की नींद सो नहीं पाती। इस प्रकार का भेदभाव वर्तमान समाज का सच है। इसके खिलाफ ये रचनाकार आवाज़ उठा रहे हैं। कन्या भ्रूण हत्या इस मानसिकता का परिणाम है।

परिवार सुरक्षा का प्रतीक माना जाता है पर सोचना चाहिए कि किसके लिए ? नारी के सन्दर्भ में परिवार उसके लिए कभी भी सुरक्षा प्रदान नहीं करता बल्कि उसे बेहद असुरक्षित तथा शोषित बना छोड़ता है। एक भारतीय नारी का अधिकांश समय परिवार के लिए ही छोड़ दिया जाता है। जो इस प्रकार अपने को पूर्णतः परिवर्तन के लिए कुरबान करती है चाहे वह वहाँ असुरक्षित एवं शोषित क्यों न हो? उसे आदर्श गृहिणी नाम देकर अधिक शोषण के लिए लायक बना देता है यह समाज। यह समाज नारी को दासी के रूप में देखना चाहता है जिसके मूल में पुरुष वर्चस्ववादी दृष्टि ही सक्रिय है। नारी विमर्श के लेखक इस मानसिकता का विरोध करते हैं।

घर का मालिक पुरुष है चाहे वह बेकार हो, नालायक हो, किसी भी दृष्टि में अयोग्य हो स्त्री को दूसरा स्थान ही मिलता है। सचमुच घर सँभालनेवाली स्त्री ही होगी पर स्थान उसको दूसरा ही मिलता है। मैत्रेयी पुष्पा के 'बेतवा बहती रही

'उपन्यास' की उर्वशी कहती है "क्या हुआ घर? उसका कोई घर नहीं।" (मैत्रेयी, पुष्पा, बेतवा बहती रही, पृ. 109) प्रभा खेतान के उपन्यास 'अपने अपने चेहरे' की रमा भी यही कहती है। "घर? औरत का कब कौन-सा घर हुआ है ? वह रीतू के पति का घर है, यह पिता का, फिर भाइयों का" (प्रभा खेतान, अपने अपने चेहरे, पृ. 102) 'चाक' उपन्यास की सारंग भी यही कहती है "ऐसा घर है कहाँ ? संजीव का हुक्म याद है। कुछ भी हो, घर उनका है। मुझे उसमें रहने की मोहलत है तो रंजीत के हिसाब से।" (मैत्रेयी पुष्पा, चाक, पृ. 310)

'छिन्नमस्ता' की प्रिया को विदा के समय जो उपदेश मिलता है वह भी पुरुष वर्चस्व की नीतियों को और मज़बूत करने वाले हैं, "बेटी की डोली पीहर से उठती है और अर्थी ससुराल से।" (मैत्रेयी पुष्पा, चाक, पृ. 160) गोया कि घर स्त्री के लिए सुरक्षा या समान सम्मान की जगह नहीं रह गया है। इस यथार्थ के प्रति सजग होकर वह कभी-कभी तिलमिला उठती है। वह घर को सहना नहीं घर को जीना चाहती है। अपना घर माँगती है जहाँ उसे सम्मान मिले प्यार मिले और समान अधिकार मिले। 'एक ज़मीन अपनी' की अंकिता उस मानसिकता को ज़ाहिर करते हुए कहती है, "मैं घर को जीना चाहती हूँ, बरदाश्त करना नहीं... मैं सिर्फ गृहिणी ही नहीं हूँ... एक स्त्री भी हूँ..." (चित्रा मुद्गल, एक ज़मीन अपनी, पृ. 19) उषा प्रियंवदा के उपन्यास 'शेषयात्रा' की अनु कहती है कि घर में सब कुछ अपने पति प्रणव की मर्ज़ी पर चलते हैं उसकी अपनी कोई भूमिका उसमें नहीं। कृष्णा सोबती के उपन्यास 'ऐ लड़की' की अम्मु कहती है कि लड़की के लिए घर में स्वयं कोई अस्तित्व है ही नहीं, घर के किसी पुरुष के साथ के रिश्ते के अनुसार ही उसकी पहचान है। गृहस्थी की चक्की चलाने वाली स्त्री हो पर उसका अलग कोई अस्तित्व नहीं वह किसी की पत्नी के नाम, बहू के नाम, माँ के नाम, नानी, दादी के नाम से ही जानी जाती है। सचमुच उसकी अपनी कोई जगह नहीं। यह साहित्य नहीं, यही सच है। परिवार को लेकर अपना जो दृष्टिकोण है वह कृष्णा सोबती 'समय सरगम' के ईशान के मुँह से स्पष्ट करती हैं। हर स्त्री सचमुच ऐसे परिवार या घर की चाह में है, "मानवीय मन के आवेग और आवेश को परिवार ही नियंत्रित करता है। असंख्य डेरों से वह समाज से जुडा है इसी में रहकर स्त्री-पुरुष दोनों अपनी-अपनी अन्तः शक्तियों को विकसित कर सकते हैं।" (कृष्णा सोबती, समय सरगम, पृ. 66) यही सच्चे घर की परिभाषा है, यही हर स्त्री अपने मन में सँजोती है। पर जो परिवार सम्बन्धी यथार्थ वर्तमान है उससे नाखुश होकर उसको नकारते हुए स्त्री अपने लिए बिखरे हुए घर को छोड़ने तथा अपनी मानसिकता के मुताबिक नये को गढ़ने के निर्णय में जुड़ी हुई है। यह घर को

नकारना नहीं बल्कि उसको सुधारने के उद्देश्य से किया जा रहा है। स्त्री विमर्श के अधिकांश नारी पात्र अपने ढंग के घर की तलाश में हैं। वर्तमान परम्परागत घर से वे आतंकित एवं नाखुश हैं। उसमें उसका प्रतिरोध निहित है।

विवाह भी अपने मूलभूत स्वस्थ अवधारणा से बुरी तरह फिसल गया है। विवाह सम्बन्धी अवधारणा के मूल में स्वस्थ एवं सन्तुलित सामाजिक जीवन का उद्देश्य था। पारिवारिक जीवन का पूरा ढाँचा भी विवाह की नींव पर खड़ा है। पर पितृसत्तात्मक समाज ने विवाह की अवधारणा को बदल दिया। उसने स्त्री को अपने अधिकार में रखने का हथियार बना दिया। विवाह में स्त्री के चयन का कोई अधिकार नहीं। सब कुछ पुरुष की मर्जी एवं इच्छा पर चलते हैं। विवाह धीरे-धीरे स्त्री शोषण की प्रमुख संस्था बन गया। समकालीन सन्दर्भ में स्त्री इस यथार्थ को समझ लेती है और उसको लेकर परिवर्तित मानसिकता को अपना कर वह अपना सख्त विद्रोह ज़ाहिर करती है। समकालीन उपन्यास में परम्परागत विवाह संस्था का विघटन तथा नयी अवधारणा का उदय एवं पल्लवन देख सकते हैं। यहाँ बहुत सारी पुरानी अवधारणाओं की नयी परिभाषा की माँग की जाती है।

मनुस्मृति में कहा गया है कि जो पिता अपनी बेटी की शादी ऋतुमति होने के पहले नहीं करता वह निन्दनीय है। इस निन्दा से बचने के लिए पिता किसी न किसी प्रकार अपनी बेटी की शादी करने के लिए विवश हो जाता है। बाल विवाह का प्रारम्भ भी शायद इसी विचार से होने की सम्भावना है। लेकिन समकालीन उपन्यास में स्त्री इस प्रकार किसी से भी शादी करने के लिए तैयार नही होती। पर माँ-बाप अपनी बेटी की शादी की चिन्ता में है। उनके लिए बेटी बोझ है। किसी न किसी प्रकार बोझ उतार रखना वे चाहते हैं। माँ-बाप की बेचैनी समकालीन उपन्यास में सब कहीं दिखाई देती है। मैत्रेयी पुष्पा के उपन्यास 'बेतवा बहती रही' की उर्वशी की माँ हर क्षण उर्वशी की शादी को लेकर चिंतित है और पिता को भी बेचैन करती रहती है। वह उन्हें समझाती है कि बेटी का पिता होने का मतलब निश्चिन्त रहना नहीं लड़का ढूँढ़ना, दहेज जुटाना जैसे काम हैं उन पर हमेशा ध्यान रखना चाहिए। प्रभा खेतान के उपन्यास 'पीली आँधी' का पिता रहलीराम भी अपनी बेटी की शादी की चिन्ता में हर क्षण बेचैन है। वह इसलिए ज़्यादा बेचैन है कि वह गाँववालों से डरता है। यहाँ स्पष्ट है कि ये आदमी वर्तमान व्यवस्था से डरते हैं। इस व्यवस्था को बदलने की इच्छा क्यों न हो पर अपने निजी मामले में आकर वे उस व्यवस्था के अधीन बन जाते हैं। इसलिए वर्तमान समाज में भी लड़की घर वालों के लिए बोझ है।

दहेज प्रथा कानूनन जुर्म है। पर दहेज के बिना शादी सम्भव नहीं यह सब जानते हैं। उस गैर कानूनी काम करने के लिए लगभग सबके सब तत्पर हो जाते हैं। 'स्मृति दंश' उपन्यास में मैत्रेयी पुष्पा इसी यथार्थ को उजागर करती हैं। चन्दन की माँ कहती है कि योग्य वर मिलना हो तो लाखों खर्च करना पड़ता है। अनब्याही बेटी को लेकर क्या-क्या फैल जाएगा। इसी डर से वह किसी न किसी प्रकार शादी कराने की सोच में फँस जाती है। 'पीली आँधी ' के रहलीराम की जेब खाली हो जाती है बेटी की शादी के बाद। उन्हें बाईस लाख खर्च करना पड़ा फिर भी लड़के वाले खुश नहीं हुए। लड़की को व्यक्ति के रूप में या मानवी के रूप में देखने, समझने या स्वीकारने के लिए पुरुषवर्चस्ववादी व्यवस्था तैयार नहीं होती। उसे वह धन कमाने का आसान मार्ग है। जब तक यह मानसिकता बनी रहेगी तब तक स्त्री का शोषण ज़ारी रहेगा।

मृदुला गर्ग के उपन्यास 'कठगुलाब' में स्मिता के जीजा जी उसकी शादी कराने का बहुत प्रयत्न इसलिए करता है कि वह अपना बोझ उतारना चाहता है। इसके लिए वह किसी भी अयोग्य व्यक्ति को वर के रूप में स्वीकारने को तैयार है। स्मिता की जी-जान के लिए कोई मूल्य नहीं देता। गीतांजली श्री के 'माई' के पिता की हालत इससे भी मजेदार है। वह अपनी बेटी को साड़ी पहन के देखना नहीं चाहता क्योंकि वह बड़ी लगने लगती है। शादी की चिन्ता सताने लगेगी। दहेज ही यहाँ राक्षस की भूमिका अदा कर रहा है।

दहेज एक अनाचार है यह सब के सब जानते हैं। पर समाज से डर कर सब चुप्पी साध लेते हैं। 'बेतवा बहती रही' के शशिरंजन की बहन की शादी टूट जाती है दहेज की वजह से। वर यद्यपि पढ़ा-लिखा क्यों न हो बुजुर्गों के सामने खामोश हो जाता है। लड़की की पसन्द का कोई फ्रिक नहीं। 'शेषयात्रा' की अनु की शादी का हलचल और उल्लास पूरे घर में हो रहा है पर अनु चुप है। कोई उससे कुछ पूछता नहीं, बताता नहीं। मतलब उसकी मर्ज़ी की कोई परवाह नहीं। घर वाले अपनी इच्छा के अनुसार कोई रस्म पूरा कर रहे हैं। 'अन्तर्वंशी ' की वाना को पशु की तरह पकड़कर शिवेश से शादी करवाई जा रही है। उसकी मर्जी-बेमर्जी का खयाल किसी को नहीं। स्मृतिदंश की भुवन की शादी विजय के साथ होती है जो सचमुच एक पागल है। यहाँ शादी पागलपन का एक इलाज है। इस प्रकार लड़की की ज़िन्दगी को लेकर खिलवाड़ करने का तरीका युगों से समाज में चल रहा है। इसका शिकार बनकर लड़की अपनी ज़िन्दगी को कुरबान कर रही है। इस असामाजिक एवं अमानवीय वृत्ति को चित्रित करते हुए समकालीन रचनाकार एक ओर अपनी असहमति प्रकट कर रहे हैं तो दूसरी ओर अपना सख्त विद्रोह भी। समकालीन सन्दर्भ में विवाह सम्बन्धी अवधारणा में बहुत बड़ा

परिवर्तन आ गया है। उस परिवर्तन को यानी कि नयी दृष्टि को भी अभिव्यक्त करने का दायित्व समकालीन रचनाकारों ने निभाया है।

'कठगुलाब' की नीरजा शादी पर विश्वास नहीं रखती। बिना विवाह वह विपिन के साथ रहने को तैयार हो जाती है। उसके मत में विवाह का अर्थ है युद्धस्थल। 'इदन्नमम' की मन्दाकिनी भी शादी पर विश्वास नहीं रखती इसलिए वह मकरंद के साथ के अपने सम्बन्ध को घनिष्ठ होते हुए भी शादी में तब्दील करना नहीं चाहती। शादी को लेकर 'स्त्रीपक्ष' उपन्यास में प्रभा खेतान का विचार यही है "शादी का अर्थ ही था पुरुष की बनायी दुनिया स्वीकारना उस दुनिया की शर्तों के अनुसार जीना..."। (प्रभा खेतान, स्त्रीपक्ष, पृ. 21)

आधुनिक नारी ने पहचान लिया कि शादी स्त्री शोषण का हथियार बन चुकी है। उसको अपने आत्मसमर्पण के बदले अवज्ञा ही हासिल होती है। 'सात नदियाँ एक समन्दर' की तय्यबा शादी को नारी के जीवन का सबसे बड़ा अभिशाप मानती है। उसका मानना है कि वहीं से उसका पतन और शोषण शुरूहोता है। इसलिए आधुनिक सन्दर्भ में बहुत सारी स्त्रियाँ विवाह या दाम्पत्य जीवन को कठोर बन्धन मानते हुए अविवाहित रहने का निर्णय ले चुकी हैं।

स्त्री-पुरुष सम्बन्धों में अधिकार की अपेक्षा मित्रता का भाव होना ज़रूरी है। नहीं तो वैवाहिक जीवन पराजय में परिणत हो जाएगा। पति-पत्नी को एक दूसरे को उपयोग की दृष्टि से नहीं मित्रता की दृष्टि से समझना, स्वीकारना और साथ देना चाहिए। लेकिन अधिकांश पुरुष पत्नी के साथ एक मालिकाना अन्दाज़ ही रखता है। इसलिए पारिवारिक जीवन बिलकुल यातना बन जाता है स्त्रियों के लिए। अन्तर्वंशी के शिवेश के अनुसार पत्नी हमेशा घर में उपलब्ध होनी चाहिए ताकि जब चाहे वह उसे भोग सके। 'मैं और मैं' के कौशल कुमार की दृष्टि भी भिन्न नहीं। उसके अनुसार पत्नी पति की जायदाद है जिसपर अपना हर हुकूमत चला सके। 'छिन्नमस्ता' का नरेन्द्र अपनी पत्नी प्रिया को अपने वश में रखने में गर्व का अनुभव करता है।

'एक ज़मीन अपनी' के सुधांशु के लिए स्त्री-शरीर उपभोग की चीज़ है। वह उस दृष्टि से अंकित को देखता है। गोया कि पुरुष की मानसिकता स्त्री को लेकर उतना स्वस्थ नहीं। जब तक यह मानसिकता बनी रहेगी तब तक स्त्री पुरुष सम्बन्धों का विघटन ज़ारी रहेगा। इसको स्वस्थ बनाने का एक उपाय इस मानसिकता में बदलाव लाना ही है। इसके लिए दोनों की भूमिका अनिवार्य है।

समकालीन उपन्यासों में पुरुष को लेकर नारी की मानसिकता में बहुत बड़ा बदलाव

आ गया है। वह पति को परमेश्वर मानने के लिए तैयार नहीं। पुरुष या पति को प्राप्त करना जीवन का लक्ष्य मानने के लिए भी वह तैयार नहीं। पुरुष एक अनिवार्यता नहीं। "समकालीन स्त्री लेखन में स्त्री अपनी स्थिति को नियति मानकर नहीं देखती अपितु उन स्थितियों के ज़िम्मेदार तत्त्वों, पितृसत्तात्मक सामाजिक संरचना के अन्तर्विरोधों, कारणों को भी तलाशती है कि उनकी निष्क्रिय, कमज़ोर, उपेक्षित, उत्पीड़ित स्थिति किसने बनायी है और क्यों? यही स्त्री लेखन की सोच में बुनियादी बदलाव है।" (राकेश कुमार, नारीवाद विमर्श, पृ. 196) 'सात नदियाँ एक समुन्दर' की तय्यबा कहती है कि "मेरी जिन्दगी का निशाना मर्द नहीं है बल्कि मर्द एक ज़रूरत है। एक भोजन जो हमारी शारीरिक भूख का इलाज है।" (सात नदियाँ एक समन्दर, पृ. 23) आवाँ की गौतमी के जीवन में भी पति का स्थान नगण्य है। घर की अन्य वस्तुओं के समान एक वस्तु मात्र है उसके लिए पति। वह कहती है, माँ के अलावा घर में मेरा एक पति है नाम है अशोक। ठीक उसी तरह घर में अलमारी है, फ्रिज है, वाशिंग मशीन है, डिशवाशर है। जितना वो मेरे लिए काम आती है, बदले में मैं उनकी देखभाल करती हूँ - अशोक के साथ भी मेरा यही रिश्ता है। शेष मैं क्या हूँ, कहाँ जाती हूँ, किसके साथ सोती हूँ, सोना चाहती हूँ सोती भी हूँ या नहीं सोती हूँ - कोई मतलब नहीं उससे। घर मेरा है। अशोक को रहना है, रहे, न रहना हो, छोड़कर चला जाए।" (चित्रा मुद्‌गल, आवाँ, पृ. 361)

'अंतर्वंशी' की सारिका के मुताबिक पुरुष स्वार्थी है। स्त्री उसकी दृष्टि में अपनी सन्तान को उत्पन्न करने का उपकरण मात्र है। इसलिए सारिका की दृष्टि में पुरुष के अधीन होकर जीना है। पर स्त्री को अपने ऊपर पूर्ण अधिकार होना चाहिए। उसके लिए भी पुरुष एक अनिवार्यता नहीं। 'कठगुलाब' की असीमा पुरुष वर्ग से ही नफरत करती है। पिता और भाई उसके लिए हरामी नंबर 1 तथा हरामी नंबर 2 है। सचमुच असीमा एक पात्र मात्र नहीं बल्कि पुरुष उत्पीड़न से विवश लाखों स्त्रियों की प्रतिनिधि है। वह अपने अनुभव से पुरुष वर्ग के प्रति यह भाव अपने मन में रूपायित कर लेती है। कहने का मतलब यह हुआ कि स्त्री अपने समाज को ढंग से समझने लगी है उसका परिणाम है स्त्री विमर्श पर केन्द्रित साहित्य यानी कि रचनाएँ। स्त्री की इस समझ के कारण वैवाहिक एवं पारिवारिक जीवन में भी विघटन उत्पन्न हुआ है। एक ओर स्त्री अपने स्वतंत्र व्यक्तित्व और अस्तित्व को बरकरार रखना चाहती है। पुरुष उसको अपने नियंत्रण में रखने का आग्रह रखता है। इन दो विपरीत स्थितियों ने पति-पत्नी के सम्बन्धों में विघटन की स्थिति उत्पन्न की। आज की स्थिति में भी पति

पत्नी को अपनी अधिकृत सम्पत्ति के रूप में देखता है। पर अधिकांश स्त्री अब भी पति की अनुगता और आज्ञाकारिणी बनकर रहना चाहती है। पढ़ी-लिखी स्त्रियों में भी यही मानसिकता दिखाई देती है। पर कुछ स्त्रियाँ ऐसी हैं जो इस व्यवस्था के असन्तुलन को समझ लेती हैं और अपने को शोषण का शिकार बनने से बचाना चाहती हैं।

पति-पत्नी जब एक-दूसरे को मानने के लिए तैयार नहीं होते तो विघटन शुरू होता है। कभी-कभी वह एक ग्रन्थि के रूप में शुरू होता है। शाल्मली में यह हीन भावना से उत्पन्न होता है। उपन्यास के पति नरेश किसी सरकारी दफ्तर में कर्मचारी हैं तो पत्नी शाल्मली केन्द्रीय सेवा विभाग में काम कर रही है। इसलिए पति नरेश के मन में एक हीन भावना शुरू होती है और वह पारिवारिक विघटन में परिणत हो जाती है। ममता कालिया के उपन्यास 'एक पति के नोट्स' में विघटन का कारण पति की उच्च ग्रन्थि है। पति सन्दीप पत्नी कविता को तुच्छ समझता है। यह आज के सन्दर्भ में आर्थिक दृष्टि से स्वतन्त्र औरत के लिए स्वीकार्य नहीं। धीरे-धीरे कविता महसूस करती है कि वह एक मनोरोगी के साथ जी रही है। उनके बीच का सम्बन्ध हमेशा के लिए टूट जाता है।

'छिन्नमस्ता' के नरेन्द्र और प्रिया के जीवन में भी दरारें पड़ गयी हैं। पत्नी प्रिया अपने व्यापार में मस्त है। पति नरेन्द्र इससे परेशान है कि उसे पत्नी का प्रेम नहीं मिलता। उनके बीच का फासला बढ़ता जा रहा है। उनके बीच में बेटा संजु पिसता जा रहा है। 'अकेला पलाश' की तहमीना और जंशेद विपरीत छोरों पर खड़े हुए हैं। उनके बीच में एक लम्बी दूरी है। यह दूरी कभी मिटती नहीं बल्कि बढ़ती रहती है।

बेमेल विवाह भी विघटन का कारण बनता है। प्रभा खेतान का उपन्यास 'अपने-अपने चेहरे' में गोयनका अपनी शादी के पहले दिन में ही पत्नी से कह देता है कि मैं उससे प्रेम नहीं कर सकता क्योंकि यह शादी मेरी मर्ज़ी से नहीं हुई। 'झूला नट' उपन्यास में पिता के आदेश का पालन करने के लिए सुमेर शीलो के साथ शादी करता है। उसके मन में शीलो के प्रति कोई लगाव ही नहीं। शीलो की स्थिति बहुत दयनीय हो जाती है। दान-दहेज के तहत परिवार वालों के द्वारा तय किया गया विवाह इसलिए पराजित हो जाता है कि उसमें लड़के-लड़कियों की पसन्द की परवाह नहीं। 'आवाँ' के संजय-निर्मला का वैवाहिक जीवन इस प्रकार का है। बाहर वे आदर्श दम्पति दीखते हैं पर भीतर ज्वाला बनी रहती है।

पति-पत्नी कें बीच तीसरे की उपस्थिति विघटन का कारण अवश्य बनता है।

'अपने-अपने चेहरे' के राजेन्द्र गोयनका अपनी पत्नी और प्रेमी रमा के बीच दम घुटकर जी रहे हैं। वह दोनों को लेकर चिन्तित है। चाक की सारंग के मन में श्रीधर के प्रति लगाव है पर अपने पति रंजीत से अलग भी नहीं हो पाती। 'पीली आँधी' की सोमा पति गौतम और सुगीत के बीच पड़ी है। इस प्रकार पति-पत्नी के बीच तीसरे की उपस्थिति पारिवारिक विघटन का कारण बनती है। आपसी प्रेम हीनता से ही तीसरे की उपस्थिति होती है। समकालीन उपन्यास में तीसरे की उपस्थिति एक यथार्थ बन गयी है। अतृप्त दाम्पत्य जीवन की सहज परिणति है तीसरे की उपस्थिति।

समकालीन सन्दर्भ में तलाक की स्थिति बढ़ती जा रही है। यह भी आपसी पहचान के अभाव का परिणाम है। आधुनिक शिक्षित नारी अपमान जनक समझौते के लिए तैयार नहीं होती। वह प्रश्न करती है, अपने अधिकार एवं हैसियत के लिए लड़ने को तैयार हो उठती है। वह दाम्पत्य जीवन में बराबरी की माँग करती है। अगर उसके लिए पुरुष तैयार नहीं होते तो उन्हें छोड़ने और नयी ज़िन्दगी शुरू करने के लिए तैयार हो जाती है। यह पुरुष विरोध नहीं बल्कि अपनी हैसियत को, इयत्ता को बनाये रखते हुए जीने की ललक का परिणाम है। वह पति के गलत व्यवहार को चुपचाप सहने के लिए तैयार नहीं होती बदले में वह प्रश्न करती है उसके बदलने की माँग करती है। नहीं तो वह तलाक के रास्ते को अपनाने में हिचकती नहीं। शाल्मली की शाल्मली के लिए तलाक अन्तिम उपाय है। पर उसकी सहेली सरोज के लिए तलाक स्त्री-मुक्ति का प्रमाण पत्र है। यह दो दृष्टिकोण है। तथाकथित आधुनिक नारीवादी तलाक को अपनी मुक्ति की पहली सीढ़ी मानती है यह सचमुच पाश्चात्य पुरुष विरोधी मानसिकता का परिणाम है। पर शाल्मली मानवीय संबन्ध को अधिक स्थान देनेवाली है और भारतीय दृष्टिकोण रखनेवाली है इसलिए वह तलाक को अन्तिम उपाय मानती है। पर शेषयात्रा की अनु के लिए तलाक वरदान निकलता है। क्योंकि वह उसमें आत्मविश्वास जगाता है। अनचाहे रिश्तों से वह मुक्ति की साँस लेती है।

भारतीय समाज अब भी तलाक को पूर्णतया स्वीकार नहीं करता। तलाकशुदा नारी को भी सन्देह की नज़र से देखता है। क्योंकि तलाक का सारा दोष भारतीय समाज स्त्री पर छोड़ने के पक्ष में है। यद्यपि आधुनिक नारीवादियों की दृष्टि में तलाक को लेकर एक नया दृष्टिकोण उभर आया है तथापि समाज अपनी लीक पीटता ही रहता है "तलाक के प्रति सामाजिक दृष्टिकोण स्त्री के पक्ष में नहीं जाता, सारी गलती स्त्री की मानी जाती है और उसके पुनर्विवाह के अवसर क्षीण करता है।" (रेखा कस्तवार, स्त्रीचिंतन की चुनौतियाँ, पृ. 145) 'ठीकरे की मँगनी' की अमृता 'शाल्मली' की शाल्मली दोनों पढी

लिखी तथा आत्मनिर्भर होने पर भी तलाक के प्रति सामाजिक मानसिकता से डरनेवाली हैं। इसलिए वे तलाक के बारे सोचना भी नहीं चाहतीं और अन्तिम उपाय के रूप में स्वीकारने के लिए विवश हो जाती हैं। अकेला पलाश में मेहरुन्निसा परवेज़ ने इस मानसिकता का खुलकर चित्रण किया है और कहा कि तलाकशुदा स्त्री को हमारे समाज के पुरुष सार्वजनिक मानते हैं। चित्रा मुद्गल ने इसी समस्या को और गहराई से प्रस्तुत किया है। उनके मत में तलाकशुदा स्त्रियों के प्रति स्त्रियों की दृष्टि भी स्वस्थ नहीं है। उनके आत्मविश्वास को लेकर वे ईर्ष्या ही करती हैं। क्योंकि उनमें वैसी हिम्मत नहीं फिर वे उनके जुझारू व्यक्तित्व के सामने बौने हो जाती हैं। इसलिए वे तलाकशुदा स्त्रियों के प्रति अमानवीय रुख अपना लेती हैं। कतिपय समकालीन उपन्यासों में अमरीकी तलाक का चित्रण करके उसको एक अपराध के रूप में नहीं एक सहज आवश्यकता के रूप में चित्रित करने का प्रयास हुआ है। अमरीकी दृष्टि में तलाक पति-पत्नी की दुश्मनी का परिणाम नहीं एक-दूसरे को निभाने की असमर्थता से उत्पन्न और एक सहज कदम मात्र है। इस दृष्टि से 'कठगुलाब' की गौरी का तलाक एक प्रकार की आपसी समझ से सम्पन्न हुआ है। गौरी ने खुद कहा, "बस, इतना हुआ कि उनकी आपस में निभी नहीं और ठेठ प्रोग्रेसिव अमरीकी अन्दाज़ में, उन्होंने म्यूचुअल कंसेट से तलाक ले लिया।"

'शेषयात्रा' में उषा प्रियंवदा भी इसी मानसिकता का समर्थन करते हुए कहती हैं कि एक पुरुष से नहीं पटी तो और भी हैं। इसलिए तलाक कोई अपराध नहीं बल्कि अपने को सुरक्षित रखने का मार्ग ढूँढ़ना है। अमेरिकी समाज में इसके लिए खुला वातावरण है पर भारत में स्थिति बहुत जटिल है। यहाँ तलाक को सबसे बड़ा पाप या अपराध मानते हैं और आपसी दुश्मनी का परिणाम भी मानते हैं। सारा अपराध तलाकशुदा नारी पर आ पड़ता है और उन्हें सन्देह भरी दृष्टि से देखा जाता है। शेषयात्रा की अनु के मन में यह शंका बनी रहती है कि तलाक के बाद की ज़िन्दगी का क्या होगा। यद्यपि वह अमेरिकी समाज में रहती है फिर भी उसके मन की भारतीय मानसिकता उसे सन्देह ग्रस्त बना लेती है। वहाँ उसको मनोचिकित्सक डॉ. गुडमैन यह उपदेश भी देते हैं कि "तुम द्विविधा में (भारत में) नहीं रह रही हो, पश्चिम में हो, यहाँ तुम स्वतन्त्र, आत्मनिर्भर, मुक्त होकर रह सकती हो।" (उषा प्रियंवदा, शेष यात्रा, पृ. 61) फिर भी एक दुविधा उसमें बनी रहती है। लेकिन अन्तर्वंशी की वाना में द्विविधा नहीं वह बिलकुल हिम्मत के साथ अमेरिकी अन्दाज़ में अपने पति शिवेश से कहती है, "शिवेश! आयी' म लीविंग यू-" (उषा प्रियंवदा, अन्तर्वंशी, पृ. 241)

स्त्री-पुरुष सम्बन्धीं स्वतन्त्रता की अवधारणा के सन्दर्भ में तलाक सम्बन्धी विदेशी मानसिकता का चित्रण समकालीन उपन्यासों में हुआ है। इस प्रतिपादन के पीछे व्यक्ति की स्वतन्त्रता सम्बन्धी अवधारणा ही है। जो सम्बन्ध टूट गया उसको लेकर जीवन को जलाने की ज़रूरत नहीं। मन का स्वातन्त्र्य ही व्यक्ति का सब कुछ है। यही नारी लेखन में साबित करना चाहती हैं लेखिकाएँ।

विधवाओं के जीवन को भी इससे जुड़ाकर देखना चाहिए। क्योंकि यह भी स्त्री स्वातन्त्र्य को नकारने की वृत्ति का परिणाम है। कोई भी विधुर समाज में निन्दा का अनुभव नहीं करता। वह अपनी इच्छा के अनुसार दूसरी या तीसरी शादी करके जीवन को आगे बढ़ाने में स्वतन्त्र है। पर स्त्री की स्थिति बिलकुल दयनीय है। वह विधवा होते ही निन्दा का पात्र बन जाती है। समाज उस पर बहुत सारी पाबन्दियाँ लगा देता है। वह एक प्रकार का नारकीय जीवन बिताने के लिए विवश बन जाती है। यह पुरुष सत्तात्मक समाज के नियमों की कठोरता है जो बिलकुल एकपक्षीय है। पुराने ज़माने की स्त्रियाँ ये सब भोगती रहीं, पालती रहीं। उन्हें इतिहास पुराण के उद्धरणों एवं दृष्टान्तों के सहारे यह विश्वास दिलाया गया कि यही आदर्श जीवन है, यही आदर्श भारतीय नारी का कर्तव्य है। जो इस प्रकार जीती है उन्हें मोक्ष, स्वर्ग सब मिल जाएँगे। यह युगयुगों का तरीका है यानी कि शोषण तंत्र है इसको स्त्रियों ने पहचान लिया और अब स्त्री पुरानी चाल को पूर्णतः नकारते हुए अपनी अलग अस्मिता ज़ाहिर करते हुए अपने जीवन में आ पडने वाली इस विडम्बना को नये ढंग से सामना करने में सक्षम निकली है। वह अपने लिए अलग रास्ता ढूँढ़ लेती है। ठीकरे की मँगनी की सुलोचना अपने वैधव्य का संघर्ष स्वीकार करती है क्योंकि गृहस्थी के नाम पर अब उसको किसी का अत्याचार नहीं सहना पड़ेगा। वह बाल विधवा है पर बहुत से विवाहित स्त्रियों की स्थितियों से बिलकुल भिन्न है उसकी स्थिति। वह स्वतन्त्र है। अपनी इच्छा के अनुरूप स्वस्थ जीवन तो बिता सकती है। राजी सेठ का 'तत्-सम' विधवा जीवन पर केन्द्रित उपन्यास है इसकी वसुधा विधवा है। सब के सब उस पर अनुकम्पा दिखाते हैं। एक विधवा के जीवन में दूसरों की अनुकम्पा बहुत ही चुभन उत्पन्न करती है। वह खुद महसूस करने लगती है कि उसमें कोई कमी है या दोष है। विधवाओं की तरफ पुरुष मानसिकता भी बिलकुल शुभकारक नहीं। वह किसी न किसी उद्देश्य को लेकर उसके पास आता है। उन्हें ऐसा लगता है कि विधवा कोई दूसरे स्तर की औरत है या सेकण्ड हैण्ड है। पर पुरुष के सन्दर्भ में यह विचार ही नहीं उठता। उनके लिए दूसरी, तीसरी, चौथी होना

शान-सम्मान की बात है। यहाँ वसुधा के पुनर्विवाह के सन्दर्भ में कुछ लोग उसे मिलने आते हैं उनका दृष्टिकोण "स्वस्थ पारिवारिक जीवन नहीं बल्कि अलग-अलग स्वार्थ है, नाम अलग-अलग है, लोभ वही-के-वही। एक आये थे उन्हें बच्चों की माँ चाहिए थी। दूसरे को तगड़े वेतनवाली कमाऊ औरत। उन्हीं में से किसी एक को निवृत्ति के बाद समय काटू जिस्म की ज़रूरत थी; और किसी एक को सेवा अपनी देह की चुप्पी को आजमा लेने की हैंस।" (राजी सेठ, तत्सम, पृ. 122) वसुधा पढ़ी-लिखी औरत है इसलिए वह इस पुरुष मानसिकता की स्वार्थता को जल्दी ही भाँप लेती है और अपना स्वतन्त्र निर्णय भी। वह दूसरों की हाय-हाय को नकारते हुए अपने मन चाहे साथी को चुन लेती है। इसके लिए हिम्मत खुद स्त्री को जुड़ा लेनी है नहीं तो वह हर किसी के सामने निन्दा, उपेक्षा, दया एवं तिरस्कार का पात्र बनकर रह जाएगी। इस प्रकार भारतीय विधवाओं के जीवन यथार्थ को प्रस्तुत करते हुए उपन्यासकार यह कहना चाहती है कि उन्हें अपने अतीत से उभर कर नये सिरे से जीवन को सँवारना चाहिए नहीं तो वह आगे भी शोषण का पात्र ही बनी रहेगी।

काम की मूल चेतना रति है। रति के अनेक रूप हैं स्नेह, प्रेम, वात्सल्य, भक्ति आदि। काम वासना के पीछे भी रति ही सक्रिय है। ये सब मनुष्य अपने सन्दर्भ, सम्बन्ध एवं परिस्थिति के अनुसार प्रकट करता जाता है। यह सचमुच मनुष्य की विशेषता ही नहीं सभी जीवजन्तुओं की है। पर काम में सुख पाने वाला प्राणी मनुष्य ही है। बाकी सब प्रजनन की प्रक्रिया के लिए ही कामातुर बन जाते हैं। काम मनुष्य के लिए सुख का साधन मात्र नहीं बल्कि वह उसको सक्रियता प्रदान करने वाली शक्ति भी है। लेकिन स्त्री-पुरुष सम्बन्ध के सन्दर्भ में काम पर पुरुष का अधिकार है। उसका आस्वादन करने का अधिकार और उसके सम्बन्ध में बोलने का अधिकार भी पुरुष पर केन्द्रित है। पर काम पुरुष के लिए मात्र नहीं। जैसे पुरुष का अधिकार है वैसे ही स्त्री का भी। पर पुरुष वर्चस्ववादी समाज इस समानता को मानने के लिए तैयार नहीं। वह उस पर अपना पूरा अधिकार रखते हुए स्त्री को अपने उपयोग का यानी कि कामपूर्ति का साधन मात्र मानता है। स्त्री भी एक व्यक्ति है। उसका भी अलग व्यक्तित्व है। जैसे कि पुरुष की कामना है वैसे ही स्त्री को भी अपनी कामना, आकांक्षा एवं संकल्पनाएँ हैं यह मानने के लिए पुरुष समाज तैयार नहीं होता। काम के सन्दर्भ में स्त्री की समान भूमिका को वे बर्दाश्त ही नहीं करते। अगर कोई स्त्री काम के बारे में बोलने की हिम्मत दिखाती तो वह बदचरित्र वाली, कुलटा आदि नाम से अपमानित की जाएगी। यही भारतीय समाज की स्थिति है। पर समकालीन सन्दर्भ

में स्त्री लेखन ने इस स्थिति को पहचान लिया और उसके खिलाफ अपनी अलग मानसिकता को स्पष्ट करके दिखा दिया। इसका परिणाम है स्त्री लेखन में सेक्स यानी कि स्त्री पुरुष सम्बन्धों के यथार्थ का नंगा चित्रण। इसमें उनका विद्रोह ज़ाहिर है।

उषा प्रियंवदा का उपन्यास अतर्वंशी में खुले यौन सम्बन्ध का चित्रण है। उपन्यास के पात्र राहुल और वाना तथा राहुल और कालो के बीच के यौन सम्बन्धों का खुला चित्रण करके प्रियंवदा जी ने यौन सम्बन्धी प्रचलित मान्यताओं को तोड़ने का कार्य किया है। यह भी नहीं उपन्यासकार कुछ आगे बढ़कर स्त्रियों के साथ के यौन सम्बन्ध का चित्रण करके पाठकों के मन को धक्का देने का प्रयास भी किया है। वाना और क्रिस्तीन के मिलन का चित्रण इसके लिए पर्याप्त प्रमाण है, "क्रिस्तीन उस पर झुकी हुई है... वह झीनी सिल्क का ड्रेसिंग गाऊन पहने हैं। जो झुकने के पीछे गिर गया है और वाना क्रिस्तीन के अनावृत शरीर को देख सकती है। उसकी दृष्टि क्रिस्तीन के छोटे-छोटे, एकदम गोल और उन्नत सफेदी लिए कच पर एक बहुत छोटे क्षण के लिए टिकती है, क्रिस्तीन बायें हाथ से वाना की ब्लाउज़ के बटन खोल रही है, वह अधीर है और बायें हाथ से अपने गुलाबी कुचाग्रों को स्वयं दुलार रही है।" (राजी सेठ, तत्-सम, पृ. 104)

समलिंगी यौन क्रियाओं के पीछे यौन अतृप्ति है। पति से पत्नी को रति सुख मिलना चाहिए। जब वह नहीं मिलता तो दूसरे सुरक्षित मार्ग ढूँढ़ लेती है। लेकिन देखना चाहिए कि प्रायः पुरुष स्त्री के यौन सुख या तृप्ति पर सोचता ही नहीं। स्त्री उनके लिए अपने सुख का उपकरण मात्र है। यह सचमुच स्त्रियों के साथ किए जानेवाला सबसे बड़ा अपराध है। पतियों के इस एकपक्षीय काम भावना पर प्रतिक्रिया करते हुए अनामिका कहती हैं "मन की एकात्मकता साधे बिना देह पर हावी हो जाना एक ऐसा भयावह अपराध है जिसके लिए कोई भी सजा कम समझी जानी चाहिए। बौद्धिक तादात्म्य के बिना, एक-दूसरे के सूक्ष्मतम दुख-सुख से एकाकार हुए बिना, एक-दूसरे के लिए मन में एक गहनतम सम्मान जगे बिना, सीधे दैहिक स्पर्श पर उतारू हो जाना दुनिया का क्रूरतम खेल है जो पुरुष वर्षों से खेलते आये हैं, इसी की तीक्ष्ण प्रतिक्रिया है यह लेज़्बियनिज़्म।" (अनामिका, स्त्रीत्व का मानचित्र, पृ. 92-93) इसलिए वर्तमान समाज की बहुत सी स्त्रियाँ अपने काम सुख के लिए आधुनिक सन्दर्भों का यथेष्ट उपयोग करने की ठान में हैं। यह समकालीन सच्चाई है। इसको विकृत भावना समझने की अपेक्षा अपनी निन्दा की प्रतिक्रिया के रूप में तथा अपनी आत्मीयता को रूपायित करने की प्रक्रिया के रूप में समझना संगत होगा।

'आवाँ' उपन्यास की निर्मला कनोई खुलकर अपने पति से कहती है, वैसे तुम्हारी जानकारी में इजाफा करने के मकसद से तुम्हें बताना चाहती हूँ। पुरुषों की बनिस्बत काम-कला में स्त्रियाँ मुझे अधिक निपुण लगती हैं। कभी ओबरोय के ब्यूटी पार्लर मार्टिना गये हो? वहाँ बड़ी गज़ब की चीनी लड़कियाँ हैं। काम संतृप्ति के लिए वे हस्त कौशल से काम नहीं लेतीं; जीभ का उपयोग करती हैं। अलबत्ता फीस तगड़ी ज़रूर है उनकी, सौदा घाटे का नहीं। इच्छा हो तो कभी जीभ का परम सुख उठाकर देखो। मुझे कोई आपत्ति नहीं होगी।" (चित्रा मुद्गल, आवाँ, पृ. 425)

पति से पत्नी का यह कथन उसकी यौन असंतृप्ति से उत्पन्न विद्रोह की तीक्ष्णता को द्योतित करता है। समलैंगिकता कोई पाप नहीं बल्कि आपसी समझ, प्रेम और एक-दूसरे की आवश्यकता से परिचालित है। यौन तृप्ति से ही सही व्यक्तित्व का रूपायन होता है, नहीं तो उसमें असन्तुलित व्यक्तित्व की चेष्टाएँ दिखाई देंगी अवश्य। स्त्री का सम्बन्ध सिर्फ पुरुष से ही होना चाहिए जैसी शर्त पुरुष ने ही बनायी है। स्त्री के ऊपर के अपने अधिकार को बनाये रखने का एक षड्यंत्र मात्र है यह। यह ठीक है कि स्त्री स्त्री को भ्रूण नहीं दे सकती। पर मात्र बच्चा पैदा करने के उपकरण मात्र नहीं स्त्री, उसका भी अपना विकार है अपनी ज़रूरतें हैं। इसलिए नारीवादी समलैंगिकता को विकृत यौन भावना मानने के लिए तैयार नहीं बल्कि वह उसके व्यक्तित्व को रूपायित करने का स्रोत है।

स्त्री विवाहेतर सम्बन्ध में जुड़ने का कारण भी अपनी यौन असंतृप्ति और पति का उपेक्षा भाव ही है। असंतृप्त यौन जीवन व्यक्ति को कुंठाग्रस्त बना देता है। आज की नारी अपने जीवन को कुंठाग्रस्त बना देना नहीं चाहती। वह पति से प्रेम और स्वीकृति न मिलने के कारण अपने लिए अलग रास्ता ढूँढ़ लेती है। इसमें वह कोई पाप बोध का अनुभव नहीं करती। मैत्रेयी पुष्पा के उपन्यास चाक की सारंग पति और बच्चे के होते हुए भी श्रीधर के साथ सम्बन्ध जोड़ती है। उसमें वह कोई पाप महसूस नहीं करती। "मुझे तो पाप नहीं लगा अपना किया। कतई नहीं हुआ पाप बोध जो किया, सोच समझकर किया मैं अबोध थी न विधवा रांड और न कुँआरी अल्हड़ जवानी की भारी।" (मैत्रेयी पुष्पा, चाक, पृ. 328) प्रभा खेतान की पीली आँधी की सोमा बहुत ही सहजता के साथ सुजित के साथ के सम्बन्ध को स्वीकार करती है। उसे समाज का कोई डर नहीं। उस संबन्ध में कोई पाप बोध या गलती वह महसूस नहीं करती, "आखिर गलत क्या है? ऐसा कौन-सा अपराध मैं कर रही हूँ ? क्या अभी इस वक्त भी दुनिया के सैकड़ों स्त्री-पुरुष एक-दूसरे को प्यार नहीं कर रहे

होंगे? क्या उनका शरीर साथ नहीं? और क्या सभी पति-पत्नी हैं? किसी प्रकार पुरुष को यदि मैं अपनाना चाहती हूँ तो अनोखा क्या है ? क्या कभी विवाहित स्त्री ने अन्य विवाहित पुरुष से प्यार नहीं किया है ? फिर यह भय और ग्लानि क्यों ?" (प्रभा खेतान, पीली आँधी, पृ. 242)

'अकेला पलाश' की तहसीना एक बच्चे की माँ है, शादीशुदा है पर तुषार के साथ के सम्बन्ध में वह हर्ष का अनुभव करती है। 'इदन्नमम' की कुसुम दैहिक ज़रूरत के सामने पाप-पुण्य को नगण्य मानती है। 'एक ज़मीन अपनी' की नीता सुधीर के साथ के अपने सम्बन्ध को सही सम्बन्ध मानती है, पवित्र मानती है, "हम प्रेम करते हैं। हमारा प्रेम मात्र आवेग नहीं है। न क्षणिक उन्माद। यह परस्पर संवाद है। परिपक्व! परिपक्व मानसिक जुड़ाव! हम वर्जनाहीन होकर जिएँगे!... बँधनहीन होकर बन्धेंगे! रूढ़ी मुक्त हो मानसिक वरण! (मेहरुन्निज़ा परवेज, अकेल पलाश, पृ.199)

स्त्री मन की कामना यहाँ उद्‌घाटित हो उठती है। स्त्री पुरुष सम्बन्ध का जो स्वरूप स्त्री पक्ष रचना में अनावृत हो उठता है वह है मानसिक जुड़ाव, वर्जनाहीन जीवन, बन्धनहीन बन्धन। यही सच्चा स्वरूप है। यही स्त्री चाहती है। इसके लिए वह लड़ती है, प्रतिरोध करती है और नयी नैतिकता की माँग करती है।

लेकिन यह सुविदित बात है कि पुरुष की दृष्टि में स्त्री देह है, भोगने की वस्तु है। वह उस दृष्टि से स्त्री को देखता है, मानता है, लेकिन समकालीन नारीवादी लेखन पुरुष के इस दृष्टिकोण को चुनौती देता है और कहता है कि स्त्री अधिकार नहीं प्रेम चाहती है। लेकिन पुरुष मानसिकता में कारगर परिवर्तन अभी तक नहीं हुआ है। वह अब भी कहता है, "तुम जानना चाहोगी पुरुष की दृष्टि में औरत क्या है ? भोगने की वस्तु... वही उसकी पहचान है। इसलिए तुम औरत की तरह रहो। इसी में तुम्हारा उद्धार है और इस घर का कल्याण और गृहस्थी का सुख।" (नासिरा शर्मा, शालमली, पृ.128) छिन्नमस्ता के नरेन्द्र भी भिन्न नहीं वह एक कदम आगे जाकर पत्नी से कहता है कि वह अपनी चीज़ है, प्रिया, नहीं, तुम मेरी चीज़ हो... लोग इतनी अच्छी चीज़ को देखकर लार टपकाएँ, इसके पहले मुझे स्वाद चखने दो।" (प्रभा खेतान, छिन्नमस्ता, पृ. 134)

यह सच है कि स्त्री का उपयोग ही नहीं सुविधानुसार उपभोग भी किया जा रहा है। इसके लिए स्त्री को पुरुष वर्चस्ववादी समाज ही नहीं मीडिया और पूँजीवादी व्यवस्था मिलकर जाल बिछा रहे हैं। उस जाल को जाल समझने और उससे मुक्त होने का प्रयास स्त्री पक्ष रचनाकार कर रही हैं। प्रभा खेतान का यह कथन इस

षड्यंत्र का पोल खोलकर दिखाने वाला है। सुनने में बड़ी अजीब बात लगती है कि स्त्री-देह का उपयोग हो रहा है। वह प्रदर्शन की वस्तु बनती जा रही है। लेकिन यह कड़ुवा सच है, "मीडिया की सहायता से स्त्री अपनी देह के हर हिस्से का अंग-प्रत्यंग का प्रदर्शन करती है। गाड़ी, फ्रिज, शैंपू-साबुन, क्रीम-पौडर, टायर, पान-पराग, मसाले, कपड़े, जूते, ट्रक, मोटर साइकिल, लोहा-लक्कड़ तक सभी को बेचने में मीडिया स्त्री का इस्तेमाल करती है।" (प्रभा खेतान, भूमण्डलीकरण, ब्रांड संस्कृति और राष्ट्र, पृ. 232)

यह नारी का शोषण है जान बूझकर। भूमण्डलीकरण ने सचमुच बाज़ारवाद को ही बढ़ावा दिया है। बाज़ारवाद में सुख और सम्पत्ति ही मुख्य है। इसके लिए कुछ भी करने को लोग तैयार हो जाते हैं। बेईमानी से धन कमाना और सेक्स का सुख भोगना उसका नारा बन गया है। एक ज़मीन अपनी की अंकिता की सोच में विज्ञापन जगत की कूटनीति का यथार्थ अनावृत हो उठता है- "यहाँ कूटनीति और जोड़ तोड़ इस उद्योग की शिराओं में बहने लगी है। झपटो, मारो, खाओ उसका स्वभाव हो गया है। इन्हीं दुर्बलताओं का लाभ उठाकर स्त्री को वस्तु समझनेवाले सक्सेना जैसे कामुक, कुटिल खाते एजेंसियों को अपनी उँगलियों पर नचाते हैं और स्त्रियों का शोषण करते हैं।" (चित्रा मुद्गल, एक ज़मीन अपनी, पृ. 222) स्त्रियाँ धीरे-धीरे इस शोषण का अंग बन जाती है और उसे शोषण न मानकर अपना कर्तव्य जैसा वह मान लेती हैं। बाज़ारवादी संस्कार में स्त्री वस्तु है। उसका अनुचित उपयोग ही किया जा रहा है। इस संस्कार ने स्त्री को बाज़ार बना दिया यानी कि हर दृष्टि से बिकने की चीज़। ब्लू फिल्म के बाज़ार में ही नहीं आजकल कोख के बाज़ार में भी स्त्री का दाँवपेंच चल रहा है। 'आवाँ' की संजय कनोई की दृष्टि में नमिता सिर्फ कोख मात्र है अपने जीजा से बच्चा पैदा करने का सुरक्षित स्थान। वासवानी के कथन में स्त्रीत्व का जैसा अपमान होता है वैसा किसी भी समय में नहीं हुआ है, "मैं रंडियों से बाप नहीं बनना चाहता था, जिनके लिए बच्चा पैदा करना महज सौदागरी हो और जो अनेकों से सौदा चुकी हों ... मुझे नहीं गवारा थी ऐसी किराए की कोख ! मुझे सिर्फ उस लडकी से औलाद चाहिए थी जो पेशेवर न हो। पवित्र हो, जो मुझसे प्रेम कर सके। सिर्फ मेरे लिए माँ बने। सिर्फ मुझसे सहवास करे... हमारा मिशन सफल रहा..." (चित्रा मुद्गल, आवाँ, पृ. 539) यह व्यापारी दृष्टिकोण स्त्री शोषण के केन्द्र में है। आज की स्त्री इस शोषण तंत्र को पहचान लेती है और उसके खिलाफ अपनी आवाज़ बुलन्द भी करती है। यह नारीवादी उपन्यासों की अलग खासियत है।

नौकरीपेशा स्त्री

नारी को सशक्त करने के उपादानों में प्रमुख है स्त्री शिक्षा जिससे वह अपने आस-पास के यथार्थ से ही नहीं विश्व भर की वास्तविकताओं से अच्छी तरह परिचित हो सकती है। यह उसके व्यक्तित्व को रूपायित करने में बहुत ही सहायक निकलता है। वह खुद विचार विमर्श करती है कि विभिन्न क्षेत्रों में उसकी भूमिका क्या है और क्या होनी चाहिए। यह सचमुच उनकी आत्म पहचान का परिणाम है। शिक्षित नारी के लिए अगला कदम नौकरी पाना और स्वावलम्बी होना है। वह नौकरी के क्षेत्र में प्रवेश करके आत्मनिर्भरता के लक्ष्य को साकार पाने के लिए कठिन परिश्रम शुरू करती है। वह धन कमाने लगती है। अपनी इच्छा और मानसिकता के अनुसार जीवन को रूपायित करने के सिलसिले में वह महसूस करती है कि वहाँ भी उसका शोषण ही किया जा रहा है। पहले नारी का शोषण घर में होता रहा तो अब नौकरी के क्षेत्र में। उसकी आमदनी का भी अनुचित शोषण होने लगा। अब उसको घर का काम और दफ्तर का काम दोनों सँभालना पड़ता है। पर खेद की बात यह है कि अपनी आमदनी पर उसका कोई अधिकार नहीं। उसको लेकर भी घर में अशान्ति फैल जाती है। यह नारी जीवन का एक नया पहलू है। यह समकालीन स्त्री लेखन का ही नहीं, साहित्य का एक प्रमुख मुद्दा रह गया है। स्त्रीपक्ष रचनाकारों ने इस यथार्थ को अपने अपने ढंग से उकेरने का कार्य किया है।

'आओ पेपे घर चले' की प्रभा आत्म निर्भरता के लिए और अपने जीवन को अलग से सँवारने के उद्देश्य को लेकर अमेरिका जाती है। वह आधुनिक नारी का प्रतिनिधित्व करती है और मानती है कि नारी की स्वतन्त्रता आर्थिक स्वतन्त्रता पर निर्भर है। इसलिए वह नारी की मुक्ति के लिए स्वावलम्बी होना पहली शर्त मानती है, "बिना अपने पैरों पर खड़े हुए तुम कोई लड़ाई नहीं लड सकतीं।" (पृ.91) 'ऐ लड़की' की अम्मू का विचार भी भिन्न नहीं, "उसका वक्त तब सुधरेगा जब वह अपनी आजीविका आप कमाने लगेंगे।" (पृ.74) गीतांजली श्री के 'माई' नामक उपन्यास की माई भी यही दोहराती है कि "स्त्री के लिए सबसे बड़ी बात है अपने पैरों पर खड़े होना, आज के ज़माने में वह सीख लिया तो बाकी सब अच्छा ही हो।" (पृ.121)

'पीली आँधी' उपन्यास की सोमा इसी तथ्य को दूसरे ढंग से प्रस्तुत करते हुए कहती है कि व्यक्तित्व का पूर्ण विकास आत्मनिर्भर होने से ही होता है। क्योंकि आत्मनिर्भर होने से आत्म बल बढ़ता है और जीवन की प्रतिकूलताओं से लड़ने की

ताकत मिल जाती है, "हाँ गौतम। मैं अपने पैरों पर खड़ी हो सकती हूँ। शायद इस घर से बाहर गौतम तुमको एक हज़ार रुपये की नौकरी नहीं मिले, लेकिन मुझे मिल जाएगी।" (पीली आँधी, प्रभा खेतान, पृ. 248)

आधुनिक शिक्षित स्त्री गृहस्थी और मातृत्व में स्त्री जीवन की सार्थकता मानने के पक्ष में नहीं। वह अपनी एक अलग दुनिया को खुद सृजित करना चाहती है। जीवन को लेकर उसका विचार सुदृढ़ है। साधारण स्त्री से भिन्न मानसिकता बरतते हुए वह कहती है, "ब्याह का क्या है, हो जाएगा। नहीं हो पाया तो मुझे नहीं लगता कि बिना ब्याह के मेरी सारी दुनिया उजड़ जाएगी।" (आवाँ, पृ. 442)। छिन्नमस्ता के नीना के कथन में भी यह दृढ़ता लक्षित है, "देखा भाभी, पापा चाहते हैं कि मेरी शादी हो जाए, लेकिन मैं नहीं करूँगी। मैं पहले अपने पैरों पर खड़ी होऊँगी।" (पृ. 144) इस उपन्यास की प्रिया का विचार भी भिन्न नहीं। वह भी अपनी राह अलग से बना लेना चाहती है। पति बेटे को छोड़कर नहीं उन्हें भी साथ लेकर आगे बढ़ना चाहती है न कि उनकी छाया में निष्क्रिय रहना, "मैंने अपने मन को समझा लिया था। चलो थोड़ी और कठिनाई सही। अपनी राह चल रही है, इसका तो संतोष रहेगा।" (छिन्नमस्ता, पृ. 170)। अन्तर्वंशी की सारिका वाना को याद दिलाती है कि आत्मनिर्भर होना अनिवार्य है स्त्री के लिए और रसोई के बाहर भी दुनिया है उस दुनिया के यथार्थ से वाकिफ रहना चाहिए तब ही जीना जीना होता है। इस मंतव्य के पीछे सचमुच शिक्षित अत्मचेतस नारी का स्वत्व बोध ही है, "वाना... रसोई के आगे भी एक संसार है; फैला हुआ अनन्त। तुम हमेशा दाल चावल के प्रश्न में उलझी रहती हो। ऊबती नहीं?" (पृ. 68)

'आवाँ' में उपन्यासकार शाहबेन के माध्यम से यह कहना चाहती हैं कि औरत को खुद आत्मनिर्भर होना ही नहीं दूसरों को भी उस रास्ते पर ले आने का दायित्व निभाना चाहिए। बहुत स्त्रियों को उन्होंने काम धंधा सिखलाये और उन्हें अपना कुछ कमाने का मार्ग दिखा दिया। यह सचमुच उद्धार है, परिष्कार है, सेवा है। स्त्री को युग-युगों से दूसरों के द्वारा निर्धारित रास्ते से अलग चलने के सबक सीखने का महत्त्वपूर्ण कार्य करना है। यही सचमुच स्त्री सशक्तीकरण है।

आज के सन्दर्भ में स्त्री नौकरी करके आत्मनिर्भर होना ही नहीं बल्कि अपनी अस्मिता को जता देना भी चाहती है। नौकरी करके वह बृहत्तर जन समुदाय से अपने को जोड़ना चाहती है। वही उसकी आइडेंटिटी है। छिन्नमस्ता की प्रिया नरेन्द्र से कहती है, "... मेरा व्यवसाय मेरी आइडेंटिटी है।... यह मेरी ज़िन्दगी के कैनवास को

बड़ा सकती है। नित्य नये लोगों से मिलना-जुलना, जीवन के कार्य-जगत को समझना। मुझे ज़िन्दगी उद्देश्यहीन नहीं लगती।" (पृ. 215)। 'ठीकरे की मँगनी' की महरूख बिलकुल आत्मविश्वास एवं दृढ़ निश्चय के साथ कहती है, "यह नौकरी, जो मेरी पहचान है, जो मेरा भविष्य और वर्तमान है।" (पृ. 217)

ज़ाहिर है कि समकालीन उपन्यासकार नारी की अस्मिता एवं भूमिका सम्बन्धी अपनी नयी सोच को सृजनात्मकता के ज़रिए ज़ाहिर करने का कार्य कर रहे हैं। स्त्री को स्वतन्त्र होना ही चाहिए। घर-परिवार एवं समाज में उसकी अपनी अलग हैसियत को हासिल करना भी अनिवार्य है। शिक्षा और नौकरी के बिना यह सम्भव नहीं। विभिन्न पात्रों के ज़रिए आत्मनिर्भर बनी और बनने की कोशिश करनेवाली स्त्रियों के यथार्थ को दिखा कर सचमुच रचनाकार उनकी प्रतिकूलताओं से पाठकों को परिचित करा रहे हैं। पर खेद की बात यह है कि यद्यपि इससे स्त्री की हैसियत सब कहीं बढ़ी तो अवश्य है पर उसको तहे दिल से स्वीकारने के लिए अब भी पुरुष तथा पुरुष वर्चस्ववादी समाज हिचक रहा है। हमारा समाज अब भी कामकाजी महिला के ऊपर सन्देह की दृष्टि ही रखता है। क्योंकि पितृसत्तात्मक समाज नारी को अपने चिर परिचित रास्ते से अलग चलते हुए देखना नहीं चाहता। मारवाड़ी समाज लड़की को दान की वस्तु मानता है इसलिए उसकी कमाई को हेय दृष्टि से देखता है। उनकी दृष्टि में स्त्रियों की नौकरी अच्छा वर मिलने का एक उपाय मात्र है। शादी-बाज़ार में उसकी माँग बढ़ रही है। ऐसा समाज भी है जो नारी की नौकरी और स्वतन्त्रता को उसकी दुश्चरित्रता के प्रमाण के रूप में देखता है। नौकरी करनेवाली नारियों की मानसिकता भी भिन्न है कि उसे एक साधारण स्त्री की ज़िन्दगी जीना मुश्किल है। स्त्री का दुश्मन प्रायः स्त्री ही दिखाई देती है। कभी-कभी पुरुषों से भी बढ़कर सन्देह और निन्दा प्रकट करनेवाली स्त्रियाँ समाज में हैं जो इनकी हिम्मत को हरा देती हैं। वह उसे अहंग्रस्त नारी के नाम से बदनाम करने को भी तैयार हो जाती हैं। इसलिए छिन्नमस्ता की प्रिया अपने मित्र फिलिप से कहती है, "फिलिप! अपने पैरों पर खड़ी एक औरत को स्वीकार करने में अभी हमारे समाज को समय लगेगा।" (छिन्नमस्ता, पृ. 208)

स्वतन्त्रता की इस तलाश में चाहे जितने भी प्रयत्न किए हों पर शोषण नारी का पीछा नहीं छोड़ता। वह जहाँ कहीं जाती है वहाँ उसका किसी न किसी प्रकार का शोषण होता ही रहता है। नौकरीपेशा स्त्री आर्थिक स्वतन्त्रता हासिल करके अपनी अस्मिता को बनाये रखना चाहती है। पर वहाँ भी उसका शोषण ज़ारी रहता है। उसको घर में तथा दफ्तर में काम करना पड़ता है पर तनख्वाह पर उसका कोई

अधिकार नहीं रह जाता। सारा बोझ उसके ऊपर ही डाल देता है। उसको कमाकर लाना है, घर में अकेले खाना बनाना है, बूढ़े सास-ससुर की सेवा करना है और बच्चों का भरण पोषण भी। 'अकेला पलाश' उपन्यास की तहमीना घर और आफिस का दोहरा काम करके इतनी थक जाती है कि तबियत ही ब्रिगड़ जाती है। फिर भी पति अपनी पसन्द का भोजन चाहता है। घर रसोई में कोई सहायता नहीं करता। इसलिए घर दफ्तर की ज़िम्मेदारियों को निभाते निभाते वह तनावग्रस्त एवं कुंठित हो जाती है। जीवन ही रसहीन लगता है। परिवार को सँभालने की प्रक्रिया में वह खुद बिखर जाती है। धीरे-धीरे परिवार ही विघटित हो जाता है। नासिरा शर्मा की शाल्मली को अपनी व्यस्तता के कारण बीमार माँ से मिलने का अवसर भी नहीं मिलता। उसे भी अपना जीवन नीरस लगता है। अन्तर्वंशी की वाना को भी देर रात तक दफ्तर में काम करना पड़ता है। रात को आठ नौ बजे तक दफ्तर में रुकना ज़रूर मुश्किल है पर विवशता वश रुक जाती है। परिणामतः परिवार का टूटन हो जाता है। 'ठीकरे की मँगनी' की महरूख की ज़िन्दगी "स्कूल और घर के बीच की दौड़ है, मेहरुख की सुबह कब शुरू होती है, दिन कब खत्म होता और रात कब गुज़र जाती, उसे किसी बात का होश नहीं था। घर का काम स्कूल और फिर बच्चों को शाम से लेकर रात गये तक पढ़ाना, इसी पर उसकी ज़िन्दगी दौड़ती गुज़र रही थी।" (ठीकरे की मँगनी, पृ. 97)। इस प्रकार कामकाजी स्त्री की भूमिका दोहरी और तिहरी हो जाती है। इन मुश्किलों के बीचोबीच जर्जरित स्त्री अपने जीवन को ही अभिशाप मान लेती है।

इनका आर्थिक शोषण भी सुविदित है। स्त्री को महज देह के रूप में देखनेवाला पुरुष समाज शिक्षित नौकरी पेशा स्त्री को भी धन पैदा करनेवाली मशीन मानता है। इस दृष्टि से उसके शोषण पर नज़र रखता है। 'शालमली' के नरेश के कथन में इस पुरुष वर्चस्ववादी समाज की मानसिकता स्पष्ट है, "देखो, लड़की पढ़ी लिखी है, तो धन का लालच छोड़ो, क्योंकि धन पैदा करने की मशीन तो वह है ही।" (शालमली, पृ. 81)

'अकेला पलाश' की विमला का आर्थिक शोषण स्वामी जी कर रहे हैं। स्वामी उसको दूसरा आश्रम भेजता है तो वहाँ उसका यौन शोषण होता है, "मतलब यह कि हर व्यक्ति अपने-अपने ढंग से इसे बहका रहा है।" (अकेला प्लाश, पृ. 65)। नौकरीपेशा स्त्री के शोषण का एक और नया रूप है उसकी शादी में देरी करना या शादी ही न करना। क्योंकि उससे आर्थिक सहायता मिलती है। अगर शादी हो जाय तो वह बन्द हो जाएगी। इसलिए घरवाले जानबूझकर उसकी शादी में दिलचस्पी नहीं लेते, "उन्हें लगता है, लड़की जब तक अविवाहित है तब तक घर की आर्थिक

ज़िम्मेदारियों में हाथ बँटाती रहेगी, शादी हो जाने पर आर्थिक सहायता खत्म हो जाएगी।" (कुमुद शर्मा, स्त्रीघोष, पृ. 65-66)। 'अकेला पलाश' की नाहिदबाजी डाक्टर है, वह घर की ज़िम्मेदारियों को निभाती रहती हैं। लेकिन कोई भी उसकी शादी के बारे में सोचता तक नहीं क्योंकि उसके चले जाने पर घर की आमदनी कट जाएगी। आखिर वह खुद अपने लिए वर ढूँढ़ लेती है तो घरवाले उसके खिलाफ खड़े हो जाते हैं। वह पूछती है, "मैं आखिर कब तक घर के पीछे अपने को मारती रहूँगी ? जो फर्ज़ भाईयों का है उसे मैं अब तक निभाती आयी, पर तब भी किसी को मेरा खयाल नहीं हुआ, और आज मैंने खुद अपनी पसन्द से किसी को चुन लिया तो इसका मतलब नहीं कि मेरा अपमान करें।" (मेहरून्निसा परवेज़, अकेला पलाश, पृ. 98)।

'तत्सम' की कल्पना की स्थिति भी भिन्न नहीं। वह भी नौकरी करके घर को सँभालती है। भाई बहनों के अरमानों को साध्य देती है पर कोई उसके बारे में सोचता नहीं, दायित्व उठाने की उसकी तत्परता ने दूसरों को दायित्वहीन ही बनाया था। "छोटी बहिन बौराई थी प्रेम दीवानी ... उसकी पीर को पहिचानना ही पड़ा। ब्याही गयी। कृतार्थ हुई। भाई पढ़े-लिखे भी। फूले-फले भी। ब्याहते-बच्चेदार भी हुए। कल्पना वहीं की-वहीं... रिसते से व्यथित कभी कलेजी दाह से पीड़ित।" (राजी सेठ, तत्सम, पृ. 142)

नौकरीपेशा स्त्री की कमाई पर उसका कोई अधिकार नहीं। सारा अधिकार पुरुष केन्द्रित है। वह स्त्री को बाहर काम करने देता इसलिए है कि अपना स्वार्थ पूर्ण हो जाए। अकेला पलाश का तुषार पुरुष मानसिकता में निहित स्वार्थ की पोल खोलते हुए तहसीना से कहता है, "हम अपने स्वार्थ के लिए ही स्त्री को इतनी स्वतन्त्रता देती हैं ताकि वह घर के लिए पैसा कमा सके।" (अकेला पलाश, पृ. 167)। यह एक सामाजिक सच्चाई है। युग-युगों से चले आ रहे शोषण तंत्र का और एक चेहरा। क्षमा शर्मा जी का कथन इस सन्दर्भ में विशेष उल्लेखनीय है, "अभी भी शहरों में बहुत से घरों में औरतों की कमाई पर उनका हक नहीं रहता। उनका पैसा घरवाले ले लेते हैं। बहुत-सी औरतों के कोई बैंक एकाउंट तक नहीं होते।" (क्षमा शर्मा, आज कल, मार्च-2008, पृ. 13)। इस विश्लेषण से यह ज़ाहिर हो उठता है कि आर्थिक स्वावलंबिता स्त्री को मुक्ति पाने का मार्ग तो है पर उस पर भी पुरुष का वर्चस्व स्थापित हो जाता है। उन्हें उस तरह से भी शोषण का शिकार बना छोड़ता है पुरुष वर्ग।

यह साबित हो चुका है कि नारी का शोषण हर जगह विभिन्न प्रकार से होता ही रहता है। कामकाजी महिला भी इससे मुक्त नहीं यद्यपि वे सुशिक्षित, स्वावलम्बी तथा

आत्म सम्मान से सचेत क्यों न हो। उसके आर्थिक शोषण के यथार्थ हम देख चुके हैं। उनके शोषण का और एक पहलू है यौन शोषण। इसके लिए वह घर में भी सुरक्षित नहीं बाहर भी सुरक्षित नहीं। चाहे कितने भी नियम बनाये जाएँ पर उसपर होनेवाले अत्याचारों के लिए कोई कमी नहीं। दफ्तरों में सेक्सुअल हरेसमेंट कमेटियाँ भी बनायी गयीं हैं। फिर भी अत्याचार ज़ोरों पर चलता ही रहता है। 'आवाँ' उपन्यास सचमुच नारी शोषण का दस्तावेज़ है। उसमें सिद्धार्थ नामक फोटोग्राफर नमिता से खुल्लम खुल्ला बता देता है कि वह उसे अच्छी मॉडल बना देगा। अच्छी फोटो फोलियो बना देगा। तुम्हें लक्ष्य तक पहुँचाने में कोई कसर नहीं करेगा। पर "फोटो फोलियो बनाने की एवज में तुम्हें मेरे साथ दैहिक सम्बन्ध रखने होंगे। हिसाब बराबर। और कोई चिन्ता है?" (आवाँ, पृ. 293)

यौन शोषण के लिए कभी-कभी प्रेम का नाटक भी करता है पुरुष। उपयोग के उपरान्त सब कुछ भूल जाने को कहने में कोई हिचक भी नहीं करता वह। 'छिन्नमस्ता' का नरेन्द्र हर छः महीने सेक्रेटरी को बदलता रहता है। लक्ष्य उनका नयी-नयी लड़कियों के साथ यौन सम्बन्ध जोड़ना और अपनी भूख मिटाना है। यहाँ भी स्त्री का शोषण ही होता, उसकी नादानगी का फायदा उठाकर उसको धोखा देता है, "अरे भूल जाओ इन कसमों-वादों को! बोलो कितना रुपया लेकर जान छोड़ोगी?" (छिन्नमस्ता, पृ. 167)।

नर्सों का शोषण डाक्टर लोग करते हैं, 'अकेला पलाश' में इस यथार्थ का पर्दाफाश हुआ है। नाइट ड्यूटी में नर्सों का यौन शोषण होता है। बेचारी नर्सों को डाक्टरों की उँगलियों पर नाचना पड़ता है। डाक्टर भी नहीं उनके दोस्त भी आकर शेयर करते हैं। इस प्रकार के अत्याचारों के बाद आखिर स्त्री को ही दोषी ठहराते हैं और उन्हें चेतावनी दी जाती है। 'अकेला पलाश' में नयी-नयी आयी नर्स के साथ डॉ. खान की छेड़खानी होती है। वह चिल्लाकर लोगों को इकट्ठा करके बच जाती है। पर लोगों के लिए यह एक तमाशा मात्र रह गया। आखिर कुछ लोग मिलकर रफा-दफा करके उसको चेतावनी देते हैं, "अभी तुम्हारी नयी-नयी नौकरी है, तुम्हें अनुभव नहीं है, आइन्दा ऐसी गलती नहीं होनी चाहिए।" (अकेला पलाश, पृ. 95)।

'एक ज़मीन अपनी' उपन्यास में विज्ञापन कम्पनियों में होने वाले यौन शोषण का चित्रण हुआ है। उसमें सक्सेना एक पार्टी में अंकिता के साथ बदतमीज़ी करता है। जब अंकिता ने इसका प्रतिरोध किया तो वह उसे नौकरी से निकाल देता है और अपने पार्टनर मैथ्यू से कहता है, "...कैसी-कैसी बेशक्ल लड़कियाँ भर लेते हो तुम अपनी एजेंसी में जिन्हें सोसाइटी में उठने-बैठने तक की तमीज़ नहीं" (एक ज़मीन अपनी - पृ. 34)।

शिक्षा संस्थाएँ भी इससे मुक्त नहीं। उच्च शिक्षा का केन्द्र है कालेज वहाँ भी स्त्री स्वतन्त्र नहीं उसके साथ अन्याय होता है। तत्सम उपन्यास की वसुधा कालेज की अध्यापिका है। उसके साथ वहाँ के अध्यापक जतीन का अत्याचार होता है। जतीन के वश में न पड़ने के कारण वह विभागाध्यक्ष की सहायता से उसे तंग करने का प्रयत्न करता है। 'ठीकरे की मँगनी' में स्कूली वातावरण में होनेवाले शोषणों का चित्रण है। स्कूल की अध्यापिका महरूख के साथ संजय और ईशरत जैसे अध्यापकों के बदसलूक चित्रित हैं। पढ़ाई में कमज़ोर लड़कों को घर ले आकर पढ़ाने की महरूख के प्रयत्न में बुरी दृष्टि डालते हैं ये लोग और कहते हैं, "...यार यहाँ जवान लौंडों की भीड़ रहती हो वहाँ पर हम ...। रखे, छोड़ो, कोई क्या करता है, उससे हमें क्या?" (ठीकरे की मँगनी, पृ. 98)। इस प्रकार की बहुत सारी प्रतिकूलताओं से सुशिक्षित एवं स्वावलम्बी नारी को भी गुज़रना पड़ता है। नौकरी करनेवाली स्त्री की और एक विडंबना यह है कि उसको अपने सहकर्मियों के साथ मिलाकर शक करना। पति भी नहीं स्त्री लोग भी उसे सन्देह की नज़र से देखती हैं। कहने का मतलब यह हुआ कि स्त्री बनकर समाज में जीना बहुत कठिन कार्य बन गया है। उसको बहुत सारे संघर्षों को झेलना पड़ता है। फिर वह अपने को बनाये रखने का हर समय प्रयत्न करती ही रहती है। समकालीन उपन्यास में ऐसे बहुत सारे स्त्री-पात्र दिखाई देते हैं जो इन प्रतिकूलताओं से संघर्ष करते हुए अपना प्रतिरोध ज़ाहिर करते हैं। प्रतिरोध यानी विद्रोह करनेवाली नारी समकालीन उपन्यास की अपनी विशेषता है जो समाज में होने वाले परिवर्तनों एवं परिवर्तित मानसिकताओं से हमें सचेत कर रही है।

विद्रोह

हमने देखा कि स्त्री सब कहीं अलग-अलग ढंग से विभिन्न सन्दर्भों में शोषण की शिकार ही है। उसे व्यक्ति के रूप में स्वीकार करने के लिए पुरुष समाज तैयार नहीं। उसके लिए वह वस्तु है, अपनी सेविका है, उपभोग की चीज़ है। कहीं भी उसको एक अलग आइडेंटिटी के रूप में मानने या स्वीकारने के लिए पुरुष वर्ग तैयार नहीं। वह उपेक्षा, निन्दा, शोषण एवं अत्याचारों को सहते हुए जीने के लिए अभिशप्त सी दिखाई देती है। यही स्त्री जीवन है ऐसा मानने के लिए स्त्री भी विवश हो जाती है। इससे उत्पन्न असन्तोष का परिणाम है विद्रोह और प्रतिरोध। समकालीन सन्दर्भ में स्त्री इसलिए प्रतिरोध करती है कि उसने शिक्षा के ज़रिए आत्मबोध प्राप्त किया है अपने तथा अपने वर्ग के यथार्थ की भीषणता का एहसास पाने में वह समर्थ हो उठी है।

इसकी प्रतिछवि है समकालीन साहित्य का स्त्री विमर्श यानी कि स्त्री पक्ष रचनाएँ। आज स्त्री को... "अपने विचार हैं! स्वतन्त्र विचार... उन्मुक्त विचार। अतीत से विपरीत स्वर लिये, उत्पीड़न की लीक तोड़ते उपेक्षा के सूत्रों से भिड़ते, शोषण की मर्यादाओं की धज्जियाँ उड़ाते, बलात्कार, अश्लीलता के प्रति अपना विरोध दर्ज करते, दो-दो हाथ करने को उत्सुक दिखते।" (दिनेश धर्मपाल, स्त्री, पृ. 72)। इसलिए आज स्त्री अपने जीवन की प्रतिकूलताओं का विरोध ज़ाहिर करते हुए अपना विद्रोह प्रकट करने में काबिल दिखाई देती है। समकालीन उपन्यास के विद्रोही स्त्री पात्र इसका परिणाम हैं। 'इदन्नमम' की कुसुमा सामाजिक व्यवस्था के नियमों के दोहरेपन के खिलाफ अपनी असहमति ज़ाहिर करते हुए मन्दा से पूछती है, "किसने सिरजी है बन्धनों की रीत? जो नाम लेती हो उसने? मनु-व्यास ने? रिसियों मुनियों ने? देवताओं ने कि राच्छसों ने?" (इदन्नमम, पृ. 83)। राजी सेठ भी अपने पात्रों के ज़रिए अन्याय के सामने प्रश्न चिह्न लगाती हैं। उनके मत में सारे नियम ईश्वर के नाम मनुष्य निर्मित है, घर भी पुरुषों ने अपनी सुविधा के लिए। इसलिए ईश्वर के अस्तित्व तथा तथाकथित नियमों के सामने प्रश्न चिह्न लगाते हुए लेखिका पूछती है, "मैं तो कहूँगी, तुम्हारे भगवान की दुनिया में इनसान नहीं है कोई। दो धर्म हैं... दो जातियाँ हैं ...और दोनों के लिए अलग-अलग तरह के नियम।" (पृ. 29) सारा नियम स्त्री के शोषण के लिए सफल साधन बन गये हैं। परम्परा से यह क्रम चला आ रहा है इसलिए छिन्नमस्ता की प्रिया अपने मित्र नरेन्द्र से कहती है, "यानी आपसी ईमानदारी, वफादारी, प्यार, समर्पण... यह सब कुछ नहीं? ...कुछ नहीं? सच कहूँ नरेन्द्र, ये शब्द भ्रम है। औरत को यह सब इसलिए सिखाया जाता है कि वह इन शब्दों के चक्रव्यूह से कभी नहीं निकल पाए ताकि युगों से चली आती आहुति की परम्परा को कायम रखे।" (छिन्नमस्ता, पृ. 12)। प्रिया के मन में नारी जीवन आहुति है। इस यथार्थ का पर्दाफाश करते हुए वह उसके प्रति अपना विद्रोह ही ज़ाहिर कर रही है। यह भेद-भाव ही है इसको मिटाना चाहिए।

महादेवी जी ने बहुत ही पहले इसको महसूस किया था और लिखा भी था कि चरित्रहीन नारी को समाज कभी भी सहन नहीं करता पर चरित्र हीन पुरुष को लेकर कोई भेद-भाव नहीं रखता। उसको सभी प्रकार के पद और अधिकार देने में हिचकता नहीं। यहाँ तक सती साध्वी नारी के चरित्र की परीक्षा लेने का न्यायकर्ता का स्थान भी उसे देने में कोई संकोच नहीं करता, "किसी भी पुरुष का कैसा भी चारित्रिक पतन उससे सामाजिकता का अधिकार नहीं छीन लेता, उसे गृह जीवन से निर्वासन नहीं देता, सुसंस्कृत व्यक्तियों में उसका प्रवेश निषिद्ध नहीं बनता और धर्म से लेकर

राजनीति तक सभी क्षेत्रों में ऊँचे-ऊँचे पदों तक पहुँचने का मार्ग नहीं रोक लेता। साधारणतः महान दुराचारी पुरुष भी परम सती स्त्री के चरित्र का आलोचक ही नहीं न्यायकर्ता भी बना रहता है।" (महादेवी, शृंखला की कड़ियाँ)। पुरुष की गलती गलती नहीं पर स्त्री की थोड़ी सी गलती को भी यहाँ अपराध मानकर दण्डनीय ठहराता है। स्त्री को बचपन से ही दया, करुणा, प्रेम, त्याग और समर्पण का सबक सिखाया जाता है। पुरुष के सामने अपने को समर्पित करना ही एक स्त्री का सबसे बड़ा गुण है यही सिखाया जाता है। 'पीली आँधी' की सोमा इस मानसिकता का विरोध प्रकट करती है और कहती है, "मैं ऐसे त्याग में विश्वास नहीं करती।" (पीली आँधी, पृ. 253)। 'आवाँ' में वर्षा नमिता से कहती है कि- नारी को अपनी परिभाषा स्वयं गढ़नी चाहिए। क्योंकि समाज की धारणा यह है कि जो लड़की बोल्ड है वह अच्छी नहीं। अतः दूसरों की राय पर जीना जीना नहीं अपनी मर्ज़ी एवं मानसिकता पर जीना ही जीना है। स्त्री की स्वतन्त्रता पर ज़ोर देते हुए वह कहती है, "औरों को मार गोली। कुएँ के मेढक वर्जना हीनता को बोल्ड की परिभाषा गढ़े हुए बैठे हैं। उनकी दूरबीन उनको मुबारक। अपने अनुभवों से तू अपनी परिभाषा गढ़। अत्मविश्वास आर्जित कर। ये दीन हीनता झटक, उतार फेंक केंचुल।" (आवाँ, पृ. 55)

धर्म भी शोषण का उत्तम उदाहरण है। नारी के शोषण के लिए बहुत सारे धार्मिक नियम बनाये गये हैं। पर सचमुच ये सारे के सारे नियमों के पीछे पुरुष का अधिकार भाव ही निहित है। इसको आज की नारी पहचान लेती है और इसके खिलाफ वह अपना विद्रोह प्रकट करती है। 'झूलानट' की सीलो अपनी ताई से पूछती है कि समाज में निर्धारित सभी नियमों और आचरणों के बावजूद आप विधवा कैसे बनी हैं। इस प्रकार की कितनी स्त्रियाँ समाज में वर्तमान हैं। उनका दूसरा विवाह तो बछिया दान के साथ ही सम्पन्न होता है। पर सीलो इसके लिए तैयार नहीं होती। वह इस परम्परा का विरोध करती है और अम्मा से पूछती है, "अम्मा जी रीत-रस्म लिखा हुआ रुक्का तो नहीं होती।" (झूलानट, पृ.75)। 'ठीकरे की मँगनी' की महरूख धर्म द्वारा निर्धारित मान्यताओं को तोड़ती है। वह यह पहचानते हुए मँगनी को तोड़ती है कि ऐसे करने वाली लड़की को दुबारा कोई सम्बन्ध मिलना मुश्किल है। 'आवाँ' की विमला बेन सुनन्दा की मय्यत को अपने कन्धे पर उठाते हुए इस परम्परा को तोड़ती है कि औरत को मय्यत उठाने का अधिकार नहीं है। वह कहती है, "कूपमंडूक पुरुषों से हमें सीखना होगा कि स्त्रियों के लिए क्या शास्त्र-सम्मत है, क्या नहीं?... मैं हर जाति, धर्म, वर्ण की स्त्रियों से आह्वान करती हूँ कि वे सब की सब श्मशान चले

और बारी-बारी से सुनन्दा की मय्यत को कन्धा दें।"(आवाँ, पृ. 153)

आज की स्त्री सीता-सावित्री की परम्परा को नकारती है क्योंकि वह सामाजिक स्वीकृति पर नहीं अपनी स्वीकृति पर जीने की हिम्मत रखनेवाली है। झूठी नैतिकता का निषेध करते हुए अपनी शर्त पर जीती है, वह किसी प्रकार की अग्नि परीक्षा देकर अपने को पवित्र साबित करके सामाजिक स्वीकृति हासिल करने के पक्ष में नहीं। क्योंकि सारे नियम, सारा आचरण पुरुषों द्वारा निर्मित है। सभी शास्त्र उनके द्वारा लिखे गये हैं। उन सब में स्त्री को फँसाकर रखने का षड्यंत्र निहित है। इस सच्चाई को छिन्नमस्ता की जूड़ी प्रस्तुत करती है, "पर जानती हो इतिहास, समाज शास्त्र, मानव शास्त्र, मनोविज्ञान... वह सब तो पुरुष ने ही लिखा है, यह चाहे पूरब हो या पश्चिम और सच कहूँ तो परिवर्तन किसको अच्छा लगेगा? खासकर उसे, जिसे सदियों से इतनी सुविधा मिली हुई है।" (छिन्नमस्ता, पृ. 188)।

समकालीन स्त्री पक्ष उपन्यास पुरुष विरोधी नहीं बल्कि पुरुष वर्चस्व का विरोधी है। उसके पात्र यही ज़ाहिर करते हैं कि वे पुरुषों द्वारा निर्मित उन नियमों एवं आचरणों का विरोध करते हैं जो स्त्री को अपने अधीन में रखने के लिए बनाये गये हैं। इनका मानना है कि पुरुष के अन्यायों एवं अत्याचारों का सामना करना चाहिए। पुरुष स्त्री पर अपनी शारीरिक शक्ति लगाकर उसपर अधिकार जमाना चाहता है। पर समकालीन उपन्यास की अधिकांश स्त्रियाँ इसके बदले में कुछ करनी दिखाई देती हैं। 'कठगुलाब' की असीमा स्त्रियों पर अन्याय करनेवाले पुरुषों को मारने में खुंशी का अनुभव करती है। वह स्मिता के जीजा पर कराटे किक लगाती है जब वह नमिता को मारने लगता है। अन्याय करनेवाले पुरुषों को मारते समय वह मज़े का अनुभव करती है। इसी उपन्यास में नर्मदा के साथ अत्याचार करनेवाले प्रिन्सिपल के पति को असीमा मारती है। नर्मदा जब उसके अत्याचारों से भयभीत होकर भागकर असीमा के पास पहुँची तो असीमा, "सीधे जाकर उस हरामी की धुनाई कर दी। सच कहूँ, मेरी समझ में आ गया है कि मुझे मर्दों को पीटने में मज़ा आता था। " (कठगुलाब, पृ.177)। इस प्रकार 'माई' उपन्यास की माई, 'आवाँ' की स्मिता जैसे पात्र भी पुरुषों के अत्याचारों को खुला जवाब देने के पक्ष में हैं। पहलेवाली स्त्रियों के समान सहन के पक्ष में नहीं। यह एक महत्त्वपूर्ण बदलाव है स्त्री मानसिकता में। पुरुषों को पीटना सही है ऐसा नहीं पर जहाँ जिस प्रकार का अन्याय एवं अत्याचार होता है स्त्रियों के साथ वहाँ उनके प्रति प्रतिक्रिया होनी ही चाहिए। तब वे धीरे-धीरे ये शान्त हो जाएँगे और स्त्री के साथ उचित व्यवहार करने के बारे में सोचने के लिए विवश हो जाएँगे।

अस्मिता बोध

स्त्री लेखन सचमुच स्त्री के अस्मिता बोध की पहचान का परिणाम है। स्त्री लेखन ही नहीं स्त्री विमर्श भी यही घोषित करता है। आज की स्त्री पुरानी स्त्री के समान नहीं। आज की स्त्री प्रश्न करने वाली है। वह अन्याय, अत्याचार, अनाचार, शोषण जैसी असामाजिक वृत्तियों के खिलाफ आवाज़ उठाती है। वह किसी दूसरे की शर्त पर नहीं अपनी शर्त पर जीना ही उचित समझती है। यह सचमुच उसके आत्मबोध का परिणाम है, नारी का आत्मबोध उसे पति आश्रिता पत्नी से ऊपर उठाकर एक महत्वकांक्षी और स्वाभिमानी नारी बना देता है। ये महिलाएँ अपनी स्वतन्त्र इच्छाओं की पूर्ति चाहती है, दूसरों की इच्छा पूर्ति का माध्यम बनना नहीं चाहती।" (डॉ. अलका प्रकाश, नारी चेतना के आयाम, पृ. 80)

'अपने अपने चेहरे' की रमा इतना आत्मबल प्राप्त नारी है कि उनका विश्वास है कि पुरुष के बिना भी नारी एक पूर्ण इकाई है। वह रीतू को समझा देती है कि 'विवाह, पति, बच्चे से परे भी औरत है, उसका अस्तित्व है। उसका सामाजिक अवदान हो सकता है इस पर सोचो। पति सर्वस्व नहीं अपने स्व को पहचानो।" (अपने अपने चेहरे, प्रभा खेतान, पृ. 94)। 'पीली आँधी' की सोमा के लिए अपनी अस्मिता ही सबकुछ है। वह स्वयं निर्णय लेना चाहती है। सारी सुख-सुविधाओं के बावजूद अपनी अस्मिता के अभाव में वह तिलमिला उठती है और सुजीत से कहती है, "मुझे किसी भी निर्णय का अधिकार नहीं। मैं यहाँ कुछ भी नहीं। सुजित मैं मरना नहीं चाहती जीना चाहती हूँ। जीना...।" (पीली आँधी, पृ. 241)

'आओ पेपे घर चलें ' उपन्यास की कैथी भी अपनी अस्मिता से सजग नारी है। किसी भी सन्दर्भ में वह अपने इस आत्मसम्मान को बनाये रखना चाहती है। जो उसके इस आत्मसम्मान को पहचानते नहीं, उसकी भावनाओं को मानती नहीं, चाहे वह माता-पिता ही क्यों न हों उनसे सम्बन्ध तोड़ने के लिए भी तैयार हो जाती है, "जो माँ-बाप मेरी भावनाओं की कद्र नहीं कर सकते, जिनकी निगाहों में मेरे लिए सम्मान नहीं, उनसे न मुझे सम्बन्ध रखना है और न ही उनके पास जाना है।" (आओ पेपे घर चलें, पृ. 117)

'एक ज़मीन अपनी' की अंकिता के शब्दों में इतना रोष भरा हुआ है कि वह स्त्री को नकारनेवाली व्यवस्था का सख्त विरोध करती है। उसके मन में स्त्री पुरुषों की इच्छा के अनुसार उपयोग करने की चीज़ नहीं वह गमलों में रोपकर अपनी बैठक की शोभा देने की वस्तु भी नहीं। वह हाड़ मांस का मनुष्य जीव है उसका अपना विचार है, अपनी

मानसिकता है जीवन दृष्टि है उसको मानना ही चाहिए। नहीं तो इस साजिश को खत्म करने की ताकत आज की स्त्री में है वैसी चेतावनी देती है, "सुधांशु जी, औरत बोनसाई का पौधा नहीं है... जब जी चाहे उसकी जड़ें काटकर उसे वापस गमले में रोप लिया ... वह बौना बनाये रखने की इस साज़िश को अस्वीकार भी तो कर सकती है।" (पृ. 220)

छिन्नमस्ता की प्रिया खुल्लम खुल्ला अपने पति नरेन्द्र से कहती है कि वह नरेन्द्र की सेक्रेटरी और नौकरानी नहीं, वह किसी का गुलाम बनकर नहीं इज्ज़त और आत्मसम्मान के साथ अपनी शर्त पर जीना चाहती है। यही उसका अस्मिता बोध है। इसमें स्वतन्त्रता बोध भी है। इसका मतलब सिर्फ आर्थिक स्वतन्त्रता नहीं। वह अपनी मानसिक जकड़न से मुक्त होकर जीना चाहती है। पारम्परिक सम्बन्ध ही जकड़न है। इससे मुक्त होने के लिए स्त्री को अपनी अस्मिता के अनुसार जीने की हिम्मत हासिल करनी है। इसलिए 'अपने अपने चेहरे' की रमा रीतू से कहती है, ..."मुक्ति केवल आर्थिक नहीं होती। ज़रूरत तो है कि औरत अपनी मानसिक जकड़न से निकले। धीरे-धीरे मुझे यही समझ में आया कि अकेला होना कोई अपराध नहीं। कोई ज़रूरी नहीं कि हम केवल पारम्परिक सम्बन्धों को ही अपना समझे।" (छिन्नमस्ता, पृ. 149)

अतः समझना चाहिए कि स्त्री स्वतन्त्रता का मतलब मनमानापन नहीं। वह किसी का दास बनकर जीना नहीं चाहती। वह पुरुष विरोधी नहीं पर अत्याचार विरोधी है। नासिरा शर्मा अपने उपन्यास शाल्मली के माध्यम से यही विचार प्रस्तुत करती हैं। उपन्यास की नायिका शाल्मली कहती है, "मैं पहले भी कह चुकी हूँ कि मेरे मन-मस्तिष्क में एक ऐसे समाज की कल्पना है, जहाँ कोई किसी का दास नहीं है, फिर एक बार मैं बता दूँ कि मैं पुरुष विरोधी न होकर अत्याचार विरोधी हूँ। अत्याचारी का कोई नाम और धर्म नहीं होता, तो भी समूह या इकाई में वह हमारे सामने होता है और उसी अत्याचारी से हमें जूझना है।" (शाल्मली, पृ. 165)।

इस प्रकार हम देखते हैं कि समकालीन स्त्री पक्ष उपन्यास में उसके जीवन के बहुआयामी सन्दर्भों का खुलासा हुआ है। शिक्षित-अशिक्षित स्त्री सब कहीं पीड़ित, शोषित एवं उपेक्षित है। स्त्री समाज ने यह पहचान लिया कि उनके जीवन को लेकर पुरुष वर्ग खिलवाड़ कर रहा है। उनके खिलाफ षड्यंत्र रचा जा रहा था और रचा जा रहा है। इस अन्याय के विरुद्ध की आवाज़ बुलन्द है इन उपन्यासों में। इसलिए निस्सन्देह हम कह सकते हैं कि समकालीन स्त्री पक्ष उपन्यास में तथा अन्य साहित्यिक विधाओं में स्त्री के आत्मसम्मान की झलक ही मिलती है। यह सचमुच समय की माँग है, अनिवार्यता है ऐतिहासिक एवं पारम्परिक सच्चाई की पहचान की सहज प्रतिक्रिया है।

दलित विमर्श

समकालीन दलित साहित्य सचमुच दलितों की आत्मपहचान एवं विद्रोह का साहित्य है। दलित साहित्य की चर्चा के पहले दलित साहित्य के दर्शन पर चर्चा करना वांछनीय है। सबसे पहला प्रश्न यह है कि कौन है दलित? दलित सामान्यतः समाज की निम्न श्रेणी के लोगों की ओर इशारा है। भारत वर्णव्यवस्था का देश है। यहाँ का मानना है कि ईश्वर ने मनुष्य को चार श्रेणियों में विभाजित करके प्रस्तुत किया है। पर वैदिक काल में यह वर्ण व्यवस्था नहीं थी। वहाँ सब के सब समान थे। हर कोई अपनी इच्छा एवं रुचि के अनुसार काम को चुन लेने में स्वतन्त्र थे। वहाँ जाति के नाम पर भेदभाव नहीं था। बाद में जाति व्यवस्था स्थापित हो गयी। यह पूर्णतः मनुष्य निर्मित है। इसमें ईश्वर की या किसी अतीन्द्रिय शक्ति की भूमिका नहीं है। इसलिए हम निस्सन्देह कह सकते हैं कि यह जाति-भेद एक सामाजिक विकृति है। यह मानवीयता के स्थापन में बाधक तत्त्व है। जाति-भेद की भीषणता को भोगनेवाला सचमुच समाज की निम्न जाति के लोग ही हैं यानी कि दलित वर्ग। दलित युग-युगों से उत्पीड़ित, उपेक्षित एवं शोषित वर्ग है। उन्हें शिक्षा के अधिकार से, धन-धरती के अधिकार से वंचित रखा गया है। इस सामाजिक अन्याय के खिलाफ बहुत सारे विरोध प्रकट किये गये हैं।आधुनिक सन्दर्भ में शिक्षित अवर्णों ने संगठित होकर इस अन्याय एवं अत्याचार के खिलाफ आवाज़ उठाई इसका परिणाम है समकालीन दलित साहित्य। यह साहित्य सचमुच दलितों की आत्मपहचान का साहित्य है। इसके मूल में विद्रोह की भावना है। वह विद्रोह उस व्यवस्था के प्रति है जो उन्हें मानवोचित जीवन बिताने के अधिकार से या अवसर से वंचित कर रखता है। इसलिए हम निस्सन्देह कह सकते हैं कि दलित उस वर्ग को सूचित करता है जिसे सामाजिक एवं ऐतिहासिक कारणों से अस्पृश्यता और शोषण की अमानवीय व्यथा झेलनी पड़ी है और अस्पृश्यता के नाम पर सामाजिक, आर्थिक एवं शैक्षणिक संस्थाओं से दूर रखा गया है। भारतीय संविधान ने उन्हें सामाजिक एवं ऐतिहासिक कारणों से दबाया गया वर्ग मानकर आरक्षण का प्रावधान प्रदान किया है। उनकी मुक्ति

को लक्ष्य करके उनके जीवन यथार्थ की तपिश को संवेदित करने का साहित्य है दलित साहित्य। दलित साहित्य की चर्चा के पहले दलितों की स्थिति तथा दलित मुक्ति के पीछे सक्रिय तथ्यों पर विचार करना अनिवार्य है।

दलितों की स्थिति

भारत के दलितों का इतिहास यहाँ के तथाकथित इतिहास से प्राप्त नहीं है क्योंकि उसमें आम आदमी तथा उसका वास्तविक इतिहास लगभग उपेक्षित है। उसमें राजा-महाराजाओं, रईसों एवं ज़मींदारों की वीरता, श्रृंगारिकता एवं विलासिता का बखान हुआ है। उन ग्रंथों में अगर कहीं दलितों का कोई ज़िक्र हुआ है तो वह अछूत या गुलाम के रूप में। पुराणों में तो एक अयाचित वर्ग के रूप में जो इस पवित्र देश को अपवित्र करने के लिए घुसपैठ किया गया हो। इस प्रकार समाज के सवर्णों एवं प्रशासकों की दृष्टि में दलित आँख की किरकिरी है। दलित भी मनुष्य है उनकी भी सामाजिक, आर्थिक, राजनीतिक एवं सांस्कृतिक उन्नति आवश्यक है। इस यथार्थ को मानने के लिए यहाँ के सवर्ण वर्ग तथा उनके इतिहासकार तैयार नहीं थे। इसलिए भारत का इतिहास एक वर्ग का यानी कि वरेण्य वर्ग का अभिलेख मात्र रह गया। कंवल भारती ने इस अमानवीय वृत्ति की ओर इशारा करते हुए कहा, "भारत के इतिहास को पढ़ते वक्त यही चित्र आपके सामने उभरते हैं कि भारत में एक संस्कृति रही है राजे-महाराजे राजनीतिक तथा वंशगत बैर के आधार पर आपस में लड़ते रहे हैं। इस इतिहास में सिर्फ शासक जातियों के उत्थान-पतन, उनके धर्मसंस्कार और उनके जीवन के सिवा अन्य जातियों, वर्गों और समुदायों के जीवन दिखाई नहीं देते। इसलिए भारत के इतिहास में न तो दलित उपस्थित है और न उसका संघर्ष नज़र आता है।" (कंवल भारती, दलित विमर्श की भूमिका, पृ. 27)

दलितों की सामाजिक स्थिति अत्यंत दयनीय थी। प्राचीन भारत में उन्हें हाशिये पर छोड़ दिया गया था। वे मनुष्य के रूप में जीने के सभी अधिकारों से वंचित थे। हिन्दू धर्म-व्यवस्था में इन्हें कोई स्थान नहीं दिया गया। चातुर्वर्ण्य में दलित सबसे नीचे रहे। वे अछूत हैं, अस्पृश्य हैं, नीच हैं, चण्डाल हैं। उच्चवर्ग इन्हें अपने गुलाम के रूप में मानते थे। सभी प्रकार के अत्याचारों, अनीतियों एवं शोषणों को सहते हुए जीने के लिए अभिशप्त थे दलित। वैदिक काल में जातिव्यवस्था नहीं थी। वर्ग व्यवस्था थी, काम के आधार पर वर्ग निश्चित हो जाता था। यह काम के बदलने के आधार पर परिवर्तनशील भी था। वहाँ जातिभेद नहीं था। अन्तर्वर्गीय विवाह भी

होता था। यानी कि वर्गों में भेदभाव नहीं था। आने जाने का रास्ता हमेशा खुला हुआ था। पर बाद में ये वर्ग वर्ण में बदल गये और वे अपने में बन्द भी हो गये। वहीं से वर्णव्यवस्था का उदय हुआ। वर्णव्यवस्था में वर्ग नहीं वर्ण है। सबसे पहले उच्चवर्ग ने अपने को सबसे अलग करके सत्ता बन्द कर दी। फिर अन्य वर्गों ने भी अपने को वर्ण बना लिया और धीरे-धीरे वे सब अलग-अलग जाति बन गये। परिणामतः निम्न वर्ण के लोग जो शूद्र कहा जाता है उनका धर्म उच्च वर्ग की सेवा ही निर्धारित किया गया। सचमुच यही वर्ग सभी प्रकार का कर्म करता आया था। अन्न उगाना, घर बनाना जैसे सभी प्रकार के कठिन एवं परिश्रमी काम करनेवाले ये ही थे। पर इन्हें मानवोचित हैसियत देने, सम्मान देने या समान मानने के लिए सवर्ण वर्ग तैयार नहीं थे। इसके बदले वे इनका हर प्रकार से शोषण करते ही रहे। मात्र शोषण नहीं इन्हें उत्पीड़ित एवं अपमानित भी करते थे। जब जाति व्यवस्था कठिन होने लगी तो छोटी-छोटी असंख्य जातियों का उद्भव एवं विकास होने लगा। काम के आधार पर जाति निश्चित होने लगी। सामाजिक जीवन के लिए आवश्यक काम करनेवालों को निम्न जाति में रखा गया। उनके साथ घोर अन्याय भी किया गया। अस्पृश्य बनाकर समाज के एक कोने में रख दिया गया। वेद-पुराण, उपनिषद, इतिहास आदि से दूर रखा गया। इन्हें पूर्णतः शिक्षा से वंचित रखा गया। वेद-पुराणों को सुनना भी पाप समझाया गया। पूजा-पाठ करने का अधिकार नहीं। उन्हें ईश्वर से भी अलग रखा गया। धीरे-धीरे इनके अलग ईश्वर उत्पन्न हुए जो सवर्णों के ईश्वर से बिलकुल भिन्न। इस प्रकार दलितों के लिए अलग नियम बनाया गया, दंड नीति निर्धारित की गयी। कुल मिलाकर दलितों का सामाजिक जीवन अत्यन्त दयनीय एवं अमानवीय बन गया। उन्होंने सोचा कि यह उनकी नियति है ईश्वर ने उन्हें ऐसे जीवन बिताने के लिए सृजित किया है।

शिक्षा के क्षेत्र से इन्हें दूर रखा गया। शिक्षा प्राप्त करना मना था। अगर कोई शिक्षा प्राप्त करने का प्रयत्न करे तो उन्हें कठोर दंड दिया जाता था। कोई वेद मंत्र सुन ले तो उनके कानों पर गरम सीसा डाल दिया जाता था। कोई अक्षर पढ़े तो उनकी जीभ काट दी जाती थी। मन्दिरों में प्रवेश नहीं था। पूजा का अधिकार सवर्ण को ही था। इस प्रकार दलितों को सभी क्षेत्रों से दूर रखकर उनका शोषण ही किया जा रहा था। रमणिका गुप्ता जी इस असामाजिक वृत्ति पर प्रकाश डालते हुए कहती हैं, "एक समूह को अमीर, अभिजन, सवर्ण भी उच्च और श्रेष्ठ घोषित किया और दूसरे विशाल समूह को गरीब, 'नीच, हेय, घृणित, अस्पृश्य एवं निकृष्ट बनाया। एक बड़ी

जमात को भौतिक सुख से वंजिच रखने में सन्तुष्ट रहना और बिना फल के कर्म करना सिखाया और दूसरी जमात को श्रम से विमुख रखना भी श्रम से घृणा करना। इसलिए एक और मापक भी गढ़ दिया कि जो श्रम करे वह छोटी जाति का, श्रम न करके श्रम करनेवालों की कमाई खाये वह बड़ी जाति का। ब्राह्मण पढ़ेगा, पढ़ाएगा पर शारीरिक श्रम नहीं करेगा। यानी उत्पादन नहीं करेगा। हल छुयेगा तो जाति से बाहर जाएगा। वैश्य व्यापार करेगा, लड़नेवालों, पढ़ानेवालों को आर्थिक सहायता देगा, उत्पादन करनेवालों से माल खरीदेगा, खुद पढ़ेगा भी लेकिन दैहिक श्रम नहीं करेगा।" (दलित चेतना, साहित्यिक एवं सामाजिक सरोकार, पृ. 120-121) इस प्रकार सामाजिक दृष्टि से दलितों की स्थिति बिलकुल प्रतिकूल थी। अज्ञान के कारण वे सारे अत्याचारों एवं अन्यायों को सहते रहे। उनके पास न मिट्टी है न धन है और न मकान। वे लगभग निरर्थक जीवन ही बिता रहे थे।

सामाजिक पिछड़ेपन के परिणामस्वरूप वे आर्थिक दृष्टि से भी विपन्न थे। आर्थिक विपन्नता ने उन्हें गरीब बनाया। सही मायने में श्रमिक वर्ग है दलित, पर उन्हें उचित पारिश्रमिक नहीं मिलता। अन्य श्रमिक वर्गों से दलित की स्थिति भिन्न है। वे वर्ग भेद भाव और अपमान का शिकार नहीं। दलितों को काम करना चाहिए पर मिलती है निन्दा। अतः जाति रूपी राक्षस को जब तक मार नहीं दिया जाता तब तक न तो कोई राजनैतिक सुधार सम्भव है और न ही आर्थिक उन्नति। स्वतन्त्र भारत में दलितों की आर्थिक स्थिति को सुधारने के लिए अनेक योजनाएँ बनायी गयीं पर उचित कार्यवाही के अभाव में उसको वांछित फल नहीं मिल पा रहा है। अम्बेडकर ने इसीलिए जान बूझकर आरक्षण की माँग की थी कि दलितों की आर्थिक स्थिति सुधर जाए जिससे वे अन्य समस्याओं से एक हद तक संघर्ष कर सके। पर खेद की बात यह है कि दलितों की आर्थिक स्थिति अब भी खराब है। स्वाधीनता प्राप्ति के इतने साल बाद भी अनेक योजनाओं के बावजूद दलित आर्थिक दृष्टि से विपन्न ही है। समकालीन सन्दर्भ के उदारीकरण की नीति भी दलित अर्थ व्यवस्था को बिगाड़नेवाली है।

राजनीति के स्तर पर भी दलित उपेक्षित है। दलितों के राजनीतिक अधिकारों की माँग अम्बेडकर ने शुरू की थी। 1930 में उन्होंने ब्रिटिश सरकार से दलितों के लिए पृथक प्रतिनिधित्व की माँग की। इसका उद्देश्य यह था कि दलितों के प्रतिनिधि सत्ता प्रतिष्ठानों में बैठकर दलितों के हितों की रक्षा करेंगे तथा उनकी समस्याओं का हल करेंगे। दलितों को अपनी मुक्ति के लिए सवर्ण नेताओं पर निर्भर न रहना पडे। अम्बेडकर ने साफ-साफ कहा था कि दलितों के दो दुश्मन प्रमुख हैं वे ही उनका सभी

प्रकार का शोषण कर रहे हैं, "मेरे विचार से देश के दो दुश्मनों से कामगारों को निपटना होगा। ये दो दुश्मन हैं, ब्राह्मणवाद और पूँजीवाद।" (राजकिशोर, दलित राजनीति की समस्याएँ, पृ. 39)

भारत में दलितों को एक ओर देश की स्वाधीनता के लिए संघर्ष करना पड़ा था तो दूसरी ओर जातीय भेदभाव के खिलाफ। इस प्रकार उन्हें बाह्य उपनिवेश और आन्तरिक उपनिवेश से समान रूप से लड़ना पड़ा। दलितों के राजनीतिक अधिकार को लेकर गाँधीजी और अम्बेडकर के मत भिन्न थे। गाँधीजी वर्ण व्यवस्था को बनाये रखते हुए सामाजिक समता स्थापित करने के पक्ष में थे। पर अंबेडकर दलितों को राजनीतिक शक्ति बनाकर सामाजिक समता दिलवाने के पक्ष में थे। उन्होंने दलितों के लिए अलग निर्वाचन मंडल की माँग उठाई। पर बाद में दोनों में समझौता हो गया। गाँधी हरदम परिवर्तन के पक्षधर थे। अंबेडकर प्रशासकीय हस्तक्षेप के द्वारा सामाजिक समता एवं आर्थिक विषमताओं को दूर करने के पक्ष में थे। उन्होंने इसलिए रिपब्लिकन पार्टी आफ इंडिया का गठन किया। पर बाद में उसका पतन हो गया। काँग्रेस हमेशा दलितों को अपने साथ जोड़ना ही चाहती थी। जगजीवन राम ने इसके लिए प्रयत्न भी किया। पर उन्हें काँग्रेस के अध्यक्ष पद से निष्कासित किया गया। क्योंकि काँग्रेस में सवर्णों का वर्चस्व था। बाद में कांशीराम ने भी काफी प्रयत्न किया। लेकिन बादवाले नेतृत्वों की अदूरदर्शिता एवं दिशाहीनता के कारण दलितों के लिए गठित की गयी राजनीतिक संस्थाएँ पराजित हो गयीं। अम्बेडकर के विचार, उनका कथन, उनके योगदान एवं संघर्ष सब हाशिये पर डाल दिये गये। इसलिए राजनीतिक स्थिति भी दलितों के लिए शोभाजनक नहीं रही।

धार्मिक परिस्थिति

भारतीय समाज का सबसे बड़ा अभिशाप वर्ण व्यवस्था है। हिन्दूधर्म ने वर्ण व्यवस्था को दलित समाज के शोषण के उपादान के रूप में उपयोग किया। जाति व्यवस्था सचमुच एक साम्राज्यवाद है जिसको धार्मिक सुरक्षा प्राप्त है। दलित वास्तव में शूद्र से भी नीचे का है। इन्हें अस्पृश्यता, छुआछूत, ज़ुल्म, अन्याय और अत्याचार, हत्या, अपमान, बलात्कार आदि को दूसरों से अधिक झेलना पड़ा है। वर्णाश्रम व्यवस्था में शूद्र का अन्न, शूद्र का सम्पर्क, शूद्र से ज्ञान आदि मनुष्य के पतन का कारण माना जाता था। ब्राह्मण का अन्न अमृत है। क्षत्रिय का दूध और वैश्य का अन्न अन्न होता है। शूद्र का अन्न रुधिर के समान अपवित्र है। पराशर स्मृति में शूद्र के दर्शन

मात्र से ब्राह्मण के अपवित्र होने और सूर्य दर्शन से शुद्धि प्राप्त करने की बात कही गयी है। इस प्रकार सारे धार्मिक नियम दलित या अछूतों को सामाजिक क्षेत्र से अलग रखने के उपाय निकले। इन सबके पीछे सवर्ण मस्तिष्क ही सक्रिय रहा है। हिन्दू धर्म और समाज की दशा देखकर ही अंबेडकर ने धर्मान्तरण की बात बताई थी। यहाँ जो धर्म वर्तमान है वह वास्तविक धर्म नहीं। वह उसकी गलत समझ है। भारतीय समाज में व्याप्त घृणित एवं अमानवीय धार्मिक समझ को बदले बिना जातिभेद को मिटाना असम्भव है। जब तक जातिभेद बना रहेगा तब तक दलितों का उद्धार असम्भव है। कानून भी इसमें कामयाब नहीं हो सकते। धर्म की सही समझ और मानवीयता का जागरण ही इसके लिए एकमात्र उपाय है, "बिना वास्तविक धर्म की स्थापना के वांछित सामाजिक संरचना की स्थापना सम्भव नहीं है, चाहे इसके लिए कैसे ही और कितने ही शक्तिशाली कानूनों का निर्माण क्यों न कर दिया जाए।" (डॉ. रामगोपाल सिंह, भारतीय दलित समस्याएँ एवं सम्भावनाएँ, पृ. 56) यही भारतीय दलितों की सामाजिक, आर्थिक, राजनीतिक एवं धार्मिक स्थिति रही है। इससे दलितों को मुक्त करने तथा अपने वर्तमान से अवगत कराने का बहुत सारे प्रयत्न हुए हैं। इन प्रयत्नों के पीछे कुछ महान चिन्तकों, दर्शनों तथा कुछ संस्थाओं का योगदान महत्त्वपूर्ण रहा है, जिनके बिना दलित चेतना का रूपायन सम्भव नहीं हो पाता था। दलित चेतना के रूपायन के पीछे सक्रिय चिन्तकों में प्रमुख थे महात्मा फुले।

महात्मा ज्योतिबा फुले

यद्यपि बाबा साहेब अम्बेडकर से भारत में दलित आन्दोलन की शुरुआत मानी जाती है तथापि उनसे बहुत पहले ही महाराष्ट्र में ज्योतिबा फुले ने ही दलितों की समस्याओं पर काफी विचार किया था। वर्ण व्यवस्था के परिणामस्वरूप उत्पन्न दासता से दलित एवं अछूत वर्गों की मुक्ति के लिए आवाज़ उठानेवाला कोई नहीं था। उस समय महाराष्ट्र में ज्योतिबा फुले का प्रवेश होता है। उनके समय में सवर्ण वर्चस्व के कटुएपन से मुक्ति का रास्ता बहुत दूर ही था। उन्होंने शिक्षा के अधिकार की माँग की। उन्होंने यह घोषित किया कि दलितों को शिक्षा प्राप्त करने का समान अधिकार है। जगह-जगह पर उन्होंने पाठशालाएँ खोलीं। दलितों की शिक्षा के लिए सुविधाएँ बनाईं। स्त्री शिक्षा पर भी ज़ोर दिया। अपनी पत्नी को शिक्षित करके उसे शिक्षिका बना दिया। सावित्री फुले ने दलित समाज को तथा स्त्रियों को शिक्षा प्रदान करके उस क्षेत्र के ब्राह्मण वर्चस्व को तोड़ डाला। फुले ने 1873 में गुलामगीरी नामक ग्रन्थ लिखकर यह साबित किया कि गुलामी सबसे

बड़ी असामाजिक वृत्ति है। उन्होंने उसी वर्ष में सत्यशोधक समाज की स्थापना करके दलितों के अधिकार एवं आत्मसम्मान के लिए संघर्ष किया। संघर्ष के बिना दलितों की उन्नति, आत्मसम्मान एवं मानवाधिकार प्राप्त करना असम्भव है। उन्होंने इस सच्चाई से दलित समाज को अवगत कराया। गोया कि फुले के विचारों एवं चिन्ताओं ने दलित आन्दोलन के प्रादुर्भाव को प्रेरणा दी।

डॉ. बी. आर. अम्बेडकर

अम्बेडकर का जन्म 1891 में इन्डौर के पासवाले मड्ड गाँव में हुआ। पिता भीमराव तथा माता भीमा बाई थे। अम्बेडकर नवजागरण के युगपुरुष थे। उन्होंने दलितों की उन्नति के लिए कठिन परिश्रम किया। दलितों के सामाजिक, आर्थिक, धार्मिक, राजनीतिक एवं शैक्षणिक उन्नति को लक्ष्य करते हुए उन्होंने अपना जीवन ही समर्पित किया। उन्होंने यह भी महसूस किया था कि दलितों की समग्र उन्नति के लिए शिक्षा ही अनिवार्य तथ्य है। उसके बिना दलित अज्ञान के अन्धकार में ही रह जाएगा। उन्होंने यह भी कहा कि हिन्दू समाज में समग्र परिवर्तन ज़रूरी है। उनका मन्तव्य यह था कि हिन्दुओं की मानसिकता में परिवर्तन अनिवार्य है। इसके बिना हिन्दू समाज में दलितों की स्वीकृति असम्भव है।

उन्होंने दलितों के उद्धार को लक्ष्य करके 1920 में 'मूकनायक' नामक समाचार पत्र शुरू किया। दलित समाज में जागृति लाना ही इस पत्र का प्रमुख लक्ष्य रहा है। इसके माध्यम से उन्होंने अपनी योजनाओं एवं उद्देश्यों को दलितों तक पहुँचाने का कार्य किया। यह पत्रिका तीन साल तक चलती रही। अम्बेडकर के विलायत जाने पर वह पत्रिका बन्द हो गयी। वापस आकर 1927 में वही पत्र 'बहिष्कृत भारत' के नाम से निकालने लगे। 1924 में अम्बेडकर ने दलितों की शैक्षिक सांस्कृतिक संस्था बहिष्कृत हितकारिणी सभा की स्थापना की। 1927 में पहाड़ के तालाब से पानी का अधिकार प्राप्त करने हेतु किये गये सत्याग्रह को नेतृत्व दिया। 1928 में साइमन कमीशन के समक्ष दलितों के लिए मन्त्रि परिषदों तथा विधान सभाओं में आरक्षण की माँग की। 1930 में नासिक के कालाराम मन्दिर प्रवेश को लेकर सत्याग्रह किया। 1930-31 में लन्दन की गोल मेज़ परिषद में दलितों के प्रतिनिधि के रूप में जाकर उनके लिए पृथक निर्वाचन का अधिकार प्राप्त किया। 1932 में पूना समझौता करके ऐतिहासिक घटना के नायक बने। संक्षेप में दलितों के उद्धार के पीछे अम्बेडकर के विचारों एवं प्रयत्नों की प्रमुखता अवश्य रही है।

बौद्धधर्म

दलित चेतना और दलित साहित्य के सन्दर्भ में बौद्ध दर्शन की चर्चा का अलग महत्त्व है। क्योंकि बौद्ध धर्म हिन्दू धर्म की वर्णाश्रम व्यवस्था के खिलाफ का धर्म है। उसने हिन्दू धर्म के अत्याचारों, अनाचारों एवं धार्मिक पाखण्डों का खुलकर विरोध किया। वस्तुतः हिन्दू धर्म का शुद्धीकरण करना ही बौद्ध धर्म का लक्ष्य था। इसलिए वह धर्म निरपेक्षता को प्रश्रय देता था। सचमुच बौद्ध धर्म जनसाधारण का धर्म माना गया। इसमें सभी को समान मान्यता दी जाती थी। बाबा साहेब ने भी इस धर्म पर आकृष्ट होकर 1956 अक्तूबर 14 को नागपुर में बौद्ध धर्म की दीक्षा ली थी। अतः दलितों के बीच बौद्ध धर्म का बहुत बड़ा प्रभाव रहा। अम्बेडकर के दीक्षा ग्रहण के साथ बहुत सारे दलितों ने धर्मान्तरण के मार्ग को अपनाया। इसके पीछे का उद्देश्य समाज में स्वतन्त्रता के साथ जीने के अधिकार को प्राप्त करना था। बौद्ध अछूत नहीं समझे जाते थे। इसलिए बौद्ध धर्म दलितों का आश्रय स्थान बन गया। उसने दलितों में एक नयी चेतना रूपायित करने तथा मानवोचित जीवन जीने के अधिकार के लिए लड़ने की प्रेरणा प्रदान की। इससे दलित साहित्य के सृजन की प्रेरणा भी मिली।

ब्लैक लिटरेचर तथा ब्लैक पैंथर

दलित साहित्य पर पाश्चात्य दलित चिन्तन का प्रभाव अवश्य पड़ा है। यद्यपि इसकी सामाजिक परिस्थिति अलग थी तथापि दोनों सन्दर्भों में वर्णव्यवस्था कायम रही। हिन्दी के दलित साहित्य के मूल में यहाँ की धर्माश्रित वर्णव्यवस्था रही तो अमेरिकी समाज में व्याप्त भेदभाव के मूल में वहाँ की वर्णव्यवस्था। लेकिन इसका राजनीतिक, सामाजिक, आर्थिक एवं सांस्कृतिक परिदृश्य अलग है। पाश्चात्य वर्णव्यवस्था में अस्पृश्यता नहीं। नीग्रो अस्पृश्य नहीं। उनका शोषण तो अमानवीय ढंग से होता ही रहा है। उन्हें कोई स्वातन्त्र्य नहीं था। वे गुलाम थे। बाज़ार में जानवरों के समान उनकी बिक्री होती थी। पर भारत की स्थिति उससे भी अमानवीय थी कि उसमें अस्पृश्यता भी थी। अस्पृश्यता दरअसल मानवीयता का नकार है। भारत में दलित चेतना को उजागर करने, दलित आन्दोलन को रूपायित करने तथा दलित लेखन को उजागर करने के पीछे की प्रेरणा बाबा साहेब अम्बेडकर ही थे। उसके साथ ही पाश्चात्य नीग्रो साहित्य एवं चिन्तन का (ब्लैक लिटरेचर) बहुत बड़ा प्रभाव रहा जिसका हम नज़रअंदाज़ नहीं कर सकते।

हिन्दी दलित साहित्य पर नीग्रो साहित्य यानी ब्लैक लिटरेचर का प्रभाव अवश्य

पड़ा है। नीग्रो साहित्य सचमुच नीग्रो वर्ग ने अपनी नेग्रिट्यूड के लिए किये गये गहन संघर्ष से उद्भूत है। नीग्रो को अफ्रीका से पकड़ कर अमेरिका में बेचा जाता था। अमेरिकी श्वेत समाज अपने खेतों में काम करवाने के लिए नीग्रो को जानवर की तरह खरीदते थे। उन्हें अपना कोई अधिकार नहीं, कोई आवाज़ नहीं यानी कि मानवोचित कोई हैसियत उन्हें नहीं दी जाती थी। यह भी नहीं इन्हें कई यातनाएँ दी जाती थीं। उन्हें मरने तक मारते थे। ज़िन्दा गाड देते थे। गर्भवती नीग्रो स्त्रियों से कठिन काम कराने से उनका गर्भपात हो जाता था। इनके हाथों में कीलें ठोंक कर दीवार में लटकाना, उनका कान काटकर उन्हें ही खाने के लिए देना जैसे अमानवीय कार्य किये जाते थे। अमेरिका में अफ्रीकी नीग्रो को इस प्रकार की कठिन यातनाओं से गुज़रना पड़ा है। नीग्रो के मन में अपने वर्ग की तरफ होनेवाले अन्यायों एवं अत्याचारों के विरुद्ध विरोध उत्पन्न होना स्वाभाविक ही था। उनके मन में श्वेत समाज के प्रति विद्रोह की भावना जाग उठी। वे अपने अनुभवों को अपनी वेदना को ब्लूज, बैलेड, कथा, उपन्यास, नृत्य और संगीत के माध्यम से व्यक्त करने लगे।

अमेरिकी नीग्रो साहित्य का आरम्भ लोक साहित्य के माध्यम से हुआ। इसमें उन्होंने अपने भोगे हुए यथार्थ की तीव्रता को अभिव्यक्त किया। 1852 में स्टोव नामक लेखिका ने नीग्रो के जीवन पर 'अंकल टाँस केबिन' नामक उपन्यास लिखा। यह उपन्यास बहु चर्चित हो गया और अनेक संस्थाओं ने इसका नाट्य रूपान्तर भी प्रस्तुत किया। 1901 में बुकर टी वाशिंगटन ने 'अप फ्रेम स्लेवरी' नामक पुस्तक की रचना की, जिसमें काले समाज का सच अनावृत हुआ। डब्ल्यू. ई. बी. डयुबाईस की 'द सोल ऑफ ब्लैक फोक' नामक पुस्तक प्रकाशित हुई इसमें श्वेत समाज के प्रति नीग्रो वर्ग की विद्रोही मानसिकता व्यक्त की गयी। इसके बाद नीग्रो समाज से ही लेखकों का आगमन हुआ जिन्होंने पूरी लगन के साथ निर्भीकतापूर्वक अपने जीवन के अनुभवों को प्रस्तुत किया। इन रचनाओं में नीग्रो जीवन के प्रामाणिक दस्तावेज़ अभिव्यक्त हुए। 1966 में नीग्रो युवकों ने मिलकर ब्लैक पैंथर नामक संगठन की स्थापना की। इस प्रकार अमेरिका में दलित आन्दोलन को प्रश्रय देने में नीग्रो साहित्य और ब्लैक पैंथर का योगदान महत्त्वपूर्ण रहा।

दलित पैंथर

ब्लैक लिटरेचर और ब्लैक पैंथर दोनों ने हिन्दी दलित साहित्य को प्रभावित किया है। ब्लैक पैंथर से ही प्रेरणा पाकर दलित पैंथर की स्थापना की गयी थी। दलित समाज

की शिक्षित युवा पीढ़ी ब्लैक लिटरेचर से परिचित हो गयी। इससे प्रभावित होकर ब्लैक पैंथर की तरह दलित पैंथर की शुरुआत की गयी। यह सचमुच अम्बेडकरवादी मिलिटेंट युवा संगठन है। इसने युगों से उत्पीड़ित, उपेक्षित दलित समाज को अपनी हीन भावना से ऊपर उठाकर उन्हें अपने अधिकारों के लिए एकत्रित करने का कार्य किया। दलित समाज को एक संगठित शक्ति बनाने के पीछे दलित पैंथर का योगदान विशेष उल्लेखनीय है। समता, स्वतन्त्रता और बन्धुता की स्थापना के लिए लडना इसका लक्ष्य था। दलित पैंथर सचमुच मराठी के कुछ युवा साहित्यकारों का संगठन था। उन्होंने उसको नेतृत्व दिया। दलित साहित्य के अधिकांश साहित्यकार दलित पैंथर के नेता, सदस्य अथवा सक्रिय कार्यकर्ता रहे हैं। इसकी वजह से दलित साहित्य में विद्रोह का स्वर और मुखरित हो उठा है।

दलित साहित्य और गैरदलित साहित्य

दलित साहित्य को लेकर चर्चा अब भी ज़ारी है। साहित्य के क्षेत्र में दलित साहित्य और गैरदलित साहित्य जैसा भेदभाव कहाँ तक संगत है? इसकी चर्चा में बहुत सारे सन्देह प्रकट किये गये हैं। आधुनिक सन्दर्भ में प्रेमचन्द से लेकर अनेक साहित्यकारों ने दलित जीवन को केन्द्र बनाकर अनेक रचनाएँ की हैं, उनका उद्देश्य दलित समाज का उद्धार ही था। इसमें कोई सन्देह नहीं कि प्रेमचन्द, यशपाल, नागार्जुन, अमृतलाल नागर जैसे प्रतिभाधनी रचनाकारों ने तहे दिल से दलित समाज का उद्धार ही लक्ष्य किया था। उसके लिए उन्होंने अपनी लेखनी का सदुपयोग भी किया था। लेकिन इसकी कमी यह है कि वे दलितों की मुक्ति के लिए आवश्यक दिशा निर्देश देने में असफल रहे। सिर्फ सहानुभूति के स्तर को छूकर ये रचनाएँ रह गयी हैं। दलित समाज के लिए सहानुभूति नहीं बल्कि समता चाहिए। इसके लिए संवेदनात्मक स्तर पर बदलाव आवश्यक है। यानी कि सवर्ण मानसिकता में परिवर्तन लाए बिना दलितों का उद्धार तथा समता सम्भव नहीं। उन्हें सामाजिक, आर्थिक विषमताओं से तथा शोषण, उत्पीड़न से मुक्ति चाहिए। आत्मसम्मान के साथ जीने की शक्ति तथा आदमी बनकर जीने का अधिकार चाहिए। यही सचमुच दलित चेतना है। वही दलित साहित्य की मूल संवेदना है। इसमें सहानुभूति के लिए कोई जगह नहीं बल्कि स्वानुभूति की तपिश है। वह वर्णव्यवस्था में वर्तमान जाति-पाँति, छुआछूत आदि के खिलाफ विद्रोह करता है। इसलिए दलित साहित्य व्यवस्था विरोधी साहित्य है। वह वर्णव्यवस्था को नकारने का साहित्य है। दलित चिन्तक कंवल भारती ने दलित

साहित्य की चर्चा में उठे विवादों पर गहराई से विचार किया है। उन्होंने कहा, "दलित साहित्य से अभिप्राय उस साहित्य से है जिसमें दलितों ने स्वयं अपनी पीड़ा को रूपायित किया है, अपने जीवन संघर्ष में दलितों ने जिस यथार्थ को भोगा है, दलित साहित्य उनकी उसी अभिव्यक्ति का साहित्य है। यह कला के लिए कला नहीं बल्कि जीवन का और जीवन की जिजीविषा का साहित्य है। इसलिए कहना न होगा कि वास्तव में दलितों द्वारा लिखा गया साहित्य ही दलित साहित्य की कोटि में आता है।" (ओमप्रकाश वाल्मीकि दलित साहित्य का सौन्दर्य शास्त्र, पृ. 14)

श्री बाबूराव बागुल ने दलित साहित्य की चर्चा में अपने मत को दूसरे ढंग से प्रस्तुत करते हुए कहा, "मनुष्य की मुक्ति को स्वीकार करनेवाला, मनुष्य को महान माननेवाला, वंश, वर्ण और जाति का प्रबल विरोध करनेवाला साहित्य ही दलित साहित्य है।" (ओमप्रकाश वाल्मीकि, दलित साहित्य का सौन्दर्यशास्त्र, पृ. 16)। डॉ. विमल कीर्ति ने कहा, "दलित साहित्य जातिभेद तथा धर्म पर आधारित उत्पीड़न के खिलाफ तो है ही किन्तु वह आर्थिक शोषण तथा गैरबराबरी के खिलाफ भी है। इसलिए फुले-अम्बेडकरवादी साहित्य को आज के युग का साहित्य कहा जाता है।" (डॉ. मुन्न तिवारी, दलित चेतना और समकालीन हिन्दी उपन्यास, पृ. 36।) सचमुच दलित साहित्य वेदना का साहित्य है, बहिष्कृत समाज की वेदना का।

वस्तुतः दलित साहित्य डॉ. अम्बेडकर के विचारों से ओतप्रोत है। महात्मा फुले इसके अग्रदूत थे। डॉ. अम्बेडकर की विचारधारा ने जाति पर आधारित शोषण को सामाजिक, सांस्कृतिक, आर्थिक और राजनैतिक स्तर पर भारतीय समाज के प्रमुख मुद्दे की तरह माना। इसके फलस्वरूप समाज के सबसे निचले स्तर के वर्गों में क्रांति की भावना जाग्रत होने लगी। नवजागरित दलित वर्ग ने जाति के खिलाफ, शोषण, अत्याचार, उत्पीड़न आदि के विरुद्ध विद्रोह करने का कार्य किया। संक्षेप में दलित साहित्य दलितों की संघर्ष चेतना का साहित्य है।

दलित साहित्य का सौन्दर्यशास्त्र

दलित रचनाकारों ने अपनी रचना के लिए अलग सौन्दर्यशास्त्र का गठन किया है। परम्परागत साहित्यिक सौन्दर्यशास्त्र के मानदण्डों से इस साहित्य का मूल्यांकन कभी भी संगत नहीं रहेगा। इसलिए 'वाक्यं रसात्मकं काव्यं' के स्थान पर विद्रोह को सौन्दर्यशास्त्र के रूप में दलित रचनाकारों ने स्वीकार किया, "काल्पनिक सत्य, काल्पनिक शिव, काल्पनिक सौन्दर्य ये सब मूर्खता की बातें हैं। विश्व में मनुष्य जैसी

'सत्य और सुन्दर' दूसरी कोई चीज़ नहीं है। इसलिए तो मनुष्य में समता, स्वतन्त्रता, न्याय और बन्धुत्व की चर्चा होनी आवश्यक है। मेरे विचार में यही चर्चा दलित साहित्य के सौन्दर्यशास्त्र की चर्चा होगी।" (शरण कुमार लिंबाले, दलित साहित्य का सौन्दर्यशास्त्र, पृ.31-32)

दलित रचनाकार पुराने मिथकों को तोड़कर नये मूल्यों की स्थापना करना चाहते हैं। इसके लिए संघर्ष के मार्ग को ही वे प्रश्रय देते हैं। दलित साहित्य का सौन्दर्य प्रहार में है। वह परम्परा पर प्रहार करता है। सड़ी-गली परम्परा को नकारता है। अन्याय, अत्याचार एवं शोषण के खिलाफ लड़ने का सबक सिखाता है। अतः दलित साहित्य का मर्म संघर्ष है। कोरा संघर्ष नहीं अपनी हैसियत को पहचान कर किये जानेवाला संघर्ष है। इसलिए तोड़ने-मरोड़ने, गिरने-गिराने की आवाज़ों से भरापूरा है दलित साहित्य। यह आवाज़ ही यानी कि बदलने की आवाज़ ही दलित साहित्य का सौन्दर्यशास्त्र है। प्रेमचन्द का कथन यहाँ बिलकुल सार्थक है, "हमें सुन्दरता की कसौटी बदलनी होगी और हमें निश्चय ही विलासिता के मीनार से उतरकर उस बच्चोंवाली काली रूपवती का चित्र खींचना होगा जो बच्चे को खेत की मेंड़ पर सुलाकर पसीना बहा रही है।" (प्रेमचंद, कुछ विचार, पृ. 18) यह बिलकुल सच है कि समय के बदलाव के अनुसार सौन्दर्यशास्त्र सम्बन्धी अवधारणा में भी बदलाव लाना ज़रूरी है। परम्परागत काव्यशास्त्रीय सिद्धान्तों के तहत दलित साहित्य का मूल्यांकन सम्भव नहीं। इसलिए बदली हुई सामाजिक, राजनीतिक एवं आर्थिक परिस्थिति में दलित साहित्य का मूल्यांकन होना चाहिए। दलित साहित्य का सौन्दर्यशास्त्र एकदम रूपायित नहीं होगा। वह भी एक लम्बी प्रक्रिया है। जैसे कि भारतीय साहित्य के सौन्दर्यशास्त्र के रूपायन में युगों तक की लम्बी प्रक्रिया रही है उसी प्रकार दलित साहित्य का सौन्दर्यशास्त्र धीरे-धीरे बनता ही रहेगा। लेकिन अब जो दलित साहित्य हमारे सामने उपस्थित है उसी के आधार पर तथा उसके सामाजिक, सांस्कृतिक, राजनीतिक एवं आर्थिक परिदृश्य के तहत समझना चाहिए कि उसका सौन्दर्यशास्त्र संघर्ष का है उसके माध्यम से मानवतावाद की स्थापना सम्भव होगी। इसका दृष्टिकोण भौतिकवादी है। अम्बेडकरवादी विचारधारा से ओतप्रोत समता, स्वतन्त्रता और बन्धुत्व की भावना पर निर्भर है। यही इसकी मूल चेतना है।

दलित साहित्य

समकालीन भारतीय साहित्य की एक प्रमुख धारा है दलित साहित्य। इसने भारत की लगभग सभी भाषाओं में अपने नये अनुभव, नयी अनुभूति, नये शब्द, नये नायक,

नयी दृष्टि और नये विद्रोह से अलंकृत किया है। भारतीय साहित्य में दलित लेखन की शुरुआत मराठी में हुई। महाराष्ट्र में ज्योतिबा फुले और बाबा साहेब अम्बेडकर के विचारों से प्रेरित होकर दलित साहित्य का आविर्भाव हुआ। महाराष्ट्र की विख्यात दलित लेखिका दया पवार का कथन है, "दलित साहित्य का सूत्रपात महाराष्ट्र में ही हुआ और बाबा साहेब अम्बेडकर ही इसकी प्रेरणा थे।" (चमन लाल (सं)– भारतीय साहित्य में दलित एवं स्त्रीलेखन, पृ. 48)

1953 में श्री सुखाराम हिवराले की अध्यक्षता में बम्बई में दलित साहित्य परिषद के तहत दलित साहित्यकारों का पहला अधिवेशन हुआ। इससे दलित साहित्यकारों में जागृति आ गयी। मराठी दलित पत्रिकाओं ने दलित साहित्यकारों की रचनाएँ छापकर उन्हें प्रोत्साहित किया। रसराज, अस्मिता, अभिव्यक्ति, अनुभूति आदि पत्रिकाओं ने दलित साहित्य को पल्लवित करने में काफी मदद की। 1961 में अस्मितादर्श पत्रिका का प्रारम्भ हुआ। दलित साहित्यान्दोलन को आगे बढ़ाने का कार्य इसने किया। इसने लेखक मेला का आयोजन किया। 1974 से प्रतिवर्ष लेखक मेले का आयोजन शुरू किया। इस प्रकार मराठी साहित्य में दलित साहित्य का विकास हुआ। शरणकुमार लिम्बाले, दया पवार, लक्ष्मण गायकवाड, लक्ष्मण माने जैसे प्रमुख रचनाकारों की रचनाओं से मराठी दलित साहित्य को सही दिशा मिल रही है।

मलयालम दलित साहित्य भी काफी सम्पन्न है। पं. के. पी करुप्पन, सहोदरन अय्यप्पन, टी. के. सी. वटुतला, नारायन, कवियूर मुरली, राघवन अत्तोली जैसे रचनाकारों ने मलयालम दलित साहित्य को काफी चर्चा का विषय बनाया। गुजराती में हरीश मंगलम्, दलपत चौहान, धरमा भाई झांभाली, बी. केशवशिवम्, श्री जोसफ मेकवान, डॉ. पथिक परमार, जयंत परमार आदि का नाम उल्लेखनीय है। ये रचनाएँ किसी न किसी प्रकार एक दूसरे को प्रोत्साहित करती रही हैं। वैसे भारत की प्रायः सभी भाषा साहित्य में दलित रचनाएँ प्रकाशित होती जा रही हैं।

हिन्दी दलित साहित्य

हिन्दी दलित साहित्य का एक अलग इतिहास है। हिन्दी में दलित साहित्य की शुरुआत 1914 में सरस्वती पत्रिका में प्रकाशित 'अछूत की शिकायत' नामक कविता से मानी जाती है। इसके रचयिता हीरा डोम को पहला दलित कवि स्वीकार किया गया है। लेकिन यह भूलना नहीं चाहिए कि हिन्दी दलित साहित्य मराठी दलित

साहित्य की देन है। हिन्दी में दलित साहित्य सिद्ध नाथों से रहा है। उस समय के रचनाकारों में कई दलित जाति के थे। उन्होंने जाति व्यवस्था, अन्धविश्वास, धार्मिक पाखण्ड आदि का विरोध अपनी रचनाओं के द्वारा किया। इस चेतना का पहला विस्फोट मध्यकाल के सन्त साहित्य में हुआ। लेकिन दलित साहित्य की चर्चा जिस अर्थ में आज की जाती है उस अर्थ में उसका प्रारम्भ सत्तर-अस्सी के समय के दलित आन्दोलन से तथा उससे उत्पन्न दलित साहित्य से है। उसमें दलित जीवन का स्वानुभव अभिव्यक्त हुआ है। कविता के क्षेत्र में ही सबसे पहले दलित रचनाकारों का योगदान हुआ है। ओमप्रकाश वाल्मीकि का 'बस ! बहुत हो चुका है', 'सदियों का संताप', डॉ. दयानन्द बटोही का 'नवगीत', 'यातना की आँखें', डॉ. सोहनलाल सुमनाक्षर का 'अन्धा समाज बहरे लोग', डॉ. एन. सिंह का 'सतह से उठते हुए', जयप्रकाश कर्दम का 'गूँगा नहीं था मैं', कंवल भारती का 'तब तुम्हारी निष्ठा क्या होगी' आदि उल्लेखनीय हैं।

कहानी के क्षेत्र में मोहनदास नैमिशराय की कहानी 'सबसे बड़ा सुख' प्रथम दलित कहानी मानी जाती है। इस क्षेत्र में जयप्रकाश कर्दम, ओमप्रकाश वाल्मीकि, सूरजपाल चौहान, सत्यप्रकाश जैसे रचनाकारों की कहानियाँ बहुचर्चित रही हैं। दलित जीवन के अनदेखे एवं अनछुए पहलुओं को उभारने में वे सफल निकले हैं। नाटक के क्षेत्र में सूरजपाल चौहान का 'सच कहनेवाला शूद्र हूँ', 'नयी चाँद का रहस्य', ओमप्रकाश वाल्मीकि का 'खेल जमूरे का', 'ढोल का पोल', 'दो चेहरे', मोहनदास नैमिशराय का 'हैलो कामरेड़', माता प्रसाद जी का 'अन्तहीन बेड़ियाँ', 'धर्मपरिवर्तन', बुद्धशरण हंस का 'बुद्धं शरणम् गच्छामि', 'दो पंडे' आदि का विशेष स्थान है। इनका उद्देश्य दलित समाज की व्यथा कथा को जनता के सामने तक पहुँचा कर उनके मन में सामाजिक क्रान्ति की आग जलाना ही रहा।

दलित रचनाकारों द्वारा रचित उपन्यासों में दलित चेतना का सकारात्मक पक्ष देख सकते हैं। मोहनदास नैमिशराय का 'मुक्तिपर्व', 'अपने अपने पिंजरे', 'वीरांगना झलकारी बाई', ओमप्रकाश वाल्मीकि का 'जूठन', जयप्रकाश कर्दम का 'छप्पर', 'करुणा', सत्यप्रकाश का 'जस तस भई सबेर', कौसल्या बैसंत्री का 'दोहरा अभिशाप', सूरजपाल चौहान का 'तिरस्कृत', प्रेम कपाडिया का 'मिट्टी की सौगन्ध' आदि हिन्दी के बहुचर्चित दलित उपन्यास हैं। सचमुच दलित उपन्यास दलित जीवन का वास्तविक दस्तावेज़ है। उसका मूल स्वर विद्रोह का है।

दलित उपन्यासों में विद्रोह

दलित उपन्यास स्वानुभूति का है इसलिए उसमें अनुभव की तीव्रता है। यह भी नहीं उसमें दलित मानसिकता का स्पष्टीकरण भी हुआ है। क्या है यह दलित मानसिकता? दलित मानसिकता समता की है जो दलितों को हर क्षेत्र में उन्नति की ओर ले जाना चाहती है। प्रतिकूलताओं से संघर्ष करते हुए सफलता तक पहुँचानेवाली मानसिकता दलित मानसिकता है। गैरदलित रचनाओं में प्रायः दलित पात्र अपने जीवन संघर्ष में पराजित होकर आखिर यही हमारी नियति है कबूल करके जीवन से विराम लेने को विवश दिखाये गये हैं। यह सचमुच गैरदलित मानसिकता है। पर दलित मानसिकता में ऐसा पराजय बोध नहीं उसमें विद्रोह एवं प्रतिरोध की भावना है वही दलित साहित्य की जीवन्तता है।

प्रेम कपाडिया का उपन्यास है मिट्टी की सौगन्ध। इसमें ज़मींदार और दलित वर्ग के बीच का संघर्ष चित्रित है। यह सचमुच दलित समाज का अभिशाप है कि छुआछूत के बावजूद ज़मींदार लोग दलित स्त्रियों की इज़्ज़त लूट लेते हैं। इसमें छुआछूत की समस्या नहीं शेष हर क्षेत्र में वे अछूत हैं। उन्हें स्वतंत्र जीवन बिताने का कोई अधिकार नहीं। ज़मींदार के अन्यायों से मुक्त होना है तो संगठित होना ज़रूरी है। दलित संगठित नहीं क्योंकि वे अशिक्षित हैं। शिक्षित समाज ही अन्याय एवं अत्याचार को पहचानने में सफल निकलता है। उपन्यास का नायक विजेन्द्र जो ज़मींदार का छोटा बेटा है फिर भी वह हमेशा दलितों के साथ रहकर उनकी भलाई के लिए काम कर रहा है, उसके नेतृत्व में दलित युवकों के सहयोग से न्याय सेना का गठन करता है। उस सेना का नायक है कालू पासवान। ज़मींदार मदनसिंह और उनके बड़े बेटे शमेन्द्र का आतंक पूरे समाज में फैला हुआ है। हर कोई उसकी निन्दा ही कर रहा है। पर उनके खिलाफ कुछ करने-धरने की हिम्मत किसी में नहीं। आखिर न्याय सेना के लोग ज़मींदार को चेतावनी देते हैं, "ज़मींदार मदन सिंह अगर अपने परिवार को ठीक रखना है, तो रामनगर में दलितों और गरीबों पर जुल्म ढाना बन्द कर दें, वरना तेरा नाश न्याय सेना कर देगी।" (प्रेम कपाडिया, मिट्टी की सौगन्ध, पृ. 73) आखिर न्याय सेना की जीत होती है। वे ठाकुर के छोटे बेटे विजेन्द्र की सहायता से ज़मींदार को गिरफ्तार करा लेते हैं और अदालत उन्हें 10 साल की सजा देती है। तब भी ज़मींदार मदन सिंह का कथन है, "सर मैं हर सजा पाने को तैयार हूँ लेकिन एक हरिजन औरत मेरे घर की बहू बने, मैं सहन कर ही नहीं सकता।" (प्रेम कपाडिया, मिट्टी की सौगन्ध, पृ. 108,109) यह सवर्ण मानसिकता है। लेकिन ज़मींदार का

छोटा बेटा विजेन्द्र हमेशा दलितों के साथ खड़े होकर उनकी भलाई को लक्ष्य करके काम करता है। आखिर उनकी ही जीत होती है। वह दलित युवती शीला से शादी कर लेता है जिसकी इज़्ज़त खुद वीरेन्द्र के पिता ठाकुर मदन सिंह ने लूट ली थी। सचमुच दलितों के प्रति सवर्णों की मानसिकता में परिवर्तन लाना अनिवार्य है। वह उपन्यासकार ने विजेन्द्र के माध्यम से दिखाया है। दूसरी बात ज़मींदारी अत्याचार को उचित जवाब देने के लिए संगठित शक्ति की अनिवार्यता है। इसको न्याय सेना के कार्यक्रमों से सफल बनाया गया है। ये दोनों दृष्टिकोण सचमुच अम्बेडकर के ही दृष्टिकोण हैं उन्हें उपन्यास में सफलता के साथ प्रस्तुत किया गया है।

जयप्रकाश कर्दम का उपन्यास है 'छप्पर'। दलित जीवन की विसंगतियों का दस्तावेज़ है यह उपन्यास । चन्दन इसका प्रमुख पात्र है जो पढ़ाई के लिए शहर जाता है। उस समय उसका विचार था कि शहर काफी स्वस्थ एवं सुन्दर होगा। वहाँ गाँव के जैसे भेदभाव, डकैती, अपमान कुछ नहीं होंगे। पर शहर पहुँचकर थोड़े ही दिनों में उन्होंने महसूस किया कि गाँव और शहर दोनों दलितों के लिए समान है। उनका जीवन गाँवों में जिस प्रकार नारकीय है वैसा ही है शहरों में। चन्दन संत नगर में एक झोंपड पट्टी में रहते हुए अपनी पढ़ाई जारी रखता है साथ ही अपने वर्ग के उद्धार के लिए अनेक योजनाएँ बनाता है। सबसे पहले वह अपने वर्ग में व्याप्त अन्धविश्वास को दूर करने का प्रयास करता है। जब कालोनी के लोग सूखे से बचने तथा वर्षा के लिए यज्ञ का आयोजन करते हैं तब चन्दन उसे समझा देता है कि वर्षा यज्ञ से नहीं होती वह समय आने पर ही होगी। वह उन्हें समझा देता है कि यज्ञ-वज्ञ सब बेकार की चीज़ें हैं। यह पाखण्ड है, इससे कुछ होनेवाला नहीं है। दुनिया में ऐसा कोई देवता या भगवान नहीं है और इसलिए उसके द्वारा वर्षा कराए जाने की कोई सम्भावना नहीं है। चन्दन बड़े विस्तार से इस धार्मिक पाखण्ड के बारे में लोगों को समझा देते हैं। चन्दन की बातों से लोग प्रभावित हो उठते हैं और यज्ञ-वज्ञ की योजना से वे हट जाते हैं। समाज में व्याप्त शोषण की गहराई की ओर उसने इशारा किया है और कहा, देवी-देवताओं की पूजा-अर्चना तथा उनकेलिए यज्ञ और हवन आदि अनुष्ठानों की परंपरा के पीछे एक ही उद्देश्य रहा है और वह है समाज को दिव्य-शक्तियों से भयभीत रखकर धर्म विशेष को जीवित रखना। वह कहना चाहता है कि ये सब धार्मिक शोषण हैं। मनुष्य के मन में जो विश्वास है उसे अन्धविश्वास में बदलकर उन्हें अपने नियन्त्रण में रखने की सवर्ण साजिश है ये सब। इस प्रकार लोगों के मन में परिवर्तन लाने में चन्दन सफल होता है। उपन्यास में इस सवर्ण साजिश के प्रतिनिधि

हैं काणे पंडित यानी श्रीराम शर्मा। उसका तथा ठाकुर हरनाम सिंह, जो गाँव का ठाकुर है, के बीच का गठबन्धन इस षड्यंत्र का जीवन्त इतिहास है।

वे दोनों मिलकर धर्म के नाम सुक्खा को धमकी देते हैं। चन्दन का शहर जाकर पढ़ना उनके लिए असह्य बन जाता है। अतः वे धर्म के नियम दिखाकर उसे वापस बुलाने की ज़बरदस्त कोशिश करते हैं। पर सुक्खा मानने के लिए तैयार नहीं होता। काणे पंडित का कथन इसके लिए पर्याप्त प्रमाण है, "तू कितना ही बड़ा हो जा सुक्खा, लेकिन धर्म शास्त्रों से बड़ा नहीं हो सकता। तू अपमान करता है धर्म शास्त्रों का, वेद-वेदांगों का... प्रायश्चित्त करना पड़ेगा तुझे सुक्खा-प्रायश्चित्त। जल्दी से अपने बेटे को शहर से वापस बुला और प्रायश्चित्त करने का उपाय कर।" (जयप्रकाश कर्दम, छप्पर, पृ. 32) यहाँ सचमुच धर्म पर लोगों का जो विश्वास है उसका अनुचित लाभ उठाते हुए अपना उल्लू सीधा करने का प्रयत्न चलता रहा है। पर सुक्खा अशिक्षित होने पर भी इन षड्यंत्रों के खिलाफ खड़ा हो जाता है। वह जान लेता है कि अपने सारे पिछड़ेपन का कारण अशिक्षा है।

चन्दन शहर में अपने वर्ग के छात्रों को इकट्ठा करके अपने समुदाय के लोगों को सुधारने की अनेक योजनाएँ बनाता है। रामहेत, रतन, नन्दलाल जैसे छात्रों तथा मिल-कारखानों में काम करनेवाले मज़दूरों को मिलाकर यह समझा देते हैं कि पढ लिख कर या नौकरी करके अपने जीवन को सुधारना ही नहीं अपने वर्ग को सुधारने में भरपूर सहयोग देना हमारा कर्तव्य होना चाहिए। चन्दन की बातें सब लोग मान लेते हैं। उसी के तहत अपने को रूपायित करने का प्रण भी सबके सब लेते हैं। नंदलाल वकील बनकर, रतन प्रशासनिक सेवा में प्रवेश करके, रामहेत बिजिनेस करके अपने वर्ग की उन्नति करना चाहता है। चन्दन साफ-साफ बता भी देते हैं, "हम को पढ़ाने के लिए हमारे माता-पिताओं ने जो त्याग किए हैं उसकी सार्थकता इस बात में नहीं है कि हम लोग केवल अपनी उन्नति की ओर ही ध्यान दें। अधिक से अधिक पैसा कमाएँ तथा दूसरे लोगों की तरह वैभव एवं आह्लाद पूर्ण जीवन बिताएँ। यह तो आवश्यक है पर हमारी उन्नति के साथ हमारे वर्ग की उन्नति भी अनिवार्य है तब ही हमारी शिक्षा सफल हो उठती है, हमें अपने साथ-साथ अपने समाज के उत्थान और विकास की ओर भी ध्यान देना चाहिए। सदियों की दासता और गुलामी की जंजीरों में जकड़ा हुआ है हमारा समाज। खाली पेट, नंगे तन और टूटे-फूटे छत्त-झोंपड़ों में बसर करने की विवशता रही है सैकड़ों-हज़ारों वर्षों से हमारे समाज का यथार्थ। (जयप्रकाश कर्दम, छप्पर, पृ. 38) यह सचमुच

उपन्यासकार का मकसद ही नहीं बल्कि बाबा साहेब के अन्तर्मन में निहित अभिलाषा का भी दस्तावेज़ है।

ठाकुर की बेटी रजनी जो चन्दन के साथ पढ़ती थी वह भी चन्दन के इस प्रयत्न में तहे दिल से सहयोग देती है। चन्दन के लक्ष्य को सार्थक बनाने के लिए वह उसके रास्ते की सारी प्रतिकूलताओं को दूर कर देती ही नहीं खुद वह उन सबको अपने ऊपर ले लेती है। चन्दन के माता-पिता को सँभालती है और उसे अपनी ही ज़मीन पर लौटने का माहौल भी बना देती है। ठाकुर हरनाम सिंह भी अपनी बेटी रजनी की वजह से काफी बदल जाता है। वह उन्हें समझा देती है कि मनुष्य मनुष्य में भेदभाव और ऊँच-नीच की दृष्टि ठीक नहीं। सबको बराबर मानने में ही इनसानियत है। आखिर ठाकुर अपनी सारी ज़मीन भूमिहीनों को बाँट देते हैं। हवेली को छोड़कर साधारण झोंपड़ी में रहने के लिए तैयार हो जाते है। इस प्रकार दलितों के उद्धार के लिए वे भी प्रयत्न करते हैं। आखिर रजनी और चन्दन दोनों मिलकर नयी ज़िन्दगी शुरू करने का निर्णय भी लेते हैं। इस प्रकार छप्पर के ज़रिए यह दिखाने का प्रयत्न किया गया है कि दलितों के उद्धार तथा समता की भावना को बरकरार रखने के लिए सवर्णों की मानसिकता में परिवर्तन अनिवार्य है।

सत्यप्रकाश का उपन्यास 'जस तस भई सबेर' भी दलितों की विद्रोही मानसिकता का दस्तावेज़ है। इसमें भी विद्रोह के अनेक सन्दर्भ हम देख सकते हैं। इन विद्रोहों के पीछे शोषण की समझ है। जस तस भई सबेर का पढ़ा-लिखा दलित युवा है सरवन। वह सुशिक्षित सरकारी नौकर है। दलितों के जीवन की प्रतिकूलताओं से वह भलीभाँति परिचित है। इसलिए वह अपने वर्ग की नासमझी और अज्ञता के लाभ उठानेवाली सवर्ण मानसिकता का सख्त विद्रोह करता है। सरवन के बड़े भाई हैं हंसा। वह धार्मिक आचार-विचारों पर अधिक विश्वास रखनेवाला आदमी है। पोंगा पंडित जो कहते हैं वह उसके लिए सबकुछ है। उनके आदेशों को निभाने के लिए वह सदा तैयार होकर खड़ा है। हंसा अपने जीवन को सुधारने और घर में लक्ष्मी (सारा ऐश्वर्य) लाने के लिए पोंगा पंडित के कथन को मानकर दूसरी बार जाहरवीर का देवस्थान जाने का निर्णय लेता है। इसको जात लगाना कहते हैं। बहुत ही खर्चीला कार्यक्रम है जात लगाना। हंसा साधारण किसान-मज़दूर है, कर्ज़दार है। फिर भी वह चौधरी से और कर्ज़ लेकर धूमधाम से जात लगाता है। उसका विश्वास है पोंगा पंडित ईश्वर का प्रतिनिधि है। वह ईश्वर से बात करता है और भक्तों की बातें वहाँ पहुँचाकर उनके दुःखों एवं अभावों को दूर कर देनेवाला है। इसी विश्वास के साथ हंसा उनके

कथनों को पूर्णतः स्वीकार करके उसी के अनुसार चलता है। जात लगाने की खबर पाकर उसका छोटा भाई सरवन घबरा जाता है। हंसा से सीधे-सीधे बात करके उसकी असलियत से अवगत कराना चाहता है, "अरे हंसा मूर्ख मत बनो, दिमाग से काम लो, पूजा पाठ में कुछ नहीं रखा। इससे पुजारियों, भगतों और शोषकों को छोड़कर और किसी व्यक्ति को कोई लाभ आज तक नहीं हुआ है और न कभी होगा।" (जस तस भई सवेर, सत्यप्रकाश, पृ. 10) उपन्यास का विद्रोही पात्र है सरवन। अपना छोटा भाई होने पर भी वह सरवन की बातें मानता नहीं। सरवन पढ़ा-लिखा आदमी है। वह नौकरी करता है उसके पास पैसा भी है। बड़े भाई हंसा का सहारा बनने की इच्छा भी है। लेकिन हंसा और उसकी पत्नी सरवन को मानते ही नहीं। ईर्ष्या की दृष्टि से उसे देखते हैं तथा शत्रुवत व्यवहार भी करते हैं।

सरवन की बातों को नकारते हुए हंसा हमेशा भगत की बातों पर निर्भर रहता है। भगत ईश्वर के नाम गरीब लोगों को लूटनेवाला है। सरवन इस बात से बिलकुल अभिज्ञ है इसलिए धार्मिक अन्धविश्वास जात-पाँत के चक्कर में न पड़कर अत्यन्त ध्यानपूर्वक अपने बच्चों को पढ़ाने-लिखाने में लगा हुआ है। वह अपनी कमाई का सही उपयोग करनेवाला भी है।

सरवन का ज्येष्ठ पुत्र शिवदास दिल्ली में एक बैंक में काम कर रहा है। वह भी इस उपन्यास का विद्रोही पात्र है। उसको एक बार दिल्ली विश्वविद्यालय जाने का अवसर मिला। वहाँ पहुँचने पर पता चला कि वहाँ मण्डल आयोग के खिलाफ छात्र लोग हड़ताल कर रहे हैं। इस विषय को लेकर जो चर्चा हुई उसमें भाग लेकर शिवदास ने अपना मत व्यक्त किया। उसने कहा कि मण्डल आयोग के सारे प्रस्ताव अनुसूचित जातियों एवं जनजातियों के उद्धार के लिए अनिवार्य हैं उसमें कोई अनुचितता नहीं। लेकिन आजकल जो विरोध हो रहा है उसके पीछे भ्रष्ट राजनीतिक नेताओं और कुछ पत्रकारों की भूमिका है। वे वोट पर नज़र डालते हुए यथार्थ का नज़रअन्दाज़ कर रहे हैं। कुछ समाचार पत्र इसका साथ दे भी रहे हैं इसीलिए देश में अशान्ति फैल रही है। वह उस चर्चा में अपनी सफाई देते हुए कहता है- "सूचना को यथास्थिति प्रस्तुत करना समाचार पत्रों का कर्तव्य है। सूचना को तोड़ मरोड़कर छापना स्तरहीन पत्रकारिता मानी जाती है। यदि किसी सूचना के प्रकाशन से राष्ट्रीय हित पर आँच आती है, हिंसा भड़क सकती है, वर्ग व जातीय संघर्ष छिड़ सकता है, राष्ट्रीय सम्पत्ति को क्षति पहुँच सकती है, कानून व्यवस्था की क्षति उत्पन्न हो सकती है तो उस खबर को सँवारकर छापना क्या समाचार पत्र का राष्ट्रीय दायित्व नहीं है?"

(जस तस भई सवेर, सत्यप्रकाश, पृ. 27) इस प्रकार अपनी बातों को साफ करते हुए शिवदास जताना चाहता है कि यह प्रतिरोध अनावश्यक है। इसके पीछे भ्रष्ट राजनीतिज्ञों तथा उनके समर्थक पत्रकारों का षड्यंत्र ही सक्रिय है। इस कथन के परिणामस्वरूप उसके खिलाफ आवाज़ उठायी जाती है पत्थर भी फेंक दिए जाते हैं। कुछ भी हो दलित मानसिकता को वह बिना किसी डर के स्पष्ट कर देता है।

शिवदास सुमेधा के साथ के अपने सम्बन्ध को लेकर अपना सुदृढ़ दृष्टिकोण व्यक्त करता है। सुमेधा शिवदास के कॉलेज के दिनों की मित्र है। उसके मन में शिवदास के प्रति लगाव है। पर अपनी जातीय, आर्थिक एवं सामाजिक स्थिति के तहत शिवदास सुमेधा को सम्भावित प्रतिकूलताओं एवं मुसीबतों को समझा देता है। फिर भी सुमेधा अडिग रहती है तो दोनों के बीच का प्रेम पलता है। वे प्रतिकूलताओं का डटकर सामना करने का निर्णय लेते हैं। इसका एक उदाहरण है कानपुर में प्रो. अरुण नाथ के साथ हुए संवाद। उसमें वे शिवदास से पूछते हैं, "तुम्हें सुमेधा की ज़िन्दगी बरबाद करने का क्या अधिकार है? सुमेधा मेरे रिश्तेदार की पुत्री है। मैं उसका शुभ चिन्तक हूँ। उसका भला बुरा सोचना हमारा कर्तव्य है।" (जस तस भई सवेर, सत्यप्रकाश, पृ. 69) इस पर जवाब देते हुए शिवदास कहता है, "परन्तु सुमेधा तो जातिपाँति नहीं मानती और आजकल तो अन्तर्जातीय विवाह का ज़माना है।" (जस तस भई सवेर, सत्यप्रकाश, पृ. 70) इस पर डॉ. नाथ का कथन बिलकुल धातव्य है कि अन्तर्जातीय विवाह का मतलब अपनी ही जाति से ब्याह करना, बाहर से नहीं। इंटरकास्ट मैरिज और आउट कास्ट मैरिज का अन्तर समझना चाहिए। हम आउट कास्ट मैरिज के पक्ष में नहीं। इस प्रकार कहते हुए प्रो. नाथ अपनी मानसिकता प्रकट करता है। लेकिन शिवदास दृढ़ता के साथ कहता है, जब तक सुमेधा न कहेगी, "मैं पीछे न हटूँगा। मैं सुमेधा से प्रेम करता हूँ न कि किसी भी सवर्ण कन्या से।" (जस तस भई सवेर, सत्यप्रकाश, पृ. 70) इस प्रकार शिवदास सवर्ण मानसिकता का सही प्रतिरोध करके अपना दृष्टिकोण व्यक्त करता है।

विद्रोह का दूसरा रूप आज़ादी की वर्षगाँठ के अवसर पर उभर आता है। उस सभा में मंगल पहलवान को अध्यक्ष बना दिया गया और ध्वजारोहण राजनेता ने किया। पर उस सभा में हुए भाषणों से यह निष्कर्ष निकाला गया कि जाति के नाम आरक्षण अनावश्यक है। आरक्षण से अयोग्य व्यक्ति पदासीन हो जाता है। योग्य व्यक्ति अधिकार से वंचित रह जाता है। इसको लेकर वाद-विवाद होता है। डॉ.व्योमेश राय, डॉ. शिवप्रसाद, प्रो. दत्त, जैसे सवर्ण बुद्धिजीवियों ने अपने-अपने तर्क प्रस्तुत

करके अपने आरक्षण विरोधी अभिमत को साबित किया। पर शिवदास ने इसका विरोध करते हुए अपना तर्क प्रस्तुत करके यह साबित किया कि "आरक्षण तब तक अनिवार्य है जब तक हम सच्चे भारतीय बनेंगे।" (जस तस भई सवेर, सत्यप्रकाश, पृ. 106) शिवदास ने स्पष्ट किया कि जातिगत आरक्षण समाप्त करने का एक उपाय यह है कि जाति विहीन समाज की स्थापना की जाए। पहले हमें सच्चे भारतीय बनना होगा। उन्होंने यह भी साबित किया कि क्रीमीलेयर एक सवर्ण षड्यंत्र है जिससे उच्च पदों को प्राप्त करने का अवसर निम्न जाति के लोगों को हमेशा के लिए नष्ट हो जाएगा। इस भाषण के समाप्त होते ही चप्पल और अंडे की वर्षा शिवदास पर होने लगी। उसे चोट भी लगी आखिर उसे अस्पताल ले जाया गया। मंगल पहलवान को यह अच्छा नहीं लगा। फिर शिवदास को चोर साबित करने का प्रयास चौधरी की तरफ से होता है। उसमें वह सफल भी होता है। उसको गिरफ्तार किया गया और उसे जेल भी जाना पड़ा। ये सारी बातें मंगल पहलवान को बहुत बुरा लगा। धीरे-धीरे चौधरी और भगत के सारे कुकृत्य खुलने लगे। मंगल पहलवान के समधी रामलाल ने समझा दिया कि ये सब शोषण का परिणाम है, "दोष है व्यवस्था का जिसमें आप जी रहे हैं। यह व्यवस्था नहीं दुर्व्यवस्था है जो गल-सड़ गयी है। वह कुव्यवस्था बरगद के पेड़ अर्थात वटवृक्ष के समान है जिसकी दाड़ी व तने से आप चिपके हुए हैं।" (जस तस भई सवेर, सत्यप्रकाश, पृ. 123)

आखिर मंगल पहलवान को सारा षड्यंत्र समझ में आ जाता है और वे अपने सहयोगी पहलवानों को लेकर चौधरी और भगत पर आक्रमण करते हैं और पुलिस के हाथों पहुँचा देते हैं। इस प्रकार दलित समाज अपने चारों ओर फैले हुए अन्धकार से मुक्त होकर सच्चाई का सामना करता है। मंगल पहलवान का कथन है, "आपने ठीक कहा समधी जी। मैं इसी क्षण से अन्धकार का त्याग करता हूँ और प्रकाश का अभिनन्दन करता हूँ। तमस भरी रात्रि बीत गयी। नया सबेरा शुरूहो गया है। मेरा अज्ञान मिट गया। ज्ञान चक्षु खुल गये। अब मैं शिवदासों के ही नहीं मनसुखों के मामले भी स्वयं ही लड़ूँगा। उनका दुःख भी मेरा ही दुःख है।" (जस तस भई सवेर, सत्यप्रकाश) इस प्रकार दलित जाति के जागरण की समझ को मंगल पहलवान की बातों से स्पष्ट कर दिया गया है। यह एक समझ ज़रूर है।

मोहनदास नैमिशराय का मुक्ति पर्व भी दलित विद्रोह को उद्घाटित करनेवाला उपन्यास ही है। इसका प्रमुख पात्र बंसी नवाबअली वर्दीखाँ के हवेली का नौकर है। उपन्यास का माहौल भारत की स्वतन्त्रता प्राप्ति का समय है। पूरे गाँव में उसकी

लहर दिखाई देती है। दलितों के मन में भी उल्लास भर गया है। बंसी के मन में नया जोश भर उठा है। वह महसूस करता है कि वह गुलाम नहीं। स्वतन्त्र भारत का नागरिक है इसलिए स्वतन्त्र है। वह अपने मालिक से कहता है, "जनाबे अली, हम न गुलाम थे, न गुलाम हैं और न गुलाम रहेंगे"। (मोहनदास नैमिशराय, मुक्तिपर्व, पृ. 28) ये शब्द दलितों के मन में युग-युगों से वर्तमान स्वतन्त्रता की कामना का प्रस्फुटन हैं।

बंसी की पत्नी है सुन्दरी। उसको बच्चा हुआ। प्रायः बच्चे का नामकरण कोई पंडित ही करता है। दलितों के लिए निश्चित कुछ नाम हैं जैसे कालू, चेतू, बुद्धू, रगड़ू आदि इनमें से कोई नाम देकर दान दक्षिणा स्वीकार करके वह चला जाता है। पर इस बार जब पंडित आया तो लोगों ने उसपर व्यंग्य किया और खाली हाथ उसे लौटाया। बंसी के बच्चे का नाम रखा सुनीत। यहाँ भी दलितों की विद्रोही मानसिकता दिखाई देती है। यह पौरोहित्य के प्रति किये जानेवाला पहला विद्रोह था। पुलिसवाले भी अब दलितों पर हाथ उठाने में कतराते हैं और कहते है, "देखो सँभलकर रहना, दलित अब पहले जैसे नहीं रहे हैं। इनके नेता भी अब संसद और विधान सभाओं में पहुँचने लगे हैं जो बाल की खाल निकालने लगे हैं।" (मोहनदास नैमिशराय, मुक्तिपर्व)

बंसी के घर में जब बच्चा पैदा हुआ तो नवाब अलीखाँ खुद आकर बंसी से कहते हैं कि बच्चे को हवेली में काम करने भेजना। बड़ी मित्रता के साथ उन्होंने ये सब कहा था। यही उस गाँव की प्रथा थी। दलितों के बच्चे हवेली का काम करें। लेकिन अब की बार बंसी ने बिना किसी डर के जवाब दिया, "नवाब साहब, न अब मैं किसी की गुलामी करूँगा और न मेरा बच्चा। मुझे गुलाम बने रहने की आदत नहीं नवाब साहब। वैसे भी देश अब आज़ाद हो गया है। अब न कोई किसी का गुलाम है और न कोई किसी का मालिक। सब बरब्बर है।" (मोहनदास नैमिशराय, मुक्तिपर्व, पृ. 34)। गोया कि दलितों में स्वाधीनता के बाद एक नया जोश एक नया उभार आया है। अब वह हुज़ूर कहकर नहीं चलता सबके सामने मुख उठाकर बात करता है। वह भी इस समाज का अंग है वैसा बोध उसमें आ गया है। इसलिए दलित अब एक व्यक्ति नहीं विचार है।

बंसी स्वतन्त्र भारत का दलित व्यक्ति है। वह दलितों के साथ किए जानेवाली सभी अमानवीय वृत्तियों के खिलाफ अपना सख्त विद्रोह प्रकट करता है। वह अपने गाँव के रामलाल जैसे आर्य समाजी सुधारवादी व्यक्ति के सामने अपना तर्क प्रस्तुत करके अपने मन में प्रज्वलित विद्रोह की अग्नि का परिचय देता है। कहते हैं कि मनुष्य ईश्वर की सृष्टि है सभी मनुष्य उनकी सन्तानें हैं। पर न दलित को मन्दिर में प्रवेश करने का अधिकार है

न पूजा-पाठ करने का। यह सचमुच अमानवीय वृत्ति है। इससे असहमत होकर बंसी रामलाल से पूछता है, "क्या हमारे हिस्से में देवी-देवता नहीं हैं, हमारे कौन-से देवी-देवता हैं। हम किनकी पूजा करें, न मन्दिरों में उनके लिए प्रवेश है और न मसज़िदों में। क्या वे इनसान नहीं। उन्होंने आखिर कौन-सी गलती की है, उन्हें मन्दिरों में प्रवेश की इजाज़त क्यों नहीं है।" (मोहनदास नैमिशराय, मुक्तिपर्व, पृ. 49)

जिस कुएँ से या नल से सब लोग पानी भरते हैं या पीते हैं उससे दलितों को पानी भरने या पीने का अधिकार नहीं था। माना जाता था कि उसके स्पर्श मात्र से पानी अपवित्र हो जाएगा। बंसी का बेटा सुनीत स्कूल जाता था वहाँ पानी पीने के लिए नलकी था। पर दलितों को नलकी से पानी पीने का अधिकार नहीं था। दलितों को पानी पंडित पिलाते हैं। यह सचमुच अन्याय एवं अनाचार के बजाय और कुछ नहीं था। इस अन्याय के खिलाफ सुनीत आवाज़ उठाता है और उस नलकी को तोड़कर फेंक देता है। पंडित हतप्रभ रह गये। सुनीत कहता है, "हाँ हाँ पण्डित जी, हम ढेढ चमार हैं, पर अब देश आज़ाद है। इतना समझ लो कि तुम्हें ऐसा करने पर जेल जाना भी पड़ सकता है।" (मोहनदास नैमिशराय, मुक्तिपर्व, पृ. 54) पंडित सबके सामने माफी माँगता है। सारे बच्चों, पुलिसवालों और इकट्ठे हुए लोगों के सामने आगे ऐसी गलती न करने का तथा सबको समान रूप से पानी पिलाने का वादा करता है। इस प्रकार समस्या का हल हो जाता है। गोया कि दलितों को जीवन के पग-पग पर जीने के लिए संघर्ष करना ही पड़ता है। उनके साथ हर कहीं अमानवीय हरकतें ही हो रही हैं।

वैसा ही एक सन्दर्भ सूरजपाल चौहान का उपन्यास 'तिरस्कृत' में भी है। सूरजपाल अपनी बहन धनदेवी की शादी में भाग लेने के लिए परिवार सहित गाँव जा रहा था। रास्ते में प्यास के मारे उसकी पत्नी विमला सड़क के पासवाले एक कुएँ की तरफ चली जाती है तो एक बूढ़े ज़मींदार उसको रोक लेता है और उसकी जाति के बारे में पता लगाने के बाद वह कहता है, "ठहर, पानी मैं खींचकर पिलाऊँगा।" (सूरजपाल चौहान, तिरस्कृत) बूढ़े ज़मींदार की ऐसी बातें सुनकर विमला क्रुद्ध हो उठती है और कहती है, "चलो ये पानी नहीं ज़हर है, अपने घर जाकर पियेंगे...नहीं चाहिए आपका इतना मीठा पानी।" (सूरजपाल चौहान, तिरस्कृत) इस प्रकार दलित अपने साथ होनेवाले अन्यायों एवं अत्याचारों के खिलाफ आवाज़ उठाने और अपना विद्रोह दर्ज करने में कामयाब हो रहे हैं।

ओमप्रकाश वाल्मीकि का 'जूठन' एक आत्मकथा है पर उसको उपन्यास के रूप में भी गिना जाता है। इसलिए उसको आत्मकथात्मक उपन्यास कहते हैं। कोई सन्देह

नहीं कि इसमें दलित जीवन का यथार्थ अनावृत हो उठा है। इसकी पंक्ति-पंक्ति में दलित जीवन की पीड़ा एवं विद्रोह अनुगूँजित है। ओमप्रकाश का जन्म मुजफ्फर नगर के बरला में 1950 जून 30 को हुआ। वह गाँव जो है तगाओं का था। मतलब ज़मीन-जायदाद उनके अधीन थे। चूहड़े-चमार उनके काम के लिए सृजित गुलाम। इनके साथ निर्मम व्यवहार ही होता था। इन्हें निम्न दृष्टि से देखते थे। जानवरों से भी गया-बीता जीवन उन्हें बिताना पड़ता था। उन्हें मनुष्य होने का कोई भी दर्जा नहीं दिया जाता था। पालतू जानवरों की स्थिति चूहड़े-चमार से कितनी अच्छी थी? वे याद करते हैं, "अस्पृश्यता का ऐसा माहौल कि कुत्ते, बिल्ली, गाय, भैंस को छूना बुरा नहीं था लेकिन चुहड़े का स्पर्श हो जाए तो पाप लग जाता था। सामाजिक स्तर पर इनसानी दर्जा नहीं था। वे सिर्फ ज़रूरत की वस्तु थी। काम पूरा होते ही उपयोग खत्म। इस्तेमाल करो, दूर फेंको।" (ओमप्रकाश वाल्मीकि, जूठन, पृ. 12) जहाँ कहीं दलित जाता है वहाँ उन्हें परिहास एवं निन्दा का पात्र बनना ही पड़ता है। कहीं भी स्वीकृति नहीं होती, सम्मान नहीं होता। मानवोचित व्यवहार नहीं मिलता। ओमप्रकाश जब स्कूल जाने लगा तो कई बार निन्दा एवं परिहास का सामना करना पड़ा है। स्कूल में एक ओर सवर्ण बच्चों का उत्पीड़न आम बात रहा है तो दूसरी ओर मास्टरों का। दलित बच्चों को पानी पीने का अधिकार तक नहीं। प्यास लगे तो हैण्ड पम्प के पास खड़ा होना पड़ता है किसी के आने तक। क्योंकि दलित के स्पर्श से हैण्ड पम्प का पानी अपवित्र हो जाएगा। अगर स्पर्श किया तो मार भी मिल जाता। इस तरह एक प्रकार की अनिर्वचनीय यातना के साथ दलित बच्चों को स्कूल में रहना पड़ता था, "एक अजीब सी यातनापूर्ण ज़िन्दगी थी, जिसने मुझे अन्तर्मुखी और चिड़चिडा, तुनक मिज़ाज़ी बना दिया था। स्कूल में प्यास लगे तो हैण्ड पम्प के पास खड़े रहकर किसी के आने का इन्तज़ार करना पड़ता था। हैंड पम्प छूने पर बावेला हो जाता था। लड़के तो पीटते ही थे। मास्टर लोग भी हैंड पम्प छूने पर सजा देते थे।" (ओमप्रकाश वाल्मीकि, जूठन, पृ. 13)

शादी ब्याह के अवसर पर चूहड़ों को दरवाज़े के बाहर बड़े बड़े टोकरे लेकर जूठन इकट्ठा करना पड़ता था। यह इतना अमानवीय लगता था कि जानवरों को भी ऐसी नारकीय स्थितियों से गुज़रना न पड़ता था। मनुष्य को मनुष्य के रूप में जीने के सारे अधिकारों से वंचित व्यवस्था एवं सामाजिक नियमों के खिलाफ विद्रोह उत्पन्न होना सहज एवं स्वाभाविक अवश्य है। ओमप्रकाश जी कहते हैं, "आज जब मैं इन सब बातों के बारे में सोचता हूँ तो मन के भीतर काँटे उगने लगते हैं, कैसा जीवन था।" (ओमप्रकाश वाल्मीकि, जूठन, पृ. 20)

उच्च वर्ग ही नहीं निम्न वर्ग भी चूहड़ों जैसे अछूतों के साथ बुरा व्यवहार करते थे। धोबी लोग तगाओं के वस्त्र ही धोते और इस्तरी करते थे। किसी चूहड़े का नहीं क्योंकि वे तगाओं से डरते थे। गरीबी और अभाव से किसी तरह निबटा जा सकता है पर जाति से पार जाना बहुत ही कठिन कार्य था। एक बार क्लास में मास्टर द्रोणाचार्य का पाठ पढ़ा रहे थे। मास्टर साहब बहुत ही संवेदनशील होकर भूख से तड़पते अश्वत्थामा को आटे में पानी घोलकर पिलाने के लिए विवश द्रोणाचार्य की स्थिति का वर्णन कर रहे थे तो ओमप्रकाश ने पूछा उनको पिलाने के लिए दूध की जगह आटे का घोल था हमें तो चावल की मांड भी मुश्किल से मिलती है। फिर भी किसी कवि ने हमारे जीवन को लेकर ऐसा काव्य तो नहीं एक शब्द भी क्यों नहीं लिखा? मास्टर ने ओमप्रकाश पर गालियाँ बरसाना और पिटाई करना एक साथ शुरू कर दिया, "चूहड़े के, तू द्रोणाचार्य से अपनी बराबरी कर रहा है...ले तेरे ऊपर मैं महाकाव्य लिखूँगा–" (ओमप्रकाश वाल्मीकि, जूठन, पृ. 34) ओमप्रकाश जी की पीठ पर छड़ी से मास्टर ने ऐसा महाकाव्य रच दिया जिसे ज़िन्दगी भर भूल नहीं सकेगा। वह दृश्य एवं घटना उनके पूरे शरीर पर ही नहीं मस्तिष्क के रेशे-रेशे पर अंकित है।

समाज में जितने अन्याय होते रहे हैं वे सब अछूतों के साथ हैं, समाज के निम्न स्तर के लोगों के साथ हैं। ये उच्च वर्ग के लिए खिलवाड़ की चीज़ हैं। मनुष्य होने की स्वीकृति उनको नहीं दी जाती थी। एक और रस्म इस स्थिति की ओर हमारा ध्यान आकर्षित करता है। शादी के बाद सलाम करने जाने की प्रथा है। यह प्रथा सिर्फ अछूतों के लिए है। उन्हें शादी के बाद वधू को लेकर सभी सवर्ण घरों में जाकर सलाम करना चाहिए। उस समय उन्हें बहुत अधिक निन्दा एवं परिहास को सहना पड़ता था। किसी भी सवर्ण को ऐसा करने की ज़रूरत नहीं थी। यह भी एक सामाजिक अन्याय है। इसके खिलाफ ओमप्रकाश बोल उठते हैं, "ये सलाम के लिए जाना क्या ठीक है। अपनी ही शादी में दूल्हा घर-घर घूमे... बुरी बात है...बड़ी जातवालों के दूल्हे तो ऐसे ही कहीं नहीं जाते..." (ओमप्रकाश वाल्मीकि, जूठन, पृ. 44)

प्रशासनिक दृष्टि से भी दलित असुरक्षित है। पुलिसवाले कभी-कभी गाँव आकर उनको बिना किसी कारण के धमकाते हैं उनके मुर्गा- मुर्गी सब ले जाया करते हैं। मर्दों को ले जाकर खूब मारपीट करके छोड़ देते हैं। दलितों के साथ कुछ भी हो कोई पूछनेवाला नहीं। दलितों को मनुष्य मानने के लिए भी ये लोग तैयार नहीं। जानवरों के साथ जो प्रेम या ममता दिखाई देती है वह भी दलितों के साथ नहीं। हर

कहीं दलितों को अमानवीय वृत्तियों का ही सामना करना पड़ता है, "लोकतंत्र की दुहाई देनेवाले सरकारी मशीनरी का उपयोग, नसों में दौड़ते हुए लहू को ठंडा करने केलिए करते हैं, जैसे ये देश के नागरिक ही नहीं है।" (ओमप्रकाश वाल्मीकि, जूठन, पृ. 52)

धर्म के क्षेत्र में भी यह जातीय भेदभाव बिलकुल विकराल रूप में विद्यमान है। देवता भी दलितों के लिए अलग है और सवर्णों के लिए अलग। जिन देवताओं की पूजा, अर्चना, आराधना सवर्ण करते हैं वे सर्व स्वीकृत, सम्माननीय एवं चिरकाल से प्रचलित हैं पर दलितों का देवता अलग है वे उनके बीच में ही स्वीकृत है। कहने को सब हिन्दू हैं पर देवता अलग-अलग। जन्माष्टमी पर सवर्ण हिन्दू कृष्ण की पूजा करते हैं पर दलित जाहरवीर की। उसी प्रकार दीपावली पर लक्ष्मी का पूजन नहीं माई मदारन के नाम पर सूअर का बच्चा चढ़ाया जाता है या फिर कड़ाही की जाती है। कड़ाही यानी हलवा-पूरी का भोग लगाया जाता है। यह धार्मिक भेदभाव नहीं है तो और क्या है? इस वृत्ति को देखकर तथा अनुभव कर ओमप्रकाश के मन में कड़ा विद्रोह उत्पन्न होता है और कहता है कि "हिन्दू होकर भी मेरे साथ हिन्दुओं की क्रूरता ही अधिक है। इसलिए वह अपने को हिन्दू मानने के लिए ही तैयार नहीं होता, लेकिन मेरे मन में एक उबाल सा उठता था जो कहना चाहता था, मैं हिन्दू तो नहीं हूँ। यदि हिन्दू होता तो हिन्दू मुझसे इतनी घृणा, इतना भेदभाव क्यों करते? बात-बात पर जातीय बोध की हीनता से मुझे क्यों भरते?"(ओमप्रकाश वाल्मीकि, जूठन, पृ. 54)

एक बार मास्टर ब्रजपाल सिंह के गाँव गया। वहाँ से स्कूल के लिए गेहूँ का कट्टा लाना था। ओमप्रकाश और एक मित्र भिक्खू राम मिलकर मास्टर के साइकिल पर गये थे। वहाँ खाना खाने को बुलाया। संकोच के साथ ही वे खाना खाने बैठ गये। वे बड़े प्यार से खिला रहे थे कि बातों-बातों में सवाल आया कौन जात है? उत्तर दिया चूहड़ा। सुनते ही, बुज़ुर्ग लाठी उठाकर मारने लगे। अतिथि सत्कार का खोखलापन खुल गया। पता चला अतिथि की जाति ही उसे आदर दिलाती है। लेकिन गाँव में कुछ ऐसे लोग भी है जो जाति-भेद को छोड़कर दलितों के साथ हमदर्दी दिखाते हैं। चमनलाल त्यागी इस प्रकार का एक सज्जन है। वे ओमप्रकाश के इंटर पास होने पर बधाई देने उसके घर आये और अपने घर ले जाकर बेहद आत्मीयता के साथ पास बिठाकर दोपहर का खाना खिलाया वह भी अपने बरतनों में, छुआछूत के माहौल में। यह एक अपूर्व अनुभव ही था।

ओमप्रकाश जब कॉलेज में पढ़ने गये वहाँ भी दलितों के साथ के व्यवहार में कोई अन्तर नहीं महसूस हुआ। हास-परिहास, निन्दा, घृणा, मार-पीट ये सब वहाँ भी

हैं, सिर्फ दलितों के साथ। यहीं पर उन्हें पहली बार अम्बेडकर से सम्बन्धित पुस्तकें पढ़ने को मिलीं। फिर उन्होंने अम्बेडकर से सम्बन्धित सभी पुस्तकें पढ़ लीं। उन पुस्तकों से उन्हें आवाज़ मिली। अपने गूँगेपन के कारणों को पहचान लिया। वर्तमान व्यवस्था की अमानवीयता से भलीभाँति परिचित हो गये। गाँधीजी के हरिजन प्रेम को उन्होंने समझ लिया। यहीं से एक शब्द से वे परिचित हो गये- दलित। पढ़ाई छोड़कर ओर्डिनेंज़ फैक्टरी में काम करना शुरू किया। वहाँ छात्रावास में रहते समय विभिन्न प्रान्तों से आये लोगों से परिचित होने का अवसर मिला। यह भी नहीं वहाँ मार्क्सवादी दर्शन से तथा कार्यकर्ता छात्रों से निकट सम्पर्क स्थापित करने का अवसर मिला। मराठी साहित्य से परिचित हो गया। इस प्रकार एक दलित स्वत्व बोध को रूपायित करने में ये सारे सन्दर्भ सहायक रहे हैं।

ओमप्रकाश ने अपनी शादी भी परम्परा का निषेध करते हुए की। विवाह के पहले लड़की देखने की प्रथा उनकी बिरादरी में नहीं थी। पर ओमप्रकाश ने इसका विरोध किया ही नहीं अपनी शादी उन्होंने अपनी इच्छा के अनुसार की। शादी के पहले के सूअर की पूजा का भी विरोध किया। इस प्रकार ओमप्रकाश अपने जीवन की घटनाओं के ज़रिए दलित जीवन की भयानकता का पर्दाफाश कर रहे हैं। दलितों की ज़िन्दगी को बदलना है तो विद्रोह के बिना सम्भव नहीं। हिन्दू सवर्ण लोग पेड़-पौधों, जीव-जन्तुओं, जानवरों से प्यार करते हैं पर दलितों के प्रति इतनी नफरत क्यों? यह विचारणीय विषय है। दलितों को समाज की मुख्य धारा में लाने की कोशिशों के साथ ही उनके प्रति जो मानसिकता है उसमें बदलाव लाना अनिवार्य है।

नारी शोषण

दलित साहित्य की मूल चेतना सचमुच शोषण की पहचान है। दलितों ने पहचान लिया कि वे विभिन्न प्रकार से शोषित किए जा रहे हैं। दैहिक, आर्थिक तथा प्रशासनिक स्तर पर उनका शोषण हो रहा है। समकालीन दलित उपन्यास दरअसल दलितों के शोषण के बहुआयामी यथार्थों को पेश करनेवाला है। प्रेम कपाडिया के 'मिट्टी की सौगन्ध' में नारी के दैहिक शोषण का विस्तृत चित्रण है। ज़मींदार ठाकुर मदनसिंह अपनी खानदानी आदत के तहत गाँव भर में अपने शोषण का जाल बिछा देता है। लड़कियाँ ही उनके शोषण की शिकार हैं। एक दिन वह घोड़े पर सवार होकर शीला के घर आकर उसकी बूढ़ी माँ से शराब पीने के लिए गिलास माँगता है तब वह शीला जैसी खूबसूरत लड़की को देखता है। उसकी दृष्टि में हर लड़की भोग

की चीज़ है इसीलिए वह शीला से कहता है, "तू तो जवान छोकरी है री! कमाल! सुन्दर भी है... ताज्जुब है– "तू आज तक हमारी सेज क्यों नहीं सजी?" (प्रेम कपाड़िया, मिट्ठी की सौगन्ध, पृ.7)

वह उसपर बलात्कार करता है और धमकी देता है, "अगर ज़रा भी आवाज़ निकाली, तो गोली से चूर कर दूँगा...साली चमारिन होकर इतने निखरे दिखा रही है-।" (प्रेम कपाड़िया, मिट्ठी की सौगन्ध, पृ.7)उनके सामने बूढ़ी माँ की चीख पुकार के लिए कोई स्थान नहीं था। बाहर गाँववाले इकट्टे हो गये पर ज़मींदार के खिलाफ कुछ बोलने की हिम्मत किसमें? पुलीस भी ज़मींदार के पक्ष में है। किसी ने थाने जाकर पुलिस को लाने की कही तो दूसरे की टिप्पणी यों है, "कुछ नहीं होनेवाला...हम गरीबों की इज़्ज़त यूँ ही लुटती रहेंगी...दलित होता तो कलंक है ही...उस पर दलित औरत होना और भी बुरा है...हर आदमी हम लोगों की बहन-बेटियों को बुरी नज़र से देखता है।" (प्रेम कपाड़िया, मिट्टी की सौगन्ध, पृ.8)। यह सचमुच दलित जीवन का यथार्थ है। यद्यपि दलित अछूत है पर उसके भोग के समय सवर्णों को इसकी कोई चिंता नहीं। उनके लिए स्त्री खिलौना मात्र है। मदन सिंह का बेटा शमेन्द्र भी पिता के मार्ग पर चलनेवाला है। उपन्यास का सूरज कहता है, "साले...बाप-बेटे दोनों रावण की औलाद हैं...मेरी रधिया की इज़्ज़त खराब कर चुका है...लोक-लाज से उसने कुएँ में छलाँग लगा दी...मैं छोड़ूँगा नहीं।" (प्रेम कपाड़िया, मिट्ठी की सौगन्ध, पृ.8)

पर छोटा बेटा विजेन्द्र इस ज़मींदारी वृत्ति से कोसों दूर है वह आम आदमी के प्रति संवेदनशील है अनुकंपा रखनेवाला है। वह बाद में शीला की रक्षा करता है और अन्य दीन दुखियों एवं दलितों के प्रति हमदर्दी दिखाते हुए उन्हें सही रास्ता दिखाने का प्रयत्न करता है। लेकिन उपन्यास की दादी माँ के मत में ज़मींदार के बेटे को ऐयाशी करना ही चाहिए नहीं तो ज़मींदारी से क्या प्रयोजन। शमेन्द्र के सारे अन्यायों एवं अत्याचारों का समर्थन करती है दादी माँ। उसमें नारी के प्रति जो भावना होनी चाहिए थी वह दिखाई नहीं देती बल्कि उसपर ज़मींदारी की नशा चढ़ा हुआ है।

छप्पर उपन्यास में भी नारी शोषण का यथार्थ चित्रित है। उसमें भी नारी को मानवीय दर्जा नहीं दिया गया है। उपन्यास की कमला अछूत लड़की है। वह अपने बच्चे को स्कूल में दाखिला करने के लिए चन्दन के पास पहुँचती है। चन्दन के पिता का नाम पूछा तो वह कोई नाम नहीं दे पाई। इसलिए वह जल्दी ही वहाँ से चली जाती है। बाद में पता चला कि कमला एक सामूहिक बलात्कार की शिकार है। उसका परिणाम है वह बच्चा खिलाड़ी। वह दलित होने पर भी सुन्दरी थी गोरी थी। उसका

सौन्दर्य ही अपना दुश्मन बन गया था। उसको उसके मालिक तथा उसके अन्य मित्रों ने मिलकर बर्बाद कर डाला। उसके पिता हरिया इस अत्याचार के बारे में पूछने गये तो मालिक ने दो सौ रुपए दिखाते हुए कहा, "यह लो और घर जाओ और जो हो गया उसे भूल जाओ।" (जयप्रकाश कर्दम, छप्पर, पृ.72) उसने प्रतिवाद किया तो पिटवाया गया। यही स्थिति है दलित नारी की और उसके पिता की।

दलित नारी के जीवन की नाटकीय स्थिति का चित्रण सत्यप्रकाश के जस तस भई सबेर में और निखार के साथ हुआ है। गाँव का ज़मींदार चौधरी देवीपाल और हरसन्ना भगत जो पंडित है दोनों मिलकर पूरे गाँव को बरबाद कर रहे हैं। सभी प्रकार के शोषण में वे माहिर हैं। चौधरी तो स्त्रियों के प्रति विशेष दुर्बलता रखनेवाला आदमी है। उसके लिए वे अपनी धन सम्पत्ति तथा अधिकारियों के साथ के सम्बन्धों के तहत कुछ भी करने के लिए तैयार हो जाते हैं। एक बार गाँव की तीन स्त्रियाँ रामरती, घुसिया और सन्नो मिलकर घास छीलने जा रही थीं। बड़ी वर्षा हुई। स्त्रियों ने पासवाली एक झोंपड़ी में राह ली। चौधरी देवीपाल वहाँ आ गया। वर्षा में भीगी स्त्रियों को देखकर देवीपाल उत्तेजित हो गये। वह घुसिया के साथ छेड़छाड़ करने लगा। चौधरी को रोकने का सारा प्रयत्न विफल हो गया। चौधरी घुसिया को अपनी वासना का विषय बना लिया। फिर उसने उसको रामरती और सन्नो के सामने ही मार कर कुएँ में डाल दिया। वे दोनों इसलिए चुप हो गयीं कि चौधरी से लड़ने की ताकत उनमें नहीं थी। चौधरी का अच्छा अधिकार है सभी क्षेत्रों में। अगर कोई लड़ पड़े तो उसके परिवार को ही नुकसान होगा। इसी डर से उन्होंने सारा रहस्य छिपा रखा।

चौधरी अगली बार रामरती पर नज़र डालते हैं। उसने विरोध किया। उसके साथ मुन्ना भी था। फिर भी चौधरी उसे ज़बरदस्ती खेतों में ले जाकर सम्बन्ध जोड़ने लगता है तो मुन्ना आकर देख लेता है। चौधरी मुन्ने को कुएँ में डालकर मार डालता है। रामरती बेहाल हो गयी। आखिर वह सारी बातें अपने पति रामजस से बता देती है। वह थाना जाकर चौधरी के खिलाफ रपट लिखवाने और उसे गिरफ्तार करवाने का प्रयत्न करता है। पर थाना भी चौधरी के पक्ष में था। उसे न्याय मिलना तो दूभर का कार्य था बदले में उसे निन्दा भी सहनी पड़ी।

आगे चौधरी सन्नो के साथ अन्याय करता है। इस बार चौधरी और भगत दोनों मिलकर यह काम करते हैं। उसको डायन कहकर गाँवभर नंगा करके घुमाते हैं और उसका मज़ा लेते हैं। आखिर सरवन आकर लोगों को समझा देते हैं कि ये लोग सन्नो के साथ अन्याय कर रहे हैं। आगे आप लोगों की बहु-बेटियों के साथ ऐसा ही अन्याय होगा।

चौधरी इतना लम्पट है कि गाँव की लगभग सभी स्त्रियों को अपने भोग का शिकार बनाने का प्रयत्न करता रहता है। वह इस बार अपने मित्र भगत के सहारे पूजा-पाठ के बहाने नशीले पदार्थ देकर सुनहरी का उपयोग करता है। दोनों बेहोश सुनहरी पर अपना साध पूरा कर लेते हैं। होश आने पर वह दोनों को पहचान लेती है और सारी बातें समझ कर इनके खिलाफ लड़ने निकलती है। इस प्रकार पूरे उपन्यासों में यौन शोषण का यथार्थ चित्रित है। दलित नारी के लिए जीवन इतना नारकीय है कि किसी अन्याय या अत्याचार के प्रति कुछ करने धरने की क्षमता भी नहीं, कोई सहायता करनेवाला भी नहीं। इस प्रकार निस्सहाय स्थिति में है दलित नारी। इसीलिए दलित रचनाकार कहते हैं कि दलित होकर जन्म लेना ही नरक है और दलित नारी होना महानरक को झेलना है।

दलित होना सबसे बड़ा अभिशाप है पर दलित नारी होना उससे भी अधिक दयनीय स्थिति है। क्योंकि उसे बहुत अधिक शोषण का शिकार बनना पड़ता है। दलित अच्छुत है पर दलित नारी के दैहिक शोषण में सवर्णों को अछूत की पाबन्दी नहीं। सबसे बड़ा अत्याचार दलित नारी के साथ होता ही रहता है पर कोई पूछनेवाला नहीं। कोई सवर्ण इसके खिलाफ कुछ भी नहीं करते। पुलिस सवर्णों के साथ है इसलिए सभी प्रकार के मानवाधिकार से दलित और दलित नारी वंचित है। पर अब नारी भी शिक्षित होने लगी। वे भी अपनी हैसियत से सजग हो रही हैं। वह घर-परिवार और घर के बाहर भी बराबरी का दर्जा हासिल करने के लिए लड़ाई लड़ रही है। दरअसल स्त्री पैदा नहीं होती पैदा होने के बाद उसे स्त्री बनाया जाता है। स्त्री की स्थिति हर कहीं यही है चाहे वह दलित हो या सवर्ण। पुरुष वर्चस्व के खिलाफ सभी नारी आवाज़ उठाती हैं समान रूप से। पर दलित नारी के सन्दर्भ में समस्या अधिक गौरवपूर्ण है कि उसको हर समय दैहिक शोषण का शिकार बनना पड़ता है।

कौसल्या बैसंत्री का उपन्यास दोहरा अभिशाप स्त्री संघर्ष और स्त्री अस्मिता की पहचान का दस्तावेज़ है। यह भी एक आत्मकथात्मक उपन्यास है। सच तो यह है कि हर दलित उपन्यास आत्मकथात्मक है। क्योंकि उनके जीवन में अनन्त कथाएँ हैं इसलिए कथा की तलाश में भटकने की ज़रूरत दलित साहित्यकार को नहीं। दोहरा अभिशाप में कौसल्या बैसंत्री, उनकी माँ भागीरथी बाई और उसके पति की कथा कही गयी है। भागीरथी बाई एक साहसी महिला है। वह अपने बच्चों को शिक्षित करके आत्मसम्मान के साथ जीते देखना चाहती है। इसके लिए वह प्रयत्न भी करती

है। विभिन्न प्रकार की प्रतिकूलताओं से लड़ते हुए वह आखिर विजय हासिल कर लेती है। अपने बच्चों को सामाजिक हैसियत और स्वाभिमान के साथ जीने का और अच्छा जीवन स्तर प्राप्त करने का अवसर प्रदान करती है। शिक्षा के ज़रिए कौसल्या जी हिन्दू सवर्ण व्यवस्था के अन्यायों एवं अत्याचारों से अवगत हो जाती है। जातीय भेदभाव की दयनीय स्थिति को देखकर वह अपनी जाति को छुपाने के लिए भी कभी कभी विवश हो जाती थी, "मैं अस्पृश्य हूँ इसका मुझे बहुत दुःख होता था और मैं हीनता महसूत करती थी। कोई मुझे मेरी जाति न पूछ बैठे, इसका मुझे सदैव डर रहता था। इसलिए मैं अकेली चुपचाप खाने की छुट्टी में या स्कूल शुरू होने के पहले एक ओर बैठी रहती थी। लड़कियों के साथ खेलने में भी डर लगता था। मैं दूर अलग बैठकर उनका खेल देखती थी। कुनबी लड़कियों ने मुझसे पूछा कि मेरी जाति क्या है। मैंने डर के मारे कह दिया कि मैं भी कुनबी जाति की हूँ।" (कौसल्या बैसंत्री, दोहरा अभिशाप, पृ. 41) वर्णव्यवस्था की क्रूरता के कारण उस मासूम लड़की को झूठ बोलना पड़ा। एक व्यक्ति चाहे वह अवर्ण हो या सवर्ण उसे आत्मसम्मान के साथ जीने का अधिकार है। जब वह इस अधिकार से अमानवीय स्तर पर वंचित किया जाता है तो उसका विद्रोही बन जाना सहज एवं स्वाभाविक है। बैसंत्री ने अनुभव किया कि उसको आगे बढ़ना हो तो खुद शक्ति अर्जित करके ही आगे बढ सकती है। उसकी सहायता करने के लिए कोई नहीं आएगा। वह कहती है, "अनुभव से हमने सीख लिया है कि अगर हम आत्मसम्मान से अपनी उन्नति करना चाहते हैं तब हमें अपने पाँव पर खड़े होकर अपने पर भरोसा रखकर आगे बढ़ना होगा। हमें अपने अन्दर शक्ति पैदा करनी होगी। किसी का सहारा लेकर चलने से काम नहीं बनेगा।" (कौसल्या बैसंत्री, दोहराअभिशाप, पृ. 124)

प्रगतिशील चेतना

दलित उपन्यासों में प्रगतिशील विचारों का सक्रिय सान्निध्य है। इसमें एक ओर सवर्णों की मानसिकता है तो दूसरी ओर दलितों की बदली हुई मानसिकता दोनों है। 'मिट्टी की सौगन्ध' की शीला सवर्णों में होनेवाले परिवर्तन का दृष्टान्त है। ज़मींदार हमेशा अत्याचारी एवं अन्यायी ही होते हैं, उनके परिवारवाले भी। पर इस उपन्यास के ज़मींदार के दो बेटों में छोटा बेटा विजेन्द्र इसके लिए एक अपवाद है। वह अच्छा आदमी है। ज़मींदारी का नशा उसमें नहीं। वह दलितों, मज़दूरों तथा समाज के कामगार वर्गों के प्रति सहानुभूति रखनेवाला है, अपने ही परिवार के लोगों के

अन्यायों एवं अत्याचारों के विरुद्ध बोलनेवाला भी है। इसलिए शीला की टिप्पणी है, "उस साँप की हवेली में एक अच्छा इनसान भी रहता है... ठाकुर का छोटा बेटा विजेन्द्र..." (प्रेम कपाडिया, मिट्टी की सौगन्ध, पृ.127) वह इतना प्रगतिशील है कि जाति-पाँति, छुआछूत, धनवान और दरिद्र जैसे भेदभावों के परे सोचने की क्षमता रखता है। ऐसे लोग ज़मींदारों में बहुत विरले ही दिखाई देते हैं। विजेन्द्र अपने प्रगतिशील चिन्तन के कारण अपने पिता के द्वारा शीला के साथ किये गये अत्याचार का प्रायश्चित्त करता है और उसके भविष्य को गढ़ने के लिए बहुत सारे खतरों को मोल लेता है। शीला के प्रति प्रेम भी उत्पन्न होता है और कहता है, "नहीं शीला...कुछ रिश्ते ऐसे बन जाते हैं जो शब्दों में लिखे नहीं जा सकते...मैं तुम्हारी सूनी माँग में सिन्दूर देखना चाहता हूँ- ...शायद ईश्वर है तो वह मेरी इच्छा पूरी करेगा...।" (प्रेम कपाड़िया, मिट्टी की सौगन्ध, पृ.29)

वह अपने समय में वर्तमान ज़मींदारी प्रथा की कुरीतियों को चुनौती देते हुए कहता है, "मैं इस शानदार हवेली की चारदीवारों में बन्द होकर नहीं जी सकता...मुझे गरीब लोगों से प्यार है... मैं इनको भी इनसान समझता हूँ। आखिर एक इनसान दूसरे इनसान से रिश्ता क्यों नहीं कर सकता?" अपनी दादी माँ के सारे कथनों का निषेध करते हुए विजेन्द्र कहता है कि सबको इस समाज में समान रूप से जीने का अधिकार है। जो इस अधिकार से वंचित है मैं उनके साथ खड़े होकर उनके इस अधिकार के लिए लड़ूँगा। उसके बदले ज़मींदारी ऐय्याशी में डूब मरने के लिए वह तैयार नहीं होता। वह साफ साफ कहता है, "मैं इस सोने की हवेली में कैद रहना नहीं चाहता... मुझे आपकी दौलत भी नहीं चाहिए।" (प्रेम कपाड़िया, मिट्टी की सौगन्ध, पृ.44)

लगभग सभी दलित रचनाकारों की मान्यता है कि समाज में वर्तमान जाति-भेद को मिटाना है तो मात्र दलितों के प्रयत्न पर्याप्त नहीं सवर्णों की मानसिकता में भी परिवर्तन होना अनिवार्य है। विजेन्द्र एक ऐसा सवर्ण पात्र है जिनकी मानसिकता प्रगतिशील है। वह समाज के दीन-दुखियों एवं दलितों के उद्धार के लिए कटिबद्ध है। उसका दृष्टिकोण साफ है। वह कहता है, "जब तक मेरी एक भी साँस बचेगी दलितों और गरीबों को सामाजिक न्याय दिलाने के लिए संघर्ष करता रहूँगा।" (प्रेम कपाड़िया, मिट्टी की सौगन्ध, पृ.61)। उसी प्रकार दलितों में कुछ आधुनिक शिक्षा से सम्पन्न हैं, वे प्रगतिशील चेतना के हैं। वे अपने को पहचानते हैं। उनमें शीला, दरोगा, जगजीवन राम, न्याय सेना का नायक कालू पासवान आदि उल्लेखनीय हैं। इनके ज़रिए दलितों में हुए परिवर्तन भी दिखाये गये हैं।

'छप्पर' उपन्यास के ठाकुर हरनाम सिंह की बेटी रजनी प्रगतिशील मानसिकता रखनेवाली सवर्ण स्त्री है। वह पढी-लिखी, समझदार लड़की है। वह अपने पिता ठाकुर साहब को समझा देने का प्रयास करती है कि ये शोषण और अत्याचार ठीक नहीं। इस वृत्ति से मुक्त होना ही चाहिए, "संविधान के अनुसार देश के प्रत्येक नागरिक को सम्मान और स्वाभिमानपूर्वक जीने का हक है। प्रत्येक व्यक्ति को स्वेच्छानुसार व्यवसाय चुनने और जीवन की दिशा निर्धारित करने की स्वतन्त्रता है।" (जयप्रकाश कर्दम, छप्पर, पृ. 64) उपन्यास के नायक चन्दन की पढ़ाई को लेकर जो विरोध ठाकुर हरनाम सिंह के मन में उत्पन्न हुआ उसको दूर करने तथा सामाजिक समता को समझा देने का प्रयत्न वह करती है। वह आगे कहती है, "यदि चन्दन पढ़-लिखकर कुछ काबिल बनना चाहता है तो यह उसका संवैधानिक हक है, इस पर किसी को एतराज क्यों होना चाहिए।" (जयप्रकाश कर्दम, छप्पर, पृ. 64)

रजनी परिवर्तनकामी है, न्याय के पक्ष में है। अन्याय के तहत हासिल करनेवाली विजय विजय नहीं बल्कि पराजय ही है। वह कहती है, "अपने स्वार्थ की खातिर दूसरों को बलि बनाना तो उचित नहीं है। किसी को मूर्ख बनाकर, धोखे में रखकर अथवा ज़बरदस्ती से अधिक समय तक उसका शोषण नहीं किया जा सकता। व्यक्ति हो या वर्ग, सब स्वतन्त्र और स्वावलम्बन का जीवन जीना चाहते हैं, अभाव और शोषण का जीवन कोई जीना नहीं चाहता।" (जयप्रकाश कर्दम, छप्पर, पृ. 65) वह अपने ठाकूर पिता से प्रश्न करती है। पिता ज़मींदार है पुरानी परम्परा का है। वह अपने सामाजिक वर्चस्व को बनाये रखने के बारे में ही सोचता है। वह अपनी ज़मींदारी अस्मिता को छोड़ना नहीं चाहता। सचमुच वह अपनी अस्मिता के बारे में ही सोचता है। पर दूसरों को भी अस्मिता है। उसका भी सम्मान करना सुसंस्कृत समाज का दायित्व है, यह समझने की क्षमता उसमें नहीं। पर रजनी शिक्षित नारी है। उसने दुनिया देखी है। वह अपने पिता को समझाती है कि "अपनी अस्मिता की रक्षा के लिए आप इतने चिन्तित हैं। लेकिन जिनका आप दमन कर रहे हैं उनके बारे में सोचा है कभी? उनकी भी तो कुछ अस्मिता होगी। आप उस ओर देखने की कोशिश क्यों नहीं करते? क्या वे मनुष्य नहीं हैं? जो आप अपने लिए चाहते हैं वह सब दूसरों को क्यों नहीं मिलना चाहिए?" (जयप्रकाश कर्दम, छप्पर, पृ. 66) यह समभावना की बात ही रजनी की प्रगतिशील चेतना है। वह सब को समान रूप से देखना चाहती है। मनुष्य मनुष्य को अलग थलग करने वाली व्यवस्था को बदलना चाहती है। पर सत्ता के लोग, परम्परावादी तथा सवर्ण लोग वर्तमान व्यवस्था के पक्ष

में हैं जिससे वे अपने अधिकार को बनाये रख सकते हैं। ठाकुर, जिला कलक्टर, पुलिस अधीक्षक, सेठ दुर्गादास और काणे पंडित के बीच हुए वार्तालाप में वह अपनी असहमति प्रकट करती है। रजनी इस मानसिकता का सख्त विरोध करते हुए कहती है, "कौन कहता है व्यवस्था को बदला नहीं जा सकता। आखिर आदमी की ही तो बनायी हुई हैं सारी व्यवस्थाएँ, और सारी व्यवस्थाएँ आदमी के लिए ही हैं। तब, यदि किसी व्यवस्था में दोष हो और वह उत्थान की बजाय पतन का कारण बनती हो तो उसे अवश्य बदला जा सकता है, और बदला जाना चाहिए।" (जयप्रकाश कर्दम, छप्पर, पृ. 72) आखिर ठाकुर बिलकुल बदल जाता है। उन्होंने अपनी हवेली छोड़ दी। भूमि सबको बाँट दी और ठाकुर नाम को भी छोड़ दिया। वह पूर्णतः बदल कर आम आदमी के समान जीने का निर्णय लेता है। इस प्रकार के बदलाव के बिना समाज में व्याप्त कुरीतियों को दूर करना मुश्किल ही रहेगा।

'जस तस भई सबेर' का सरवन एक प्रगतिशील मानसिकता रखनेवाला पात्र है। वह अन्धविश्वासों एवं अनाचारों का खुलकर विरोध करता है। वह अपने बड़े भाई के अन्धविश्वासों को लेकर काफी चिंतित है। वह बार-बार उसे ध्यान दिलाता है कि पोंगा पंडित की बातों पर विश्वास मत करो। वह धर्म के नाम पर धोखेबाजी ही करता है। अशिक्षित लोगों का धोखा करता है। उसका शोषण करता है, इसलिए वह अपने बड़े भाई हंसा से कहता है, "अरे हंसा, मूर्ख मत बनो, दिमाग से काम लो, पूजा पाठ में कुछ नहीं रखा। इससे पुजारियों, भगतों और शोषकों को छोड़कर और किसी व्यक्ति को कोई लाभ आज तक नहीं हुआ है और न कभी होगा।" (जयप्रकाश कर्दम, छप्पर) सरवन के समान उसका बेटा शिवदास भी प्रगतिशील मानसिकता रखने वाला पात्र है। वह आरक्षण की अनिवार्यता, क्रीमीलेयर के पीछे के षड्यंत्र, वर्तमान पत्रकारिता के क्षेत्र में व्याप्त अनैतिकता आदि का पोल खोल कर दिखाता है और उसके प्रति अपनी असहमति भी प्रकट करता है।

इस उपन्यास में भी एक सवर्ण लड़की है सुमेधा जो जाति-पाँति के परे सोचनेवाली है। वह शिवदास के व्यक्तित्व पर आकर्षित है। वह उससे प्रेम करती है साथ ही साथ उसके हर संघर्ष में सहयोगी बनकर रहने का निर्णय लेती है। वह कहती है, "जाति बन्धन को मैं नहीं मानती। माता-पिता को मैं मना लूँगी, गरीबी अमीरी के प्रश्न पर मैंने विचार कर लिया है। मैं हर हालत में आपके साथ निर्वाह करूँगी। मुझे केवल आपका सान्निध्य चाहिए। धन-दौलत का भरपूर स्वाद चखा है।" (जयप्रकाश कर्दम, छप्पर, पृ. 41)। इस उपन्यास के अन्त में एक पात्र का प्रवेश

होता है उसका नाम है रामलाल। वह अपने समधी मंगल पहलवान को समझाता है, "समधी जी, ईश्वरवाद, पुनर्जन्म और भाग्यवादिता की संकल्पना एक खूबसूरत धोखा और आकर्षक छलावा है। जिसका उद्देश्य व्यक्ति को यथार्थवादी रखकर अकर्मण्यता हेतु विवश करना है। वट वृक्ष की शीतल छाया में इस खूबसूरत धोखे और आकर्षक छलावे का निवास है और यही इस वटवृक्ष को भरण-पोषण शक्ति देता है। इन्हें अन्धकार बहुत दिए हैं। प्रकाश से दूर भागते हैं..." (जयप्रकाश कर्दम, छप्पर, पृ. 125)

आखिर मंगल पहलवान और उसका बेटा हंसा तथा अन्य अशिक्षित दलित लोग वास्तविकता को समझ लेते हैं। नये विचारों को स्वीकारने के लिए तैयार हो जाते हैं। मंगल पहलवान अपने समधी रामलाल से कहता है, "आपने ठीक कहा समधी जी। मैं इसी क्षण से अन्धकार का त्याग करता हूँ और प्रकाश का अभिनन्दन करता हूँ। तमस भरी रात्रि बीत गयी। नया सवेरा शुरू हो गया है। मेरा अज्ञान मिट गया। ज्ञान चक्षु खुल गये अब मैं शिवदासों के ही नहीं मनसुखों के मामले में भी स्वयं ही लड़ूँगा। उनका दुःख भी मेरा दुःख है।" (जयप्रकाश कर्दम, छप्पर, पृ. 128)

इस प्रकार दलित समाज को बदलने का प्रयत्न उपन्यास में हुआ है। दलितों के शिक्षित हुए बिना तथा सवर्णों के मानसिक परिवर्तन के अभाव में सामाजिक समता की स्थापना असम्भव है। सारे दलित उपन्यास इस हकीकत की ओर इशारा करते हैं।

मोहनदास नैमिशराय का 'मुक्ति पर्व' उपन्यास इसी मानसिकता को प्रश्रय देनेवाला है। इसका एक पात्र है राम लाल। वे आर्य समाजी हैं। जन नेता हैं, कांग्रेसी हैं। वे बंसी जो दलित है उसके घर आकर उसको प्रोत्साहन देते हैं। बच्चों को पढ़ाने का उपदेश देते हैं। दलितों के उद्धार पर वे विशेष ध्यान रखते हैं। वे उसे अम्बेडकर के बारे में बता देते हैं और समाज में आगे बढ़ने के लिए निरन्तर प्रेरणा देते हैं। रामलाल यद्यपि सवर्ण है तदापि प्रगतिशाल मानसिकता रखनेवाला है। दलितों के उद्धार के लिए सवर्णों में ऐसी मानसिकता रखनेवालों की भूमिका अनिवार्य है। दलितों के उद्धार का इतिहास भी इसका साक्षी है।

इस उपन्यास के मुख्य पात्र बंसी और उसकी पत्नी सुन्दरी अशिक्षित पात्र हैं। उनको जब बेटा पैदा हुआ तो गाँव के लोग तरह-तरह के धार्मिक-पाखण्डों जैसे भभूत, काले धागे का हार आदि पहनाने का सलाह देते हैं तो सुन्दरी कहती है, "यह टोटके, जादु-टोने सब पाखण्ड है। आदमी ही सब कुछ है। बाकी तो झूठ है, फरेब है। कुछ लोग धर्म की दूकान में यह सब सजा कर बेचते हैं और लोगों को ठगते हैं।" (जयप्रकाश कर्दम, छप्पर, पृ. 125) कोई सन्देह नहीं कि अशिक्षित होने पर भी बंसी

और सुन्दरी में प्रगतिशील मानसिकता है। इसलिए वे अपने बेटे सुनीत को स्कूल भेजते हैं। जब से वह पढ़ने लगता है तब से लेकर अपनी बस्ती के छात्रों को पढ़ाता भी है। वह जानता है कि विद्या ज्योति है उसके बिना दलितों का जीवन सुधरनेवाला नहीं। वह अपने प्रयत्न से दलित बस्तियों में हज़ारों दीप जलाना चाहता है। इस प्रक्रिया में सवर्णों की तरफ से बहुत सी प्रतिकूलताएँ होती तो अवश्य हैं पर सभी का सामना करते हुए आगे बढ़ने की प्रेरणा अपने दलित समाज से तथा सवर्ण समाज के कुछ ऐसे सज्जनों से उसे अवश्य मिलती रही है। सुमित्रा नामक उसकी सहेली की प्रेरणा कम महत्त्वपूर्ण नहीं। वह सवर्ण मज़दूर की बेटी है। सुनीत को जब सहपाठियों एवं अध्यापकों से जाति के नाम अपमानित होना पड़ा तो वह उसको सान्त्वना देते हुए कहती है, "नहीं सुनीत, ऐसा नहीं है, कोई भी व्यक्ति जाति से छोटा-बड़ा नहीं होता। वह अपने कर्मों से छोटा-बड़ा होता है।" (मोहनदास नैमिशराय, मुक्तिपर्व, पृ. 62) सुनीत को सुमित्रा के घर में जातिभेद का कोई अनुभव नहीं हुआ। किसी सवर्ण परिवार से इस तरह का उसका यह पहला अनुभव था। उसे अच्छा लगा। लेकिन अन्य जगहों पर उसको कदम-कदम पर तिरस्कार, निन्दा और अपमान ही मिला है। स्कूल में उसके सवर्ण सहापाठी छात्र उसका खूब परिहास करते थे। उसका स्कूल जाना और पढ़ना भी वे पसन्द नहीं करते थे। उनकी सवर्ण मानसिकता उनके इस कथन में स्पष्ट हो उठती है, "अरे भइया, अब तो तेली-तमोली और ढेढ चमार के बच्चे भी पढने लगे हैं।" (मोहनदास नैमिशराय, मुक्तिपर्व, पृ. 95)

स्कूल के अध्यापक भी दलितों के पढने के खिलाफ हैं। वे उन्हें खूब दण्ड भी देते हैं। स्कूल के आँगन में झाड़ू लगवाते हैं, क्लास में सबसे पीछे दूर किसी कोने बैठने देते हैं। करतारा नामक दलित व्यक्ति अपने बेटे उछाल को स्कूल में दाखिला दिलाने आता है तो पाण्डे नामक अध्यापक उन्हें रोक लेता है और बहुत सारी अड़चनें उपस्थित करता है। पर सुनीत उन्हें लेकर हेडमास्टर के पास जाकर शिकायत करता है तो पांडे मास्टर हेडमास्टर से कहता है, "हेडमास्टर साहब, यह स्कूल कोई मंत्री-चमारों का स्कूल नहीं है जो चाहे गिरे-पड़े किसी को भी दाखिला दे दो।" (मोहनदास नैमिशराय, मुक्तिपर्व, पृ. 103) पर हेडमास्टर अच्छे आदमी थे, विशाल दृष्टिकोण रखनेवाले थे उन्होंने कहा, "आज देश आज़ाद है और देश के हर नागरिक को शिक्षा लेने का अधिकार है, यह तो हमारा संविधान भी कहता है।" (मोहनदास नैमिशराय, मुक्तिपर्व, पृ. 104)

सुनीत जिस किसी स्कूल में पढ़ने जाता है वहाँ बहुत सारे अध्यापक द्रोणाचार्य

की परम्परा के ही दिखाई पड़ते हैं। हर एक उसके अंगूठे को काट लेने में ही दिलचस्पी दिखाता है। फिर भी सारी प्रतिकूलताओं का सामना करते हुए आखिर सुनीत अध्यापक बन जाता है। तब सुमित्रा कहती है, "वे दिन बीत गये जब पढ़ना-पढाना ब्राह्मणों का काम था। अब तुम भी पढ़ा सकते हो सुनीत। इस प्रकार सुनीत और सुमित्रा अच्छे मित्र बनकर जीवन की सारी ज़िम्मेदारियों को पूरा कर लेने का प्रण लेते हैं।" (मोहनदास नैमिशराय, मुक्तिपर्व, पृ. 134) यहाँ भी उपन्यासकार का मन्तव्य है कि दलितों की पढ़ाई और नौकरी ही पर्याप्त नहीं बल्कि सवर्णों की मानसिकता में परिवर्तन हुए बिना समाज में समता स्थापित करना असम्भव है।

ओमप्रकाश वाल्मीकि का जूठन उनका भोगा हुआ यथार्थ है। सचमुच हर दलित रचना रचनाकार का भोगा हुआ यथार्थ ही है। दलित रचना का मकसद भी यही है कि अपने भोगे हुए यथार्थ को उसकी तीव्रता के साथ जन सामान्य के सामने प्रस्तुत करना। इस दृष्टि से ओमप्रकाश अपनी ज़िन्दगी को पुनः जी रहे हैं, जूठन में। दलितों को समाज में जूठन जैसा माना जाता है। उस शब्द में दलित जीवन की पूरी त्रासदी अनुगुंजित है। स्कूल जाना मना था। अगर जाए तो परिहास और उत्पीड़न का पात्र बनता था। ओमप्रकाश जब स्कूल जाने लगा तो उसका ही सवर्ण मित्र यों परिहास करते थे। "कितना भी पढ़ लियो, रहेगा तो चूहड़ा ही..." (ओमप्रकाश वाल्मीकि, जूठन, पृ. 40)

इंटर की पढ़ाई के अवसर पर अपने मित्र थे हेमलाल जो जाति में जादव था फिर भी उससे अच्छी मित्रता थी। अम्बेडकर के जीवन सम्बन्धी पुस्तकें पहली बार उससे मिलीं। हरिजन, दलित शब्दों के पीछे निहित षड्यंत्र की पहचान हुई। फिर उसने दलितों के उद्धार को लक्ष्य करते हुए सारा काम किया। पूजा-पाठ का पूरा का पूरा विरोध किया। अन्धविश्वासों, अनाचारों एवं अत्याचारों का खुलकर सामना किया। आखिर पता चला कि दलितों को जीने के लिए संघर्ष के अलावा और कोई मार्ग नहीं। उनको मान्यता मिलनी है तो निरन्तर संघर्ष करते रहना क्योंकि भारतीय समाज में मान-सम्मान और योग्यता का आधार जाति है। इसलिए यह लड़ाई एक दिन में लड़ी नहीं जा सकती। ओमप्रकाश जी उपन्यास के अन्त में सभ्य समाज से पूछते हैं, "वक्त बदला है। लेकिन कुछ है जो सहज होने नहीं देता है। कई विद्वानों ने जानना चाहा कि सवर्णों के मन में दलितों, शूद्रों के लिए इतनी घृणा क्यों है? पेड-पौधों, पशु-पक्षियों को पूजनेवाला हिन्दू दलितों के प्रति इतना असहिष्णु क्यों है? (ओमप्रकाश वाल्मीकि, जूठन)

जब तक यह पता नहीं चलता कि आप दलित हैं तब तक सब कुछ ठीक रहता है, जाति मालूम होते ही सब कुछ बदल जाता है। फुसफुसाहटें, दलित होने की पीड़ा चाकू की तरह नस-नस में उतर जाती है। गरीबी, अशिक्षा, छिन्न-भिन्न दारुण ज़िन्दगी, दरवाज़े के बाहर खड़े रहने की पीड़ा भला आभिजात्य गुणों से सम्पन्न सवर्ण हिन्दू कैसे जान पाएँगे? इस पीड़ा का दस्तावेज़ है दलित साहित्य। यह सचमुच प्रगतिशील मानसिकता का ही प्रमाण है।

धार्मिक शोषण

दलित साहित्य में शोषण के विभिन्न आयामों को अनावृत करने का कार्य किया गया है। क्योंकि दलित सभी प्रकार के शोषणों के शिकार हैं। उनके जीवन में ऐसा कोई क्षेत्र नहीं जहाँ उनका शोषण नहीं हुआ हो। दलितों के शोषण का एक सशक्त माध्यम है धर्म। धर्म तथा धार्मिक नियमों का उल्लेख करते हुए पुरोहित वर्ग दलित समाज का शोषण करते रहते हैं। दलित अशिक्षित है सही-गलत को पहचानने की क्षमता उनमें बहुत ही कम है। इसलिए समाज के सवर्ण वर्गों के शब्दों को वे पूर्णतः मान लेते हैं। इस अज्ञता का लाभ उठाते हुए सवर्ण समाज के तथाकथित सुसंस्कृत, सुसभ्य लोग इनका अनुचित उपयोग करते हैं। यही समाज में हो रहा था। पर अब दलित उतना अज्ञ नहीं। वे समझते हैं, पहचानते हैं अपने समाज को, वहाँ के रीति-रिवाज़ को। मित्रों और शत्रुओं को समझने की क्षमता उसने हासिल की। उनके शोषण का प्रमुख अस्त्र धर्म है।

छप्पर उपन्यास में दलित लोग सूखे से बचने के लिए यज्ञ का आयोजन करता है। उन्हें समझा दिया गया था कि वर्षा के लिए देवताओं को सन्तुष्ट करना काफी है। इसके लिए यज्ञ ही एकमात्र उपाय है। इससे सचमुच सवर्ण पंडितों की जेब भर जाती है। इससे बढ़कर कुछ भी होनेवाला नहीं। छप्पर का चन्दर उन्हें समझा देता है "यज्ञ-वज्ञ सब बेकार की चीज़ें है। यह पाखंड है, इससे कुछ होनेवाला नहीं है। दुनिया में ऐसा कोई देवता या भगवान नहीं है और इसलिए उसके द्वारा वर्षा कराए जाने की कोई सम्भावना नहीं है।" (जयप्रकाश कर्दम, छप्पर, पृ. 17)

लेकिन पुरोहित वर्ग तथा सवर्ण लोग इन्हें वेद-वेदांग, धर्मशास्त्र आदि का नाम लेकर और पाप-पुण्य, स्वर्ग-नरक की बातें बताकर उन्हें अपने शोषण के शिकार बनाये रखने का प्रयत्न करते हैं। छप्पर उपन्यास का काणे पंडित (श्रीराम शर्मा) सुक्खा को इस प्रकार डराकर अपने वश में रखने का प्रयत्न करते हैं, "तू कितना ही

बड़ा हो सुक्खा, लेकिन धर्मशास्त्रों से बड़ा नहीं हो सकता। तू अपमान करता है धर्म शास्त्रों का, वेद-वेदांगों का और पूछता है क्या हुआ, नास्तिक...प्रायश्चित्त करना पड़ेगा तुझे सुक्खा-प्रायश्चित्त। जल्दी से अपने बेटे को शहर से वापस बुला और प्रायश्चित्त करने का उपाय कर।" (जयप्रकाश कर्दम, छप्पर) यहाँ सोचना चाहिए कि सुक्खा का अपराध क्या है? उनकी दृष्टि में अपराध यह है कि सुक्खा ने अपने बेटे चन्दर को पढ़ने के लिए शहर भेज दिया। यही सुक्खा का अपराध है काणे पंडित की दृष्टि में। वह उसे समझाने का प्रयत्न करता है कि उसने धर्मशास्त्र के विरुद्ध काम किया है। यह भगवान की इच्छा के विरुद्ध का कार्य है। इस प्रकार हर कार्य में ईश्वर के, धर्म के नाम पर ये लोग इनका युग युगों से शोषण करते आ रहे हैं। अब दलित इसको अपराध समझने के पक्ष में नहीं। उन्होंने समझ लिया कि धर्म के नाम पाखण्ड ही चल रहा है। उन्हें धोखा दे रहे हैं। उन्होंने समझ लिया नहीं तो चन्दन ने समझा दिया कि मनुष्य के जन्म से लेकर मृत्यु तक होनेवाले धार्मिक और सामाजिक अनुष्ठानों के सहारे फलने-फूलनेवाले पण्डे-पुरोहितों का परम्परागत व्यवसाय है धर्म और ईश्वर। इसलिए इसको समाप्त करना चाहिए। वे यह मानने लगे हैं कि लोगों ने बदलाव को पहचान लिया है। इसलिए वे पूजा-पुरोहिताई का धन्धा छोड़कर दूसरे धन्धे ढूँढ़ने लगे हैं। इस प्रकार धर्म के नाम पर होनेवाले अन्यायों को पहचानने और उसके खिलाफ आवाज़ उठाने का कार्य दलित साहित्य में देखा जा सकता है।

'जस तस भई सबेर' उपन्यास में धार्मिक शोषण का विस्तृत खुलासा हुआ है। इसका प्रमुख पात्र हंसा दलित है अशिक्षित है तथा अन्धविश्वासों से ग्रस्त है। वह अपने जीवन की हर समस्या को पंडित से हल करना ही श्रेष्ठ समझता है। पंडित हरसन्ना भगत इन लोगों को फँसाने में बिलकुल समर्थ है। वह उन्हें समझा देता है कि वह ईश्वर का प्रतिनिधि है। वह हर दिन ईश्वर से बात करता है। सभी समस्याओं का हल वह उनसे पूछकर ही करता है। बेचारे दलित अशिक्षित हंसा जैसे लोग उनपर पूरा विश्वास रखते हैं। हंसा से पंडित कहता है कि उसके जीवन की सारी कठिनाइयों का कारण और कुछ नहीं जाहरवीर की नाराज़गी है। उनको खुश करने पर सारी मुसीबतें टल जाएगी। इसलिए जात लगाने का उपदेश देते हैं। राजस्थान में स्थित जाहरवीर नामक देवता के मन्दिर की यात्रा करना जात करने का मतलब है। हंसा चौधरी देवीपाल से पैसा उधार लेकर जात लगाता है। उनका भाई सरवन इसका विरोध करता है पर हंसा मानने को तैयार नहीं। जात लगाने के बाद भी हंसा के जीवन में कोई परिवर्तन नहीं हुआ। पर उसके भाई सरवन के जीवन में चढ़ाई ही

चढ़ाई होती रहती है। फिर से हंसा हरसन्ना भगत के पास आकर पूछता है तो वे कहते हैं कि जाहरवीर तुम्हारे जात से प्रसन्न नहीं हुए क्योंकि "तुम्हारे भाई सरवन जाहरवीर को मानता नहीं यह भी नहीं वह गाँव के बाहर जाकर ऐसे अनिष्ट कराने के लिए तंत्र मंत्र कर रहा है।" (जस तस भई सवेर, सत्यप्रकाश, पृ. 36) इस प्रकार धर्म को माध्यम बनाकर पंडित भाइयों के बीच में स्पर्धा जगाने का कार्य भी करता है। इसका कारण और कुछ नहीं हंसा का छोटा भाई सरवन पढा-लिखा आदमी है नये विचार रखनेवाला है। वह भगत को उनके अन्धविश्वासों को मानने के लिए तैयार नहीं। वह उसका विरोध करनेवाला है। इस द्रेष के कारण वह भाइयों बीच अनबन बनाकर अपने को शान्त रखना चाहता है।

हंसा और सरवन के बीच की शत्रुता बढती जाती है। हंसा का पुत्र जब बीमार पड़ गया तो भगत ने कहा इसका कारण भी सरवन है। वह यह भी समझा देता है कि देवता उसपर नाराज़ है। उसने स्वप्न में देखा कि कोई जिन्न लगा हुआ है। इस प्रकार लोगों की अज्ञता एवं निस्सहायता का लाभ उठाते हुए अपना उल्लू सीधा करनेवाला पात्र है हरसन्ना भगत और चौधरी देवीपाल। धार्मिक शोषण के मूल में हरसन्ना भगत है जो गाँव का पंडित है।

उपन्यास का रामलाल का कथन विशेष उल्लेखनीय है कि "धर्म जब तक व्यक्ति को अकुशल कार्यों और कुमार्ग से रोकता है, धर्म ही बना रहता है। जब कुशल कार्यों से सन्मार्ग और प्राणी मात्र के कल्याण हेतु मार्ग प्रशस्त करता है तो सधर्म बन जाता है। परन्तु जब अन्धविश्वास, पाखण्ड, कर्मकाण्ड, शोषण और लूट-खसोट को देकर अकुशल कार्यों का जनक और अपने ठेकेदारों के पेट भरने का कार्य करने लगता है तो अधर्म तथा त्याज हो जाता है।" (जस तस भई सवेर, सत्यप्रकाश, पृ. 124) इनकी बातें सुनकर मंगल पहलवान और उसके घरवालों की आँखें खुल जाती हैं। वे आगे उन्हें समझा देते हैं कि ईश्वरवाद और पुनर्जन्म आकर्षक छलावा हैं जिसना उद्देश्य व्यक्ति को यथार्थवादी रखकर अकर्मण्यता हेतु विवश करना है।

धार्मिक भेद-भाव सिर्फ मनुष्य-मनुष्य के बीच में ही नहीं देवताओं से लेकर भी है। जूठन उपन्यास में ओमप्रकाश वाल्मीकि अपने गाँव के अनुभव के बारे में कहते हैं कि कहने को बस्ती के सभी लोग हिन्दू थे लेकिन कोई दलित किसी हिन्दू देवी-देवता की पूजा नहीं कर सकता था। जन्माष्टमी पर कृष्ण को नहीं जाहरवीर की पूजा होती थी या फिर 'पौन' पूजे जाते थे। वह अष्टमी को नहीं नवमी के ब्रह्ममुहूर्त में। उसी प्रकार दीपावली पर लक्ष्मी का पूजन नहीं, माई मदारन के नाम पर सूअर का

बच्चा चढ़ाया जाता है या फिर कड़ाही की जाती है। कड़ाही यानी हलवा-पूरी का भोग लगाया जाता है। इस प्रकार जाति भेद देवताओं को लेकर भी चलता है। पूजा-पाठ करने का अधिकार उनको नहीं। वह भगत ही करेगा। दान-दक्षिणा प्राप्त करने का अधिकार भी सिर्फ उसको ही है। कहने का मतलब यह हुआ कि हर क्षेत्र में दलितों का शोषण विभिन्न प्रकार से होता ही रहता है। उनकी अज्ञता का लाभ उठाते हुए सवर्ण लोग उनका अनुचित शोषण ही करते रहते हैं। इसका कारण और कुछ नहीं दलितों का अज्ञान है। वे शिक्षित नहीं, भूमिहीन है, धन-सम्पत्ति से वंचित हैं। इस प्रकार की प्रतिकूल परिस्थितियों में उन्हें जान बूझकर बिठाकर उनका शोषण किया जा रहा है। इसके पीछे सवर्ण मानसिकता ही सक्रिय है।

स्वत्व बोध

स्वत्व वास्तव में आईडेन्डिटी है। व्यक्ति अपने को पहचान लेता है अपने इतिहास, परम्परा तथा सामाजिक एवं सांस्कृतिक समझ के तहत। यही सचमुच उसकी अस्मिता है यानी कि स्वत्व है। यह दरअसल एक आत्मपहचान है। उसके ज़रिए व्यक्ति हर किसी सन्दर्भ का मूल्यांकन करता है। वह सोचने लगता है कि मैं कौन हूँ? इस समाज में मेरी हैसियत क्या है? दलित साहित्य वास्तव में इस आत्मपहचान का यानी कि स्वत्वबोध का परिणाम है। जैसे कि आलबेर कामू ने कहा मैं विद्रोह करता हूँ इसलिए मैं अस्तित्व रखता हूँ। दलित साहित्य स्वत्व की पहचान के साथ ही साथ उसको बनाये रखने के लिए किये गये विद्रोह का साहित्य भी है। उसका मूल स्वर विद्रोह है। शरणकुमार लिंबाले ने कहा, "अपने अस्तित्व की पहचान के लिए नीग्रो के सम्मुख प्रश्न था मैं कौन हूँ? अस्तित्व की पहचान का यह प्रश्न मुझे भी परेशान करता रहा है। मैं कौन- सवर्ण या अछूत? अक्करमाशी के रूप में, अछूत के रूप में, दरिद्र के रूप में मैं जो जीवन जीता रहा, उसी को मैंने शब्द दिए हैं। यह आत्मकथा जैसी मेरी है वैसी ही यह उनकी भी है जिनके बीच मैं बढ़ा, जिस समाज में मैं जिया, जिस गाँव में मैं रहा। मैंने जो किया, जो भोगा, जो अनुभव करता रहा तथा बचपन से जो भी देखता और सुनता रहा वह सब इस आत्मकथा में है।" (लिंबाले, अक्करमाशी, पृ. 29) लिंबाले ने अक्करमाशी के सन्दर्भ में जो कहा वह दलित साहित्य की सोच है। वह दलित समाज की अस्मिता का सवाल है। दलित रचनाकार अपने अनुभूत सत्य का आत्मसाक्षात्कार प्रस्तुत करते हुए दलित समाज में स्वत्व बोध को जाग्रत करने का प्रयत्न कर रहे हैं। इसके लिए भारत में ही विभिन्न

प्रान्तों में महात्मा लोगों ने काफी प्रयत्न किए हैं फुले, अटियार, नारायण गुरु, अम्बेडकर आदि के प्रयत्न का परिणाम है दलित जागरण। डॉ. श्योराज सिंह बेचैन दलित साहित्य के मकसद को यों स्पष्ट करते हैं, "सदियों से जिसे साहित्य और समाज के हाशिए पर फेंक दिया तथा जिसे अछूत, अतिशूद्र, अंत्यज, चण्डाल, अवर्ण, पंचम तथा हरिजन आदि नामों से विहित करके घृणा, हिकारत और दया का पात्र बना दिया गया था वही आज प्रखर आत्मबोध के साथ इन सारी शब्दावलियों को ठुकराकर स्वयं दलित के रूप में अपनी अस्मिता का बोध साहित्य, समाज और राजनीति तीनों ही स्तरों पर कर रहा है, ज़बरदस्त दस्तक दे रहा है, और यही नहीं अपनी सार्थक उपस्थिति दर्ज कर रहा है।" (श्योराज सिंह बेचैन, चिन्तन की परम्परा और दलित साहित्य, पृ. 139) ज़ाहिर है कि दलित साहित्य दलितों की अस्मिता यानी कि स्वत्व की तलाश का दस्तावेज़ है। उन्हें लगभग सभी क्षेत्रों में अपने अधिकार के लिए संघर्ष करना पड़ा है। युग-युगों से शिक्षा से वंचित जन समुदाय को शिक्षा प्राप्त करने के अधिकार के लिए तथा शिक्षा के क्षेत्र की प्रतिकूलताओं से संघर्ष ही संघर्ष करना पडा है। यह संघर्ष ही उनके जीवन का वास्तविक इतिहास है। उपन्यासकारों ने शिक्षा के क्षेत्र में दलित छात्रों को जिन-जिन परिस्थितियों एवं परिहासों का सामना करना पड़ा है उसका जीवन्त चित्र प्रस्तुत करके जन-मानस को पुनः चिन्तन के लिए विवश किया है।

शिक्षा प्रकाश है। वह व्यक्ति के अन्तःस्थल को प्रदीप्त करके अन्धविश्वासों, अनाचारों एवं अत्याचारों से दूर ले पाती है तथा मनुष्य को मानवीयता से सम्पन्न बना देती है। इस अपूर्वक्षमता और शक्तिवाली शिक्षा से जानबूझकर सवर्ण लोगों ने दलित समाज को वंचित रखा है। इसके लिए उन्होंने पुराणों का सहारा लिया और कहा कि दलित शिक्षा के लिए योग्य नहीं यह ईश्वर का निर्णय है। इस प्रकार एक ओर दलितों को डराकर दूसरी ओर दबाकर उन्हें मानवीय जीवन से दूर रखा गया। लेकिन आधुनिक समाज में नवजागरण के परिणामस्वरूप जनता को मालूम होने लगा कि समाज में जो भेदभाव वर्तमान है वह जातीय षड्यंत्र का परिणाम है। शिक्षा से वंचित जनता जब शिक्षा प्राप्त करने लगी तो वे अपने अधिकार के लिए लड़ने लगी। इसके परिणामस्वरूप शैक्षिक उन्नति प्राप्त एक दलित वर्ग समाज में उभर आने लगे वे अपने को तथा अपने वर्ग को प्रकाश की ओर ले जाने का प्रयत्न करने लगे उसका परिणाम है आज का दलित साहित्य। रमणिका गुप्ताजी ने शिक्षा के महत्त्व की ओर इशारा करते हुए कहा, "शिक्षा ही अस्मिता के निर्माण के लिए ज़रूरी शर्त होती है।

स्वाभिमान और आत्मसम्मान अस्मिता के लिए महत्त्वपूर्ण होते हैं।" (दलित हस्तक्षेप, रमणिका गुप्ता. पृ. 130)

शिक्षा आत्मबोध ही नहीं विश्वबोध को भी रूपायित करती है। इसलिए शिक्षित व्यक्ति अपने अधिकारों के लिए लड़ता है या लड़ने की शक्ति अर्जित करता है। जयप्रकाश कर्दम के छप्पर उपन्यास का नायक चन्दन उच्च शिक्षा प्राप्त दलित युवक है। वह अपनी शिक्षा का उपयोग अपने वर्ग को सुधारने में लगा देता है। अपने वर्ग की प्रगति ही उसका लक्ष्य है। खुद जाग्रत होकर दूसरों को जगाने में ही शिक्षा का सदुपयोग होता है। यह समझकर उपन्यास का चन्दन अपने वर्ग को शिक्षित करने तथा आत्मसजग बनाने का प्रयत्न करता है।

शिक्षा के क्षेत्र में चन्दन का मार्ग सुगम नहीं था। पढ़ने के लिए जब चन्दन शहर आया तो बिलकुल अकेला था वह। उसके मन में विभिन्न प्रकार की ग्रंथि थी। एक ओर गाँव का सहज संकोच, दूसरी ओर गरीबी, तीसरी ओर जाति में दलित होने का बोध। ये तीनों मिलकर उसको एक विशेष मानसिक स्थिति में पहुँचा देते हैं। हीनता ग्रन्थि का उत्पन्न होना सहज एवं स्वाभाविक था। पर धीरे-धीरे वह इस ग्रन्थि पर विजय हासिल कर लेता है और अपने अन्दर आत्मविश्वास पैदा कर लेता है। यही शिक्षा का परिणाम है। शिक्षा से अपनी अस्मिता की पहचान होती है स्वाभिमान और आत्मसम्मान के साथ जीने की प्रेरणा मिलती है। चन्दन खुद अपने वर्ग को पढ़ाने का प्रयत्न करता है। शोषण, अन्याय एवं उपेक्षा के खिलाफ लड़ने की हिम्मत प्रदान करता है। अपने समुदाय के यथार्थ से अवगत कराता है। अपने मित्र रामहेत से चन्दन का कथन उसके आत्मबोध को ही नहीं समाज बोध एवं वर्ग बोध को भी प्रमाणित करनेवाला है, "मैं तो कहता हूँ कि हमें प्रत्येक क्षेत्र में आना चाहिए। केवल सामाजिक रूप से ही हमारी परिस्थिति निम्न नहीं है, बल्कि आर्थिक, राजनीतिक और शैक्षणिक क्षेत्र में हम पिछड़े हुए हैं। हमें प्रत्येक क्षेत्र में ऊपर आने की ज़रूरत है, लेकिन सबसे पहली ज़रूरत है सामाजिक सम्मान की। यदि तुम्हारी सामाजिक हैसियत है तो तुम्हारे लिए हर कहीं गुंजाइश हो सकती है। यदि तुम्हारी कोई सामाजिक हैसियत नहीं है तो चाहे तुम कोई भी काम कर लो, कितना भी धन कमा लो, उन सबका कोई महत्त्व नहीं है। पैसा भी जीवन का एक फैक्टर है, मैं इससे इनकार नहीं करता लेकिन इससे पहले ज़रूरी है समाज में तुम्हारी हैसियत का होना।" (जयप्रकाश कर्दम, छप्पर, पृ. 38) यह चन्दन का आत्मबोध ही नहीं दलित लेखन का आत्मबोध भी है जिससे दलित समाज में अपनी अस्मिता अपनी उपस्थिति

ज़ाहिर करना चाहता है। चन्दन के हर शब्द में दलित वर्ग का आत्मबोध सक्रिय है। वह अपने मित्रों को समझाता है, "खाने के लिए अच्छा भोजन, पहनने के लिए अच्छा कपड़ा और रहने के लिए अच्छा मकान कौन नहीं चाहता। मेरे कहने का तात्पर्य यह नहीं है कि हमें इस सब के लिए प्रयास नहीं करना चाहिए। मैं भी चाहता हूँ यह सब, लेकिन मैं सिर्फ यह कहना चाहता हूँ कि इसके साथ-साथ हमें इस बात को भी ध्यान में रखना चाहिए कि हमारी शिक्षा की सार्थकता और हमारे जीवन का मतलब इस बात में है कि हमें अपने साथ-साथ अपने समाज के उत्थान और विकास की ओर ध्यान देना चाहिए।" (जयप्रकाश कर्दम, छप्पर, पृ. 38)

चन्दन के पिता सुक्खा यद्यपि शिक्षित व्यक्ति नहीं हैं फिर भी वर्तमान सामाजिक व्यवस्था से नापसन्द हैं। वह उसको बदलने और अन्याय के खिलाफ लड़ने की प्रेरणा देता रहता है। इसलिए चन्दन की पढ़ाई समाप्त करने के सारे आदेशों को वे चुपचाप टाल देते हैं। क्योंकि उनकी चाह है कि जैसा जीवन उन लोगों ने बिताया था वैसा चन्दन को जीने का अवसर न आ जाए। शोषण और बर्बरता की चक्की में पिसने न दें। ज़मींदारों के सांटे और दुधमुँहे बच्चों तक की गालियाँ सहनी न पड़े। उनका बच्चा मनुष्य के रूप में जीएँ न कि जानवरों के समान। यह दृष्टि वास्तव में प्रगतिशील मानसिकता का परिणाम है। उसने दुनिया देखी है। उसने समझ लिया कि सब कहीं अन्याय एवं अत्याचार ही चल रहा है इसलिए इसको बदलना चाहिए। इस के लिए वह चन्दन के हर कदम के साथ कदम मिलाकर उसे आगे बढ़ने की प्रेरणा देता है। चन्दन के मित्र रामहेत बिजिनेस करके पैसा कमाकर अपने समाज का उत्थान करने का प्रण लेता है तो दूसरा मित्र नन्दलाल वकील बनकर कानूनी स्तर पर अपने लोगों की सहायता करना चाहता है। उसी प्रकार प्रशासनिक क्षेत्र में प्रवेश करके रत्तन अपने लोगों की मदद करना चाहता है। स्पष्ट है कि समाज के हर क्षेत्र में अपनी अस्मिता यानी कि स्वत्व को ज़ाहिर करने का विचार वास्तव में दलित साहित्य का आदर्श है वह उसके सृजन के पीछे का मकसद रहा है।

मोहनदास नैमिशराय के 'मुक्तिपर्व' का पात्र वंशी अशिक्षित है पर अपने समाज के भेदभावों एवं अन्यायों से वाकिफ है। देश की स्वतन्त्रता के साथ वह महसूस करता है कि वह भी स्वतन्त्र हो गया है। पर समाज उसको या उसके वर्ग को स्वतन्त्र करना या स्वतन्त्र होते देखना नहीं चाहता क्योंकि उसका वर्ग ही सचमुच देश का निर्माण करता है, खेतीबारी करता है सभी प्रकार के निर्माण कार्यों में सक्रिय भागीदारी करता है पर है गुलाम बनकर जीने के लिए अभिशप्त। उनका कोई ईश्वर नहीं मन्दिर

नहीं। इनसान के रूप में जीने का कोई अधिकार भी नहीं। ऐसी स्थिति से अवगत वंशी खुद से प्रश्न करता है, "क्या हमारे हिस्से में देवी-देवता नहीं हैं, हमारे कौन से देवी-देवता हैं। हम किनकी पूजा करें, न मन्दिरों में उनके लिए प्रवेश है और न मसजिदों में। क्या वे इनसान नहीं? उन्होंने आखिर कौन सी गलती की है, उन्हें मन्दिरों में प्रवेश की इजाज़त क्यों नहीं है, जब कभी भी उसे वक्त मिलता वह इसी तरह की बातें सोचता।" (मोहनदास नैमिशराय, मुक्तिपर्व, पृ 50)

मुक्तिपर्व का सुनीत सुशिक्षित नौजवान है। उसके ज़रिए समाज के खोखलेपन पर प्रहार करता है उपन्यासकार। सुनीत मास्टर से प्रश्न करता है कि पुस्तकों में जिस यथार्थ का चित्रण किया गया है उससे तथा वास्तविक यथार्थ से इतना अन्तराल क्यों? इसलिए किताबी यथार्थों के प्रति उनका अविश्वास बढ़ता है। सुनीत के पास अपना भोगा हुआ यथार्थ है तथा अकादमीय शिक्षा से प्राप्त ज्ञान है जिससे वह अपने अधिकारों के लिए लड़ता है। स्कूल में उसे कई बार मास्टरों से लड़ना पड़ा है। जब वह मेरिट स्कॉलरशिप के लिए फार्म भरने लगता है तो मास्टर का आदेश हुआ कि उसे जाति के आधार पर मिलनेवाले स्कॉलरशिप का फार्म भरे। पर वह इसके लिए तैयार नहीं होता। वह मास्टर से तर्क करता है आखिर हेडमास्टर से मिलकर अपना तर्क प्रस्तुत करता है और उनके निदेशानुसार मेरिट का फार्म भर कर स्कॉलरशिप लेता है। यह घटना सुनीत के स्वत्व बोध को उजागर करती है। वह जानता है कि वह उसके लिए योग्य है पर कुछ दकियानूसी अध्यापक उस जैसे दलितों के उभर आने का विरोध करते रहते हैं। इस मानसिकता का वह विरोध करके यह ज़ाहिर करता है कि वह अपने अधिकारों से अवगत है। वह भी इस समाज में दीगरों के समान जीने के लिए योग्य है। करतारा नामक दलित पिता अपने पुत्र उछाल को स्कूल में भर्ती लेने के लिए आता है तब पाण्डे मास्टर साफ इनकार करते हैं और पूछते हैं "तेरा बच्चा पढ़ जाएगा तो फिर झाड़ू कौन लगाएगा इस स्कूल में।" (मोहनदास नैमिशराय, मुक्तिपवे, पृ. 98) वह पिता निराश हो जाता है तब सुनीत आकर उन्हें हेडमास्टर के पास ले जाता है और उछाल का दाखिला ठीक कर देता है, "चलिए मेरे साथ, उछाल भइया का दाखिला आज ही और इसी समय होगा।" (मोहनदास नैमिशराय, मुक्तिपर्व, पृ. 98) सुनीत के शब्दों में शिक्षा से प्राप्त दृढ़ता है तथा सवर्ण वर्चस्ववादी व्यवस्था के खिलाफ का प्रतिरोध है। शिक्षित समाज ही स्वस्थ सामाजिक संरचना कर सकता है। इसलिए डॉ. बी.आर. अम्बेडकर ने कहा कि सामाजिक क्रान्ति के लिए वैचारिक क्रान्ति की अनिवार्यता है। तब ही गन्दे रीति-रिवाज़,

अन्धविश्वास अनाचार एवं अत्याचार आदि को दूर करके प्रगतिशील समाज की रचना सम्भव हो सकती है।

राजनीतिक स्वत्व

दलित सभी प्रकार के अधिकारों से वंचित थे। सामाजिक, आर्थिक, राजनीतिक एवं सांस्कृतिक क्षेत्र से बिलकुल दूर रखे गये थे। भारतीय स्वतन्त्रता दरअसल कुछ सवर्णों की थी। पिछड़े हुए लोग पिछड़े ही रह गये उन्हें अपनी स्वतन्त्रता के लिए, अधिकार के लिए दुबारा लड़ना ही पड़ा है। अधिकार और हैसियत यों ही मिलते नहीं, "अधिकार कभी भी माँगने से नहीं मिलते हैं, अधिकार छीने जाते हैं। इसलिए अपने मानवीय अधिकारों की प्राप्ति के लिए संघर्ष किया जाना चाहिए।" (जयप्रकाश कर्दम, इक्कीसवीं सदी में दलित आन्दोलन, पृ. 48) दलित अपने अधिकारों के लिए राजनीतिक संगठनों से मिलकर संघर्ष करना चाहता है पर अधिकांश दल जो है उन्हें अपना वोट बैंक बनाकर रखना चाहता है उनकी समस्याओं को हल करने की ओर कम ही ध्यान देते हैं। दोहरा अभिशाप में दलित नारियों की समस्याओं को उस समय के राष्ट्रपति ज़ैल सिंह के सामने प्रस्तुत करने की कोशिश किसी राजनीतिक नेता ने नहीं की। इसलिए दलितों की समस्याओं का हल ढूँढ़ना हो तो ज़रूर उन्हें खुद ढूँढ़ लेना चाहिए। किसी का सहारा नहीं मिलनेवाला है। सारा राजनीतिक दल उन्हें धोखा ही देता रहा है। इसलिए बैसंत्री का कथन है, "आज के अनुभव से हमने सीख लिया है कि अगर हम स्वाभिमान से अपनी उन्नति करना चाहते हैं तब हमें अपने पाँव पर होकर, अपने पर भरोसा रखकर आगे बढ़ना होगा। हमें अपने अन्दर शक्ति पैदा करनी होगी। किसी का सहारा लेकर चलने से काम नहीं बनेगा।" (कौसल्या बैसंत्री, दोहरा अभिशाप, पृ. 124) इसलिए दलित आन्दोलन और दलित साहित्य की प्रासंगिकता असन्दिग्ध हो उठती है। आरक्षण एक शाश्वत परिहार नहीं। वह एक मानवीय प्रयास मात्र है। सचमुच होना चाहिए हर क्षेत्र में समानता और स्वातन्त्र्य। इसके अभाव में आरक्षण एक तात्कालिक आश्वासन मात्र है। वर्ण व्यवस्था की अमानवीयता को कम करने का एक मानवीय प्रयत्न मात्र है, "वास्तव में दलित वर्गों के उत्थान के लिए अकेला आरक्षण काफी नहीं है, उसके साथ ही साथ अनेक ऐसे समुचित कदम उठाए जाने चाहिए कि एक सीमा बन्द अवधि में उन्हें सामाजिक रूप से सवर्णों के समकक्ष लाया जा सके।" (राजकिशोर, जाति का ज़हर, पृ. 82) दलितों को अपने अधिकार के लिए खुद लड़ने के सिवा और कोई उपाय नहीं।

आरक्षण के खिलाफ आवाज़ उठाने की बुद्धि के पीछे सवर्ण वर्ग ही है। वे योग्यता और दक्षता के नाम पर दलितों के आरक्षण की सुविधा को समाप्त करना चाहते हैं। दलितों के सामाजिक-राजनीतिक अधिकारों पर उन्हें कोई चिन्ता नहीं। 15 प्रतिशत सवर्णों ने इस देश के 80-90 प्रतिशत लोगों के अधिकारों एवं सुख-सुविधाओं को हड़प लिया है। इस अमानवीय वृत्ति को न्याय बनाने का प्रयत्न ही वे करते रहते हैं। पर दलित नौकरी के क्षेत्र में बिलकुल कम हैं। प्रथम श्रेणी के पदों में 9 प्रतिशत तृतीय श्रेणी के पदों में 14 प्रतिशत हैं। इससे अनुमान किया जा सकता है कि दलितों की स्थिति नौकरी के क्षेत्र में कितनी निम्न है। फिर भी सवर्ण युवक इनके खिलाफ आवाज़ उठाते हुए कहते हैं कि उनके स्थान योग्यताहीन दलित हड़प ले रहे हैं। यह सचमुच निरर्थक कथन है। जस तस भई सवेर उपन्यास में प्रोफेसर दत्त का कथन इसके लिए प्रमाण है, "सेवाओं में भर्ती का आधार आरक्षण नहीं होना चाहिए। योग्य और दक्ष व्यक्ति को ही अवसर मिलना चाहिए।" (जस तस भई सवेर, पृ. 52) प्रोफेसर दत्त की बेटी सीमा भी इसका समर्थन करती है और कहती है कि "अयोग्य व्यक्ति यदि दायित्वपूर्ण पद पर पहुँचता है तो कार्यप्रणाली पर विपरीत प्रभाव पड़ता है जिसका अवश्यंभावी परिणाम सम्पूर्ण राष्ट्र को विशेषकर निर्धनों को भुगतना पड़ता है। जब चारों ओर अयोग्यता का ही बोलबाला है तो समाज का कल्याण कैसे होगा। कैसे विकास होगा।" (जस तस भई सवेर, पृ. 53) उनकी दृष्टि में अयोग्य व्यक्ति का मतलब दलित है। लगता है समाज की सारी समस्याओं का कारण दलित है। दलित वर्ग का उद्धार वे नहीं चाहते हैं उन्हें आगे भी समाज की निम्न श्रेणी में देखना चाहते हैं। यह वास्तव में एक फ्यूडल मानसिकता का परिणाम ही है।

यहाँ प्रोफेसर दत्त और सीमा का तर्क यह है कि आरक्षण से योग्यता की अवमानना हो रही है और सभी क्षेत्रों में शिथिलता आ जाएगी। यह सही है कि दलितों में दक्षता की कमी है पर सोचना चाहिए कि यह क्यों। इसका कारण और कुछ नहीं यहाँ की व्यवस्था है। यहाँ की ब्राह्मणवादी सवर्ण व्यवस्था ने दलितों को पढ़ने, ज्ञान प्राप्त करने तथा उससे बौद्धिक विकास प्राप्त करने के अवसर से युग-युगों से वंचित कर रखा। इसलिए उसमें स्वाभाविक क्षमता का विकास नहीं हुआ। उन्हें पढ़ने का अवसर अभी-अभी मिला है इसलिए उनके बौद्धिक विकास के लिए समय लगेगा। तब तक आर्थिक दृष्टि से भी उन्हें सहायता की ज़रूरत है। इसलिए आरक्षण की आवश्यकता है। यह भी नहीं सरकारी नौकरियों में 88 प्रतिशत

लोग सवर्ण है। आर्थिक क्षमता के बिना शैक्षणिक क्षेत्र में तथा अन्य क्षेत्रों में दलितों की उन्नति असम्भव है। इसलिए प्रशासन के क्षेत्र में भी आरक्षण के तहत दलितों को नौकरी प्रदान करना अनिवार्य है। इस प्रकार ही धीरे-धीरे दलित समाज की क्षमता बढ़ेगी और समाज की मुख्य धारा में प्रवेश करने की ताकत प्राप्त कर सकेगा। और यह भी मानना होगा कि दलित सब अयोग्य नहीं हैं। सवर्णों में भी सभी की क्षमता समान नहीं। उसी प्रकार दलितों में भी क्षमता के स्तर में भिन्नता होना स्वाभाविक है। लेकिन उन्हें अयोग्य या अक्षम कहना उचित नहीं। उपन्यास का शिवदास प्रो. दत्त और सीमा के तर्कों को उचित जवाब देते हुए कहता है, हाँ आज उसे अपेक्षाकृत कम योग्य कह सकते हैं, परन्तु अयोग्य कदापि नहीं। परन्तु आज लोगों की आदत बन चुकी है तो उसमें कोई भी क्या कर सकते हैं। फिर भी इतना तो जान लीजिए प्रो. साहब कि अब स्थिति बदल गयी। पहले भी इन वर्गों में अपेक्षाकृत कम योग्यता इसलिए रही कि आपने उनके शिक्षा प्राप्ति व विकास के समस्त द्वार बन्द कर दिए थे। वह इसलिए किया गया कि इन वर्गों के अधिकारों का उपयोग आप निश्चित कर सकें और आप निर्बाध रूप से करते भी रहे। इस शर्मनाक कार्य को लेकर आपको अब भी कोई ग्लानि नहीं।

दरअसल दलित बच्चों को पढ़ने की सभी सामग्री तथा अनुकूल वातावरण प्रदान करें तो वे भी सवर्ण बच्चों के समान उच्च श्रेणी में पास हो जाएँगे। सवर्ण बच्चे पब्लिक स्कूल में पढ़ते हैं उन्हें महीने में 400-500 से अधिक खर्च करके पढ़ाते हैं। किसी विषय में कमज़ोर हो तो फिर से 500 देकर ट्यूशन भी देते हैं। ऐसा करने की क्षमता सवर्ण माता-पिता को है पर दलित माता-पिता को नहीं। इनके बच्चे सरकारी स्कूल में पढ़ते हैं। इनके पास पढ़ने की कोई सुविधा नहीं। आवश्यक सामग्री भी नहीं होगी। ऐसी हालत में भी वे पढ-लिखकर पास हो जाते हैं, कम अंक में ही सही। इसलिए वे अयोग्य नहीं बल्कि अनुकूल वातावरण के अभाव में कम अंक प्राप्त बच्चे मात्र हैं। उन्हें आरक्षण देकर ऊपर आने का अवसर प्रदान करना चाहिए।

गोया कि दलित आन्दोलन, दलित साहित्य आदि के पीछे दलित अस्मिता का सवाल है। दलित हर क्षेत्र में अपनी अस्मिता की हैसियत को प्रमाणित करके दिखाना चाहते हैं कि वे किसी भी काम में किसी से पीछे नहीं। लेकिन वे सब कहीं शोषित, अपमानित एवं उपेक्षित हैं। इस अमानर्वीय स्थिति के खिलाफ़ उनके संघर्ष को सचमुच उनकी अस्मिता का संघर्ष मानना चाहिए। दलित उपन्यास दलित अस्मिता के लिए किए जानेवाले संघर्षों का साहित्यिक दस्तावेज अवश्य है।

❑❑